I0234804

Gerhard Seewann, Karl-Peter Krauss und Norbert Spannenberger (Hrsg.)

Die Ansiedlung der Deutschen in Ungarn

Beiträge zum Neuaufbau des Königreiches nach der Türkenzeit

Buchreihe der Kommission für Geschichte und Kultur
der Deutschen in Südosteuropa

Band 40

Herausgegeben
vom

Vorstand der Kommission für Geschichte und Kultur
der Deutschen in Südosteuropa

2010

R. Oldenbourg Verlag München

Die Ansiedlung der Deutschen in Ungarn

Beiträge zum Neuaufbau des Königreiches
nach der Türkenzeit

herausgegeben von

Gerhard Seewann
Karl-Peter Krauss
Norbert Spannenberger

2010

R. Oldenbourg Verlag München

Buchreihe der Kommission für Geschichte und Kultur
der Deutschen in Südosteuropa

Band 40

Gefördert vom Bundesbeauftragten für Kultur und Medien

Redaktion: Kathrin Sitzler

Bibliographische Information der Deutschen Nationalbibliothek
Die Deutsche Nationalbibliothek verzeichnet diese Publikation in
der Deutschen Nationalbibliographie;
detaillierte bibliographische Daten sind im Internet über
http://dnb.d-nb.de
abrufbar

© 2010 Kommission für Geschichte und Kultur der Deutschen in Südosteuropa

ISBN 978-3-486-59750-9

Das Werk ist urheberrechtlich geschützt. Die dadurch begründeten Rechte, insbesondere die der Übersetzung, des Nachdrucks, der Funksendung, der Wiedergabe auf
photomechanischem oder ähnlichem Weg sowie der Speicherung, Bearbeitung und
Auswertung in Datenverarbeitungsanlagen, bleiben, auch bei nur auszugsweiser Ver-
wertung, vorbehalten.

Satz: Ralf Thomas Göllner
Druck: AZ Druck und Datentechnik GmbH, Kempten/Allgäu

Inhaltsverzeichnis

Inhaltsverzeichnis

© Gerhard Seewann, Karl-Peter Krauss, Norbert Spannenberger (Hrsg.):
Die Ansiedlung der Deutschen in Ungarn. München 2010, S. 1-3.

GERHARD SEEWANN

Vorwort

Vom 2. bis 4. Oktober 2008 fand in Pécs eine internationale Konferenz zum
Thema: „Ansiedlung und Eingliederung der Deutschen im 18. Jahrhundert.
Ihr Beitrag zum Neuaufbau des Königreichs Ungarn" statt. Sie wurde veranstaltet von der Kommission für Geschichte und Kultur der Deutschen in Südosteuropa (Tübingen) und dem Stiftungslehrstuhl für deutsche Geschichte
und Kultur im südöstlichen Mitteleuropa der Bundesrepublik Deutschland
am Institut für Geschichte der Universität Pécs.

Ziel dieser Konferenz war es, ein wichtiges Segment der Geschichte Ungarns im 18. Jahrhundert, nämlich die Neubesiedlung des Landes nach der
Türkenzeit vorzustellen, neue Aspekte aufzuzeigen und dadurch die Forschung anzuregen, sich intensiver als bislang mit dieser Thematik zu befas-
sen. Denn dieses Zeitalter ist geprägt von einem Aufbauwerk, das nach der
Eroberung der türkisch besetzten Gebiete in den Türkenkriegen von 1683-
1699 und 1716-1718 einsetzte und zu einem großen Teil von den neu angesiedelten Kolonisten mitgestaltet wurde. In diesem den Ertrag der Konferenz
festhaltenden Tagungsband geht es daher darum, die Prozesse der Ansiedlung und der Eingliederung herauszuarbeiten, die Akteure dieser Prozesse
(Staat und Administration, kirchliche und weltliche Grundherren, Kolonisten) vorzustellen und die Auswirkungen auf Wirtschaft und Gesellschaft des
Königreichs auf der Mikroebene wie auf der Makroebene zu untersuchen.

Auf der Makroebene stehen folgende Themen im Mittelpunkt: die staatliche Ansiedlungspolitik (Petritsch, Fata), Agrarwirtschaft und Kolonisation
als Kern des Regenerierungsprozesses des Landes (Kurucz), der Beitrag der
Konfessionen zur Eingliederung der Einwanderer (Csepregi, Gözsy); die
wirtschaftlichen Auswirkungen der Ansiedlung auf Ungarn (Kaposi) und
schließlich die Beziehungen der Kolonisten zu ihren deutschen Herkunfts-

regionen am konkreten Beispiel des Geldtransfers durch Erbschaften von Deutschland nach Ungarn in der zweiten Hälfte des 18. und zu Beginn des 19. Jahrhunderts (Krauss).

Auf der Mikroebene wird am Beispiel der Wallfahrten die kulturelle Angleichung auf lokaler und regionaler Ebene näher untersucht (Barna) und die Sprache als Beispiel für inner- und intraethnische Ausgleichsprozesse herangezogen (Wild).

Eines der Hauptergebnisse dieser Konferenz und ihrer hier versammelten Beiträge ist: Die Ansiedlung von Deutschen geschah in erster Linie aus wirtschaftlichen Überlegungen heraus, gefördert von einer Agrarkonjunktur, die Anfang des 18. Jahrhunderts einsetzte und den Kolonisationsprozess erheblich intensivierte. Die in die Praxis umgesetzten Modelle der Ansiedlung in den verschiedenen Regionen Ungarns haben nicht nur zur Konsolidierung der Herrschaft des Landesherrn wie der Wirtschaft der einzelnen Grundherren und nicht zuletzt der Kolonisten beigetragen, sondern den im letzten Jahrzehnt des 17. Jahrhunderts eingeleiteten sozialen Wandel aufgrund eines doppelten Systemwechsel im politischen wie im sozioökonomischen Bereich (Zentralisierung der Verwaltung auf der Basis des Kameralismus, Aufbau eines den Untertan erreichenden Institutionensystems, Neuverteilung von Grund und Boden, zahlreiche Reformen wie die Urbarialregulierung, das Toleranzpatent, die Schulreform, der Übergang zu intensiven Wirtschaftsformen, insbesondere von der Subsistenz- zur Erwerbswirtschaft) ermöglicht und fortlaufend verstärkt (Kurucz, Kaposi). Im Rahmen der Ansiedlungspolitik Josefs II. wurden die Kolonisten ganz bewusst als Träger seiner Reformpolitik eingesetzt (Fata). Der Beitrag der deutschen Kolonisten zum Neuaufbau des Königreich Ungarns wurde bereits von den Zeitgenossen wahrgenommen und gewürdigt, wenn beispielsweise der ungarische Dichter Dániel Berzsenyi (1776-1836) 1809 bemerkte: „[...] die bei uns niedergelassenen deutschen Kolonisten brachten uns nicht nur viel Bauernvolk, sondern auch Geld, Fleiß und nützliches Handwerk. Mit Dörfern und Städten füllten sie solche unfruchtbaren Gegenden, wo der an leichtes Leben gewöhnte Magyare nicht einmal zu existieren vermochte."

Die einzelnen Nationalhistoriographien der Nachfolgestaaten der Habsburger Monarchie haben den hier behandelten Themen und Aspekten bislang nur wenig Aufmerksamkeit geschenkt. Die ungarische Historiographie

(Spannenberger) beispielsweise hat unter der Dominanz eines durch zwei Jahrhunderte sich behauptenden, nationalistisch akzentuierten Geschichtsbildes die Ansiedlung und Aufbauarbeit der nach Ungarn eingewanderten Deutschen wenn überhaupt eher negativ bewertet. Denn die im 18. Jahrhundert eingetretenen, langfristig wirksamen Veränderungen in der Bevölkerungsstruktur des Landes, die aus nationalromantischer Sicht des 19. Jahrhunderts betrachtet das Staatsvolk der Magyaren in eine Minderheitenposition versetzten, wurden als grundlegendes Hindernis für den Ausbau des ungarischen Nationalstaates und nach 1920 (Trianon) als Hauptursache für den Untergang des Königreiches in seinen historischen Grenzen bewertet. Demgegenüber neigt die österreichische Historiographie aus der zeitgenössischen Perspektive der Wiener Zentralregierung heraus traditionell zu einer Heroisierung der Kolonisation (Spannenberger). Obwohl nach der Wende von 1989 das vielfältige Zusammenleben der Völker im Donau-Karpatenbecken mit seinem aus ihm hervorgegangenen kulturellen Reichtum wie seinen historischen Konflikterfahrungen wieder mehr in den Brennpunkt der Forschung rückt, ist dieses Interesse vor allem auf das Zeitalter der Nations- und Nationalstaatsbildung (also auf die Zeit von etwa 1830 bis heute) beschränkt geblieben. Das 18. Jahrhundert als das Zeitalter, das mit Absolutismus und Aufklärung, Merkantilismus und Kameralismus die historischen Grundlagen und Voraussetzungen für das geschaffen hat, was danach gekommen ist, bleibt hingegen in der Forschung der ostmitteleuropäischen Länder bis heute vernachlässigt. Diesem Mangel sucht dieser Tagungsband mit seinen Studien zu begegnen. Durch die Auswahl der Referenten aus Deutschland, Österreich und Ungarn und durch die Teilnahme von Wissenschaftlern auch aus Rumänien und Kroatien konnte ein breites Spektrum von Forschungstraditionen, Interpretationen und Forschungsparadigmen sowie –methoden in die Tagung einbezogen und das Interesse an der vielschichtigen Thematik des interethnischen Zusammenlebens in der interessierten Öffentlichkeit gefördert werden.

© Gerhard Seewann, Karl-Peter Krauss, Norbert Spannenberger (Hrsg.):
Die Ansiedlung der Deutschen in Ungarn. München 2010, S. 5-40.

NORBERT SPANNENBERGER

Interpretationen der Ansiedlungspolitik des 18. Jahrhunderts in der österreichischen und ungarischen Historiographie

„Viele reiche Gemeinden gründeten die Deutschen nach ihren Sitten und verrichteten ihre Arbeit mit größter Sorgfalt. Man sieht etliche Hügel mit Rebstöcken bebaut, die entweder nie erschlossen waren oder in bitteren Zeiten vernichtet wurden. Sie bauen bessere Häuser als die Einheimischen, indem sie aus Schlamm Ziegel brennen und an der Sonne trocknen lassen, manche diese sogar brennen. [...] Die Kleidung der Raitzen und der Ungarn ist ungarisch, ja selbst die Deutschen ahmen den Ungarn nach, wenn auch noch viele die deutsche Tracht bevorzugen".[1]

Diese Ausführungen des Pressburger Polyhistors Mathias Bél zeichnen das Bild einer multiethnisch und multikonfessionell geprägten Welt im Komitat Tolna des Königreichs Ungarn nach, in der eine Ruhe ausstrahlende Koexistenz vorherrschte und interethnische Kooperation die Normalität darstellte. In dieser Hinsicht bildeten Béls *Notitia Hvngariae Novae Historico Geographica* (1737-1742) keineswegs eine Ausnahme unter den zeitgenössischen Schriften, als deren bekanntestes und repräsentativstes Beispiel die Notitia galten. Béls Schriften und ihr möglicher Quellenwert werden allerdings erst jetzt wiederentdeckt, prägten doch in den letzten 150 Jahren andere Interpretationen maßgeblich das Bild der großen Einwanderungen im 18. Jahrhundert ins Königreich Ungarn.

Die eigentliche Zäsur in der Interpretationsgeschichte lässt sich auf die Zeit nach der Niederlage bzw. Niederschlagung der ungarischen Revolution

---

[1] MÁTYÁS BÉL: Notitia Hungariae novae historico geographica c. művéből Tolna vármegye leírása [Die Beschreibung des Komitates Tolna aus dem Werk Notitia Hungariae Novae Historico Geographica]. In: Tanulmányok Tolna megye történetéből 9 (1980), S. 327-364. hier S. 340.

5

und des Freiheitskampfs von 1848/1849 datieren, und zwar sowohl auf der „österreichischen" als auch auf der ungarischen Seite. Die Einwanderung der Deutschen wurde als Teil der Politik des Kaiserhauses thematisiert, dessen praktische Herrschaft mit der Vertreibung der Osmanen begonnen hatte. Die Intention beider Seiten, das bis dahin eher irrelevante Thema der Immigrationen aufzugreifen und als integralen Bestandteil politischer Geschichte zu behandeln, war natürlich unterschiedlichen Ursprungs: Auf der einen Seite ging es um die Suche nach den (möglichen) Kohäsionskräften des Imperiums, wobei Treue zum Staat und zum Herrscherhaus als primäre Tugenden apostrophiert wurden, während auf der anderen Seite zentrifugale Kräfte ausfindig gemacht werden sollten, die dem Aufbau eines ungarischen „Nationalstaates" ohne Rücksicht auf das Gesamtimperium im Wege gestanden haben sollen.

Im Folgenden werden die wirkungsmächtigsten Publikationen, Synthesen und Meistererzählungen kurz behandelt, sofern sie die großen „Impopulationen" thematisiert haben. Denn ob etwas Teil der Historiographie und darüber hinaus des Geschichtsbildes – gar der öffentlichen Erinnerungskultur – wird, bestimmt nicht zuletzt die Geschichtsschreibung selbst mit ihrer Entscheidung, ob ein Gegenstand überhaupt thematisiert werden soll, und falls ja, wie und unter welchem Vorzeichen. Geschichte als „Kollektivsingular" existiert erst seit dem letzten Drittel des 18. Jahrhunderts, deckt sich aber nicht unbedingt mit „Vergangenheitsbildern", die als Grundlage des „kollektiven Gedächtnisses" fungieren.[2] Vergangenheitsbilder basieren auf einer Reduktion von Komplexität und auf Repetition, werden sozial ausgehandelt und durch Bilder konkretisiert. Sie finden – nicht selten in einer unreflektierten Form – vorzugsweise Eingang in die „deutenden Meistererzählungen", die wiederum die „Grundstruktur" der historischen Erzählung „diktieren" indem sie ermöglichen,

> „historisches Wissen zu ordnen, Gewichtungen vorzunehmen und Urteile über die Relevanz beobachteter Tatsachen zu äußern. Sie sind kohärent

---

[2] Zur reichen Fachliteratur siehe pars pro toto REINHART KOSELLECK: Geschichte. In: OTTO BRUNNER, WERNER KONZE, REINHART KOSELLECK (Hrsg.): Geschichtliche Grundbegriffe. Historisches Lexikon zur politisch-sozialen Sprache in Deutschland. Bd. 2. Stuttgart 1975, S. 647; JOHN H. PLUMB: Die Zukunft der Geschichte. Vergangenheit ohne Mythos. München 1971.

und mit einer eindeutigen Perspektive ausgestattet, sie zielen auf langfristig dominante Entwicklungslinien, reduzieren die Komplexität kultureller Zusammenhänge auf ein einfaches Schema und machen historische Prozesse damit erzählbar".[3]

Deutschsprachige Historiographie

Als einer der ersten Versuche einer „gesamtösterreichischen Geschichte" gilt das fünfbändige Werk von Johann Graf Mailáth.[4] Er wollte belehren, unterhalten und Identität stiften, und so behandelte er die „Länder und Völker der Habsburger" vom Anfang ihrer Geschichte bis zu seiner eigenen Gegenwart.[5] Der Autor beschrieb detailliert die „politische und juridische Reorganisation des verödeten Ungarn". Die Zerstörungen vor dem Wiederaufbau bildeten bei ihm eine wichtige Komponente der Gesamtkonstruktion: so betonte er zum Beispiel, dass die Gemeinde Pest mit Stroh und Rohr bedeckt gewesen seien und „dort, wo jetzt um Ofen blühende Dörfer stehen, [...] kaum ein

---

[3] So die Zusammenfassung der Forschung bei FRANK REXROTH: Meistererzählungen und die Praxis der Geschichtsschreibung. Eine Skizze zur Einführung. In: Ders.: Meistererzählungen vom Mittelalter. Sonderheft der Historischen Zeitschrift 46 (2007), S. 1-23, hier S. 5; siehe auch KONRAD H. JARAUSCH, MARTIN SABROW: „Meistererzählung" – Zur Karriere eines Begriffs. In: DIES.: Die historische Meistererzählung. Deutungslinien der deutschen Nationalgeschichte nach 1945. Göttingen 2002, S. 9-32.

[4] Johann Graf Mailáth von Székhely (1786-1855), Schriftsteller und Historiker. Durch Bildung und Beruf entwickelte sich der ungarische Adelige zu einem deutschen Literaten und österreichischen Patrioten. Seine Publikationen zur ungarischen Geschichte (u .a. Geschichte der Magyaren, 5. Bd., Wien 1828-1830) waren typisch für das Schrifttum des Vormärz im Habsburgerreich. Er stand im Ruf, eher Compilator denn Archivforscher zu sein. Seine fünfbändige österreichische Geschichte galt als die beste zusammenfassende Darstellung seiner Zeit.

[5] JOHANN GRAF MAILÁTH: Geschichte von Östreich. Bd. 1: Die Länder und Völker der Habsburger bis 1526. Hamburg 1834; Bd. 2: Geschichte des östreichischen Kaiserstaates 1527-1619. Hamburg 1837 (= A. H. L. HEEREN, F. A. UCKERT (Hrsg.): Geschichte der europäischen Staaten. Werk 10); Band 3 (1842) behandelt die Zeit des Dreißigjährigen Krieges; Band 4 (1848) die Zeit vom Westfälischen Frieden bis zum Regierungsantritt Maria Theresias; Band 5 (1859) die Zeit von 1740 bis 1849.

paar Kohlenbrennerhütten zu finden" waren.[6] Auch wenn Mailáths Werk
– trotz gelegentlicher Seitenhiebe auf die Habsburger – als „Reichsgeschichte" eines Patrioten mit einer unverkennbaren Botschaft der Zusammenge-
hörigkeit verfasst worden war, wurde es im Hinblick auf den Aspekt Wiederaufbau und Einwanderungen von österreichischen Historikern zwar
zur Kenntnis genommen, doch keineswegs als Grundlagenwerk betrachtet.
Ganz anders in Ungarn, wo seine Konstruktion als Gerüst für Deutungen
und Synthesen verwendet werden sollte – allerdings sehr selektiert und in
der weiteren Auslegung willkürlich.

Das Bild des „verödeten Landes" war in Ungarn hoch willkommen.
Allerdings legte Mailáth seine Schwerpunkte doch anders als es in Ungarn
gerne gesehen wurde, wenn er ausführte, „wegen früherer Aufstände" und
„noch mehr wegen" der 150 Jahre währenden Osmanenherrschaft sei das
Land „verödet" und „entvölkert" gewesen.[7] Damit betonte er die Relevanz
der Kuruzzenkriege für die Zerstörung Ungarns, was insbesondere im Er-
scheinungsjahr dieses Bandes heikel war, führte doch Ungarn 1848 einen
Freiheitskampf gegen Wien, der durchaus zu einem Kettenglied in der Reihe antihabsburgischer Aufstände stilisiert wurde. Der Autor hatte diese Entwicklung natürlich so nicht vorhersehen können und argumentierte mit der
gemeinsamen Aufbauarbeit von Kaiserhof und ungarischem Adel, was längst
als überholt und „reaktionär" galt. Für Mailáth war die „Reorganisation der
Verwaltung", ausgehandelt auf zwei Reichstagen „vor und nach Passarowitz", die Grundlage des späteren Aufschwungs.[8]

Er legte damit den Hauptakzent nicht auf die Folgen der lange währenden Osmanenherrschaft bzw. der Befreiungskriege, sondern auf den
Rákóczi-Aufstand und die Herrschaft Kaiser Karls VI. In diesem Kontext
spielten Kardinal Leopold Kollonich keine und auch die Wiener Behörden
nur eine untergeordnete Rolle. Nicht die Befreiungskriege Kaiser Leopolds
bildeten demnach die Grundlage für den Aufstieg des Imperiums, sondern
die Aufbauarbeit Karls VI., dessen Länder etwa 24 Millionen Untertanen
zählten, wobei „der Kern der Monarchie" die Erbländer und Ungarn gewe-

---

[6]   DERS.: Geschichte von Östreich. Bd. 4. 1648-1740. Hamburg 1848, S. 523.
[7]   Ebenda. Mailáth führte zum Beispiel an, die Erzdiözese Kalocsa habe „kaum 12
      Pfarreien" gehabt, und fügte bekräftigend hinzu: „so war es überall".
[8]   Ebenda.

sen seien.[9] Erst diese „politische und juridische Reorganisation des verödeten Ungern" führte auch zum Aufschwung des Habsburgerreiches.[10] Mailáth
suchte also die Meriten des Erzhauses hervorzuheben, das letztlich Ungarn
zum Eckstein des Imperiums gemacht und diesem Königreich wieder zu
seiner wahren Macht verholfen habe. Für die ungarischen Interpretationen konnte Mailaths Sicht keinesfalls als Vorbild dienen, dafür bedeutete
1848/1849 eine zu starke Zäsur im Verhältnis zum Herrscherhaus. Mailáths
Argumente wurden sogar fast zynisch umgedeutet und ins Gegenteil ge-
wendet. Hatte er etwa betont: obwohl „Karl Güter um einen Spottpreis ver-
gab", habe er dennoch keinen Interessenten in den Neoacquistica-Gebieten
gefunden, wurde dies sofort als „Vergeudung" ungarischen Vermögens um-
interpretiert, um die Boshaftigkeit der Habsburger zu belegen. Laut Mailáth
erhielt der Armeelieferant Johann Georg Harruckern für seine Verdienste
in den „Frankreich-Kriegen" das „halbe Komitat Békés" für 70.000 Gulden.
Als er dieselbe Summe noch einmal drauflegte, bekam er „das ganze Komitat" – „ein Herzogtum an Größe und Fruchtbarkeit!", wie Mailáth betonte.[11]
Mit Zahlenangaben ging der Autor offensichtlich etwas großzügig um: Der
besagte Harruckern erhielt 1720 für seine Verdienste tatsächlich die Herrschaft Gyula im Komitat Békés. Nach der zeitgenössischen offiziellen Schätzung war diese lediglich 26.530 Gulden wert, nach einer zweiten 31.648 und
nach einer dritten Schätzung 39.299 Gulden. Die Hofkammer befand diese
Summe jedoch für zu niedrig und so entstand eine längere Auseinandersetzung zwischen den beiden Konfliktparteien. Letztlich kaufte der Kriegs-
lieferant die Herrschaft für 37.000 Gulden.[12] Dieses Fallbeispiel dient in ungarischen Schulbüchern bis heute als Beleg für den „leichtsinnigen" und
„unverantwortlichen" Umgang der Habsburger mit dem ungarischen Natio-
nalvermögen.

---

[9] Ebenda, S. 520.
[10] Ebenda, S. 524.
[11] Ebenda, S. 523.
[12] Vgl. JÓZSEF IMPLOM: Olvasókönyv Békés megye történetéhez. II. (1694-1848). [Le-
sebuch zur Geschichte des Komitates Békés. Bd. II. (1694-1848)]. Békéscsaba 1971,
S. 38-39. Nach intensiven Investitionen und forcierter Ansiedlung von Untertanen
entwickelte sich eine blühende Wirtschaft. Bei seinem Tod 1775 hinterließ Harruk-
kern ein beträchtliches Vermögen.

Auch andere Belege Mailáths wurden hemmungslos umgedeutet. So beschrieb er im letzten Band, wie sein Großvater im kalvinistischen Dorf Kis-kér im Komitat Hont katholische Slawen angesiedelt, einen Franziskanerpa-ter als Seelsorger geholt und die protestantische Kirche in eine katholische umgewandelt hatte.[13] Diese Willkür wurde vom Hof nie geahndet. Zugleich merkte er an, dass Protestanten aus den Erblanden ins Banat und nach Sie-benbürgen geschickt worden waren. Die erste Geschichte wurde von ungari-schen Historikern in Bausch und Bogen zu einem Beleg für die unduldsame Konfessionalisierungspolitik der Habsburger umgewandelt, die zweite ein-fach ignoriert oder ihre Aussage ins Gegenteil verkehrt. Die an sich logische Frage, warum nicht der ungarische Reichstag solche Vergehen thematisiert hatte, wurde erst gar nicht gestellt.

Nur acht Jahre nach der Niederschlagung der Revolution und des Frei-heitskampfes von 1848/1849 und auf dem Höhepunkt des von Ungarn ve-hement abgelehnten „Neoabsolutismus" erschien in Wien eine *Ethnographie der oesterreichischen Monarchie*. Das repräsentative, mit viel Aufwand herge-stellte Werk des Direktors der „Administrativen Statistik", Karl Freiherrn von Czoernig, gab einen Gesamtüberblick über alle Völker der Monarchie samt deren Geschichte und Entwicklung unter dem Zepter der Habsburger.[14] Im dritten Band wurden die „Völkerstämme und Colonien in Ungern und des-sen ehemaligen Nebenländern" behandelt, untergliedert in „europäische", „asiatische" und „indische Stämme".[15] Der Autor lieferte damit eine mögli-che Alternative patriotischer Interpretation der „Reichsgeschichte", die zum gegebenen Zeitpunkt und angesichts der politischen Rahmenbedingungen speziell für Ungarn als Provokation wirken musste. Der Deutschböhme kon-

---

[13] JOHANN GRAF MAILÁTH: Geschichte von Östreich. Bd. 5. 1740-1849. Hamburg 1859, S. 89.

[14] Karl Freiherr von Czoernig-Czernhausen (1804-1889), Beamter und Statistiker. Der im böhmischen Tschernhausen geborene Czoernig engagierte sich in Wien vor al-lem für den Ausbau der Donauschifffahrt und der Eisenbahnen. Bis 1865 war er Präsident der Statistischen Verwaltungskommission, 1852-1863 Präsident der k. k. Central-Commission zur Erforschung und Erhaltung der Baudenkmale.

[15] KARL FREIHERR VON CZOERNIG: Ethnographie der oesterreichischen Monarchie. III. Band. Historische Skizze der Völkerstämme und Colonien in Ungern und des-sen ehemaligen Nebenländern. II. Abtheilung. C. Dritte Periode. Von der Vertrei-bung der Türken aus Ungern bis zur Gegenwart. Wien 1857.

statierte eine Kontinuität deutscher Präsenz in Ungarn seit dem Mittelalter, betrachtete also die Einwanderungen von Deutschen vom 11. bis zum 18. Jahrhundert als eine organische Einheit. Zudem negierte er manche Tabus zeitgenössischer, politisch korrekter ungarischer Ansichten, unter anderem indem er die „Romanen" als „Nachkommen der romanisierten Daker", der „ältesten Bewohner Siebenbürgens" bezeichnete.[16] Czoernig sah im König-reich Ungarn keine integrative Kraft für die Nationalitäten dieses Landes, er untersuchte vielmehr den „Einfluss der nichtmagyarischen Volksstämme auf Ungern und den Stamm der Magyaren". Anders und etwas zugespitzt for-muliert: Erst die kulturellen Berührungen mit den „europäischen Stämmen" zeigten laut Czoernig zivilisatorische Einwirkungen auf diesen „asiatischen Stamm". Den wichtigsten Einfluss maß Czoernig den Kontakten mit den Deutschen bei. Seit ihrer Staatsgründung, also von Anfang an, hätten die Un-garn die notwendigen ideellen wie organisatorischen Komponenten für ihre erfolgreiche Integration in die europäische Zivilisation von den Deutschen rezipiert: das Christentum, das Komitatssystem, das Stadtrecht etc.[17]

Ähnlich wie im Mittelalter, als die ins Land gerufenen Sachsen unter an-derem den Bergbau, Handel und ein Rechtssystem zur Entfaltung brachten, wurden auch im 18. Jahrhundert laut Czoernig „vor allem Deutsche", dies-mal Ackerbauern, eingeladen, denen auf diesem Feld ein segensreicher Tech-nologietransfer zu verdanken sei. Die „Überlegenheit" deutscher Bauern er-hielt für Czoernig ihre besondere Bedeutung dadurch, dass die Habsburger ein völlig verwüstetes Land geerbt hatten, das mit großen finanziellen und sonstigen Opfern zu rekultivieren war. Diese hervorragende Leistung voll-bracht zu haben, schrieb Czoernig in erster Linie dem Herrscherhaus zu, das sich beispielhaft für die Kameralgüter engagiert hatte. Gleichwohl wurden auch private Grundherren von ihm gewürdigt, namentlich etwa der Kriegs-lieferant Harruckern im Komitat Békés. Czoernig sah in den Kolonisationen auf den Kameralgütern eine eigene Dynamik am Werk, die keineswegs von ethnischen Prämissen ausgegangen sei, womit er sich allerdings selbst wider-sprach.

---

[16]   Ebenda, S. 150.
[17]   Ebenda, S. 200-207.

So hielt er fest, dass im Zuge einer allmählichen „Vorrückung der Magyaren von den weniger entvölkerten obern nach den untern Gegenden", also einer Binnenwanderung von Norden nach Süden, Ungarn auch die Kameralgüter besiedelten, und dass aufgrund guter Erfahrungen mit der Ansiedlung katholischer Ungarn und Slawonier im Kameralbezirk Arad, der Ansiedlungskommissar Cothmann in der Batschka explizit Ungarn neben den Illyrern (Serben) ansiedeln wollte. Doch später hätten die Ansiedlungskommissionen vor Ort für deutsche Kolonisten plädiert, was aber noch immer nicht zu Ausschließlichkeit geführt habe, denn Kaiser Josef II. selbst sei der „einheimischen Kolonisation in Ungarn nicht abhold" gewesen".[18] Dieser umstrittene Herrscher hatte nach Czoernig

> „durch seine deutschen Colonisierungen keineswegs zunächst die Vermehrung der Deutschen und die Verstärkung des deutschen Sprach-Elementes, sondern vielmehr die Verbesserung der Bodencultur durch guten Anbau der unbebautliegenden grossen Strecken mittelst arbeitsgewohnter deutscher Hände zum Zwecke".[19]

Czoernig schuf mit seinen Interpretationen ein Modell, das je nach Standpunkt positiv rezipiert oder negativ umgedeutet wurde, aber gewissermaßen als Grundlage diente. Er betrieb Quellenforschung, wertete Akten der Hofkammer, des Hoffinanzministeriums und der ungarischen Hofkanzlei sowie die Erinnerungen von Johann Eimann aus[20] und sprach das Problem der Bevölkerungsschätzungen an, die seiner Ansicht nach einer Quellenprüfung nicht standhalten konnten.[21] Die Kosten für die staatlichen Kolonisationen unter Maria Theresia und Josef II. bezifferte Czoernig auf insgesamt sieben

---

[18]   Ebenda, S. 96, 173-174.

[19]   Ebenda, S. 72.

[20]   JOHANN EIMANN: Der Deutsche Kolonist, oder die deutsche Ansiedlung unter Kaiser Joseph dem zweyten in den Jahren 1785-1787. Pest 1822. Das Quellenmaterial allein könnte Czoernigs „Einseitigkeit" zugunsten der Kameralansiedlungen erklären. Hinter dieser Einseitigkeit dürfte aber mehr noch die Absicht des Autors gestanden haben, eine patriotische Geschichte zu verfassen, in der die Ruhmestaten des Herrscherhauses hervorgehoben wurden. Deshalb schöpfte er vorwiegend aus Mailáths *Geschichte von Östreich*.

[21]   CZOERNIG: Ethnographie der oesterreichischen Monarchie, S. 33-34.

Millionen Gulden; eine Summe, die ihm „vergleichungsweise mit dem Gewinne von mehr als 60.000 fleissigen Colonisten" und in Anbetracht

> „des moralischen Gewinn[s], welcher durch die höhere Bildung der deutschen Bewohner, durch den musterhaften Betrieb ihrer Wirthschaft und die Reinlichkeit und Wohnlichkeit ihrer Ortschaften dem Ungerlande wurde [...] in der That nicht bedeutend" schien.[22]

In einem genuin anderen historischen Kontext, aber von ähnlicher Intention geleitet, veröffentlichte der deutschböhmische Verlag Prochaska in den 1870er Jahren eine an die breite Öffentlichkeit adressierte Geschichte der Völker der Monarchie in zwölf Bänden.

> „Das hochinteressante Gebiet der Ethnographie und Kulturgeschichte seiner Völker liegt fast brach. Die neuesten Geschichtswerke über Österreich-Ungarn, auch die besten, schildern nur die Reichs- und Staatengeschichte"

gab Karl Prochaska zu bedenken und beteuerte, sein Projekt sei ein Versuch „im Geiste der Versöhnung" aller Völker des Reiches.[23] Über die Deutschen in Ungarn schrieb der Budapester Gymnasiallehrer Johann Heinrich Schwicker; er betonte, dass er sich auf Primärquellen stützen musste, aber auch Czoernigs Werk sowie ungarische Autoren – wie Pál Hunfalvy, Mihály Horváth und László Szalay – berücksichtigte.[24] Unter solchen Prämissen musste die Arbeit eine Gratwanderung zwischen österreichischen und ungarischen Erwartungen werden. Die Schilderungen der Ansiedlungen im 18. Jahrhundert lassen die Handschrift Czoernigs erkennen. Wie dieser zollte auch Schwicker dem deutschen Herrscherhaus Anerkennung für die Befreiung Ungarns von den Osmanen, hätten doch „deutsches Gut und Blut dem ungarischen Königreiche die Wiederaufrichtung erkämpft" und sei dann im

---

22 Ebenda, S. 94.
23 KARL PROCHASKA: Prospect. In: JOHANN HEINRICH SCHWICKER: Die Deutschen in Ungarn und Siebenbürgen. Wien 1881 (= Die Völker Österreich-Ungarns. Ethnographische und culturhistorische Schilderungen), o. S.
24 Johann Heinrich Schwicker (1839-1902), Lehrer, Historiker und Politiker. Der in Neubeschenowa im Banat geborene Schwicker studierte an der hauptstädtischen Universität Germanistik, Geschichte und Geographie. 1887-1902 vertrat er den Wahlkreis Schäßburg im ungarischen Reichstag. Er publizierte u. a. über die ungarische Geschichte sowie die Geschichte und das Schulwesen des Banats.

öden und verwüsteten Land der „materielle und geistige" Aufbau „von deutschen Händen [...] vollbracht" worden.[25]

Auch Schwicker unterstreicht, dass nicht allein deutsche Immigranten eingeladen worden waren und dafür die Landtagsbeschlüsse von 1723 die Hauptrolle spielten, um dann zu seinem eigentlichen Anliegen zu kommen:

> „Man muss angesichts der heute wiederholt aufgetauchten Behauptung einzelner magyarischer Chauvinisten, welche die eingewanderten Deutschen als »Eindringlinge«, als »hungrige Fremde« etc. betrachten, diese gesetzliche Basis der Berufung deutscher Colonisten nach Ungarn besonders hervorheben".[26]

Dies war eine ungewöhnlich deutliche Kritik des lautstarken Patriotismus der dualistischen Ära, auch wenn Schwicker sich nicht weiter auf eine Auseinandersetzung mit dieser Problematik einließ. Der Banater Schwabe konzentrierte sich auf die staatlichen Ansiedlungen unter Maria Theresia und Josef II. und gab – wie Czoernig – die Gesamtkosten mit sieben Millionen Gulden an. Genau zu diesem Punkt hatte der Autor keinerlei Primärforschung betrieben und glaubte getrost behaupten zu können, dass die Ansiedlungen im 18. Jahrhundert „größtentheils auf Staatskosten" erfolgt und Privatkolonisierungen „nur vereinzelt" vorgekommen seien.[27] Schwicker bewertete die Einwanderung bäuerlicher Immigranten insgesamt als erfolgreich, um sich anschließend mit Genuss der für die Zeit typischen Schilderung der Mentalitätsunterschiede zu widmen:

> „Diese Schwaben in Baranya und Tolnau genießen den Ruf ruhiger, arbeitsamer und sorgfältiger Staatsbürger, die an Fleiß und Rührigkeit alle ihre anderssprachigen Nachbarn, auch die Magyaren, weit überragen. Wenn der Unger noch des Schlafes pflegt, arbeitet der Deutsche bereits mit Hacke und Sense auf dem Felde. Dann trifft es sich wohl, dass der Deutsche auch noch dem Unger dessen Getreide ausdrischt, während der letztere behaglich aus der Pfeife dampft."[28]

---

[25] SCHWICKER: Die Deutschen in Ungarn und Siebenbürgen, S. 157, 159.
[26] Ebenda, S. 160.
[27] Ebenda, S. 162-164.
[28] Ebenda, S. 233.

Die Herkunft des Autors hatte auch in diesem Fall eine Schlüsselbedeutung: Schwicker argumentierte zwar „deutsch", doch nicht wie der Deutschböhme Czoernig; auch er konstatierte eine Kontinuität deutscher Anwesenheit seit Karl dem Großen bis zu seinen Tagen, betonte jedoch zugleich, dass diese nie ein „einheitliches Ganzes" gebildet habe.[29] Der im urbanen Milieu verankerte Bildungsbürger distanzierte sich deutlich von den Ackerbau betreibenden „Schwaben". Darüber hinaus betonte er eine weitere Komponente: „Nicht minder war von Einfluss das katholische Bekenntnis" – glaubte der Protestant Schwicker in der Ansiedlungspolitik des 18. Jahrhunderts ausmachen zu können – „denn die Regierung wünschte in den wieder gewonnenen Ländern nur Katholiken anzusiedeln". Deshalb wurden „in den Städten", in der Umgebung von Budapest wie in den Komitaten Tolna, Baranya und Zemplin „grundsätzlich nur katholische Deutsche angesiedelt".[30] Pikant ist diese Argumentation nicht deshalb, weil Schwicker dem Geist seiner Zeit huldigte und das Konfessionelle überbetonte, sondern weil in diesen Regionen – abgesehen von Ausnahmen geringfügiger Bedeutung – nicht der Staat, sondern private Grundherren kolonisierten.

Raimund Friedrich Kaindl steht in der Vorkriegszeit für die letzte große Interpretation deutscher Geschichte im Donauraum.[31] Kaindls Geschichtsschreibung war von einem speziellen Sendungsbewusstsein geprägt, denn für ihn war aktive Minderheitenpolitik untrennbar mit seiner wissenschaftlichen und publizistischen Tätigkeit verbunden. Als exemplarisch für seine

[29] Ebenda, S. I (Vorwort), 1, 488.

[30] Ebenda, S. 161.

[31] Der 1866 in Czernowitz geborene Raimund Friedrich Kaindl lehrte an der Universität seiner Heimatstadt und wandte sich der Interethnizität der Bukowina und den östlichen Provinzen der Monarchie zu, wobei er besonders die Deutschen berücksichtigte. 1915 wurde er an die Universität Graz berufen. Nach dem Ersten Weltkrieg interpretierte er vornehmlich das Verhältnis Österreichs und der Südostdeutschen zum Gesamtdeutschtum, seine Werke erhielten stark publizistischen Charakter. 1930 verstarb er in Graz. Den neuesten Forschungsstand zu Kaindl siehe ALEXANDER PINWINKLER: Raimund Friedrich Kaindl. Geschichte und Volkskunde im Spannungsfeld zwischen Wissenschaft und Politik. In: KAREL JAN HRUZA (Hrsg.): Österreichische Historiker 1900-1945. Lebensläufe und Karrieren in Österreich, Deutschland und der Tschechoslowakei in wissenschaftsgeschichtlichen Porträts. Wien 2008, S. 125-154.

Interpretation der Geschichte der Deutschen im Königreich Ungarn soll hier sein ausführlichstes Werk vorgestellt werden.[32]

Kaindl versuchte drei Komponenten herauszuarbeiten, die wiederum eine unzertrennliche Einheit bilden sollten: Erstens, die „kulturbringende" Rolle des Deutschtums als dessen historische Sendung; zweitens, die segensreiche Rolle des Kaiserhauses für die deutschen Migrationen; drittens, eine Kontinuität des Nationalitätenkampfes seit dem Mittelalter.

Auf den Spuren von Czoernig konstatierte auch Kaindl „1100 Jahre" Kontinuität deutscher Präsenz im Donauraum, während die Ungarn „nur" auf 1000 Jahre verweisen konnten.[33] Für die Zeit bis zum 18. Jahrhundert stellte er die „Entdeutschung" als Ringen um die Selbstbehauptung in den Mittelpunkt seiner Schilderungen. In seiner Konzeption war das Erzhaus die Exekutive der kollektiven Handlungsgemeinschaft namens „deutsches Volk". Von daher bestand eine Interessenkongruenz zwischen Herrschern und Untertanen: Beide verfolgten die klaren Ziele einer europäischen Sendung zum Wohle der ganzen Region. Nachdem „unendlich viel deutsches Blut geflossen war und die deutschen Länder ungeheure Summen Geldes geopfert hatten", wurde Ungarn vom „Türkenjoche" und damit aus einer „Knechtschaft" befreit, in die das Land letztlich seiner eigenen korrupten Elite wegen geraten war.[34] Für Kaindl war die Zeit nach der Befreiung aber auch die Zeit der großen ethnischen Umwälzungen und der gegenseitigen Verdrängungen. Hierbei stützte er sich auf die zeitgenössischen Arbeiten von Mathias Bel (Bél Mátyás), der sich neben der ausführlichen Darstellung der Zerstörungen der Nachosmanenzeit bevorzugt mit interethnischen und interkonfessionellen Prozessen befasst hatte.[35] Fast wörtlich übernahm Kaindl die Aussagen

---

[32] RAIMUND FRIEDRICH KAINDL: Geschichte der Deutschen in den Karpathenländern. Bd. 2. Geschichte der Deutschen in Ungarn und Siebenbürgen bis 1763, in der Walachei und Moldau bis 1774. Gotha 1907 (= Deutsche Landesgeschichten. Hrsg. v. Armin Tille. Achtes Werk). Wie Mailáths Werk erschien auch diese Arbeit beim renommierten Verlag Perthes.

[33] In der Darstellung der Geschichte der Frühneuzeit ist der Einfluss der siebenbürgisch-sächsischen Schule bzw. Schlözers unverkennbar, was aber hier nicht weiter analysiert werden soll. Ebenda, S. 60-75.

[34] Ebenda, S. 93. Im Gegensatz zu seinen ungarischen Kollegen datierte Kaindl nicht mit dem Frieden von Karlowitz, sondern mit dem von Passarowitz das „Ende" der Türkenkriege.

[35] Ebenda, S. 95-97.

von Mailáth über die zwölf übrig gebliebenen Pfarreien des Erzbistums Kalocsa, die Wertlosigkeit des Ackerlandes in der Neoacquistica, die Geschichte der Harruckern im Komitat Békés und die verwüstete Landschaft des Banats und kam zu dem Schluss:

> „Diesem beklagenswerten Zustande konnte nur durch erneuerte Kolonisation, und vor allem durch deutsche Ansiedlungen abgeholfen werden [...] dies umso mehr, als man jetzt nur zur Einsicht gekommen war, dass die Ansiedlung zahlreicher Deutscher in Ungarn eine wirksame Stütze der Herrschaft des Kaiserhauses bedeutete".

Hier nahm Kaindl auf das *Einrichtungswerk* von Kollonich Bezug, das vor allem Deutsche als „geeignete Siedler" empfohlen hatte, mit denen man die Ungarn „germanisieren" und deren „zum Aufstand neigendes Blut temperieren" wollte.[36]

Der „Volkstumskämpfer" Kaindl begab sich damit unerschrocken auf das Minenfeld der Auseinandersetzung mit der offiziösen ungarischen Geschichtsschreibung. Im Vordergrund stand bei ihm die Herausarbeitung der Symbiose zwischen dem „deutschen" Kaiserhaus und dessen konnationalen Untertanen, die eine „Kulturmission" in Form von „Kulturarbeit" zu erfüllen hatten. Deshalb betonte er die Bedeutung der Habsburger für die Siedlungsaktionen, erwähnte er die Namen der privaten Kolonisatoren, – übrigens genau dieselben wie Czoernig – nur beiläufig.[37] Doch worin bestand diese „Kulturarbeit" für Kaindl? Erstens in der Urbarmachung des Landes, der Trockenlegung der Sumpfgebiete, der Pionierarbeit einer creatio ex nihilo. Zweitens oder parallel dazu in der Hebung der Technologie und Effizienz der Wirtschaft auf allen Gebieten, vom Weinbau bis zur Gründung von Genossenschaften.[38] Damit schloss sich der Kreis für Kaindl, denn wie im Mittelalter die Städte „zum großen Teil durch deutsche Einwanderung gegründet und bevölkert" worden waren, nahm auch im vormodernen Staat die Wirtschaft erst mit deutscher Hilfe Aufschwung. Und wie damals die Städte die Zentren des Geistes waren, kümmerten sich jetzt die deutschen Gemeinden – im Gegensatz zu den übrigen – bewusst um die Pflege der „geistigen Kul-

---

[36] Ebenda, S. 97.
[37] Ebenda, S. 100.
[38] Ebenda, S. 327.

tur". Kaindls Fazit: „So haben sich die deutschen Siedler auf allen Gebieten der materiellen und geistigen Kultur bahnbrechend betätigt".[39]

Kaindl versuchte die Sichtweise eines Schwicker zu überwinden, indem er aus den Deutschen eine entschlossene Interessengemeinschaft machte, die eine aktive Rolle in den diversen Ausdifferenzierungsprozessen übernahm. Dazu mussten soziale Trennlinien, die bei Schwicker das Fundament der Argumentation bildeten, marginalisiert werden. Ebenso wäre die Überbetonung des Konfessionellen aus der Sicht Kaindls kontraproduktiv gewesen: Die Einheit von Herrscherhaus und Deutschtum im Agieren galt ihm als selbstverständlich. Letztlich ging es für Kaindl bei der Ansiedlung der Deutschen im 18. Jahrhundert nicht um eine notwendige Pazifizierung des Landes oder die Ankurbelung der Wirtschaft, sondern um die Vollendung einer umfassenden Kulturarbeit; einer Sendung Österreichs, die nur erfüllt werden konnte, weil das Kaiserhaus, die Exekutivorgane des Imperiums wie die Untertanen gleichermaßen von dieser Mission überzeugt und handlungsbereit waren. Kaindl suggerierte in diesem Werk für Ungarn eine ähnliche Konstellation wie in der Bukowina: Die Autonomie der deutschen Gemeinden dort war tatsächlich eine gelebte Realität, ebenso die Führungsrolle des Bildungsbürgertums in Czernowitz. Dies traf aber in Ungarn so nicht zu. Hierbei dürfte der „Volkstumspolitiker" Kaindl den Historiker zurückgedrängt haben, um auch mit dieser Arbeit der deutschen Bewegung in Ungarn Schützenhilfe zu leisten.[40]

Die Zwischenkriegszeit

Während von Czoernig bis Kaindl Historiker am Werk gewesen waren, für die als „Auslandsdeutsche" die Erforschung der deutschen Siedlungen außerhalb der Erbländer kein abstraktes Thema, sondern eine existenzielle Herausforderung war, setzten die in der Zwischenkriegszeit tonangebenden

[39] Ebenda, S. 327-340.
[40] Dieser Aspekt muss allerdings in der Forschung noch herausgearbeitet werden. Zur Bukowina siehe pars pro toto EMANUEL TURCZYNSKI: Die Bukowina. In: ISABEL RÖSKAU-RYDEL (Hrsg.): Galizien, Bukowina, Moldau. Berlin 1999 (= Deutsche Geschichte im Osten Europas, 10), S. 225-283.

österreichischen Historiker andere Akzente: für sie war die Geschichte der deutschen Siedlungen nur mehr von untergeordneter Bedeutung.[41] Selbst „großdeutsch" orientierte Historiker kamen erst auf einem Umweg, nämlich über die Verwaltungsgeschichte dazu, sich mit deutschen Siedlungsgebieten zu beschäftigen.

Die Wurzeln reichen noch in die Vorkriegszeit zurück. 1914 habilitierte sich Theodor Mayer an der Universität Wien mit einer Arbeit über die „Verwaltungsreform in Ungarn nach der Türkenzeit".[42] Für den Verfassungshistoriker stand die Reorganisation der Verwaltung unter Kardinal Leopold Kollonich im Vordergrund und er interpretierte das Compendium des *Einrichtungswerkes* aus dieser Perspektive. Er verwies darauf, dass die von Kollonich forcierte und vom Hof sich zu Eigen gemachte Ansiedlungspolitik ein Aspekt der umfangreichen Aufbauarbeit der Nachosmanenzeit war.[43] Gyula Szekfű, Ungarns führender Historiker, stufte Mayers Ansatz als nicht gelungen ein, konzedierte aber, der Autor sei „nicht vom Magyarenhass geleitet".[44]

---

[41] Zum psychisch-mentalen Umfeld siehe ERNST HANISCH: Der lange Schatten des Staates. Österreichische Gesellschaftsgeschichte im 20. Jahrhundert. Wien 2005 (= HERWIG WOLFRAM (Hrsg.): Österreichische Geschichte 1890-1990), S. 154-165.

[42] Theodor Mayer (1883-1972), Historiker. Der in Oberösterreich geborene Mayer studierte in Florenz und Wien und ab 1903 am Institut für Österreichische Geschichtsforschung u. a. bei Josef Redlich. 1923 wurde er außerordentlicher Professor an der Deutschen Universität in Prag, 1927 ordentlicher Professor, 1930 Nachfolger Hermann Aubins an der Universität Gießen. 1934 wechselte er nach Freiburg i. Br., 1938 nach Marburg. 1937 trat er der NSDAP bei. 1942-1945 war er Präsident der MGH (Monumenta Germaniae Historica) und Direktor des Deutschen Historischen Instituts in Rom. In einem Entnazifizierungsverfahren wurde er als „Mitläufer" eingestuft, erhielt aber keine Stelle mehr an einer Universität. Ab 1951 leitete er das Städtische Institut für Landesgeschichte des Bodenseegebietes, das 1958 in Konstanzer Arbeitskreis für mittelalterliche Geschichte umbenannt wurde und zu einem führenden außeruniversitären Forschungsinstitut avancierte. 1956-1970 war er Vorsitzender des Collegium Carolinum, 1960-1971 der Südostdeutschen Historischen Kommission.

[43] THEODOR MAYER: Verwaltungsreform in Ungarn nach der Türkenzeit. Wien, Leipzig 1911.

[44] Hier zitiert nach GYULA SZEKFŰ: Magyar történet. Bd. VI. Budapest 1943, S. 595-596.

Josef Kallbrunner verkörpert geradezu den Weg, den Theodor Mayer eingeschlagen, aber nicht weiter verfolgt hatte.[45] Den ersten Aufsatz zur
deutschen Auswanderung verfasste Kallbrunner 1930. Er trug sich ernsthaft
mit dem Gedanken, die Bestände des Hofkammerarchivs unter besonderer
Berücksichtigung der Wirtschaftsgeschichte systematisch aufzuarbeiten und
somit eine Synthese der Geschichte des 18. Jahrhunderts zu liefern.[46] Seine
wichtigste Arbeit, *Deutsche Erschließung des Südostens seit 1683*, erschien 1938.
Er widmete sie dem Andenken Jakob Bleyers, des fünf Jahre zuvor verstorbenen politischen Repräsentanten der Deutschen in Ungarn. Auch diese Arbeit
machte sich die These des Kulturtransfers zu Eigen. Kallbrunner sah in den
Ansiedlungen bzw. in den deutschen Kolonisten des Banats „die weitaus
stärksten Träger einer höheren Kultur in der landwirtschaftlichen Erzeugung
des Landes".[47] Die Quintessenz seiner Überlegungen fasste er selbst wie folgt
zusammen:

> „Eines ist allen diesen Leistungen gemeinsam: sie sind zum größten Teil
> unter Einsatz deutscher Menschen und immer mit dem Einsatz deutscher
> Kultur mit der Absicht, deutsche kulturverbreitende Siedlungen inmitten
> fremden Volkstums zu schaffen, aufgebaut worden".[48]

Der Wiener Archivar stand allerdings unter einem Druck, dem er nicht ganz
Herr wurde. In Berlin machte Konrad Schünemann eine atemberaubend

---

[45] Der aus einer niederösterreichischen Apothekerfamilie stammende Kallbrunner
(1883-1951) studierte in Wien und arbeitete nicht nur am Institut für österreichische Geschichtsforschung (1903-1905), sondern auch im Archiv des Ministeriums
des Innern. Er befasste sich mit der obersten Finanz- und Wirtschaftsbehörde des
18. Jahrhunderts sowie der Allgemeinen Hofkammer und kam somit nolens vo-
lens mit der ungarischen Geschichte in Berührung. 1933 übernahm er als Direktor
die Leitung des Hofkammerarchivs und hatte dieses Amt bis 1946 inne. Nunmehr
beschäftigte er sich intensiv mit der Geschichte der Kameralgebiete, doch sein Interesse galt vornehmlich der Verwaltungsgeschichte.

[46] MTA Kézirattár [Handschriftensammlung der Ungarischen Akademie der Wissen-
schaften], G 628. Bd. 9. Schreiben Kallbrunners vom 16.11.1934.

[47] JOSEPH KALLBRUNNER: Deutsche Erschließung des Südostens seit 1683. Jena 1938,
S. 17.

[48] Ebenda, S. 40; siehe auch JOSEPH KALLBRUNNER, FRANZ WILHELM: Quellenbuch
zur deutschen Siedlungsgeschichte Südosteuropa. München 1936; JOSEPH KALL-
BRUNNER: Die Banater Kolonisation unter Karl VI. und der jungen Maria Theresia
bis 1753. München 1936.

schnelle Karriere, wobei er sich ähnlichen Forschungsfragen wie Kallbrunner widmete.[49] Über die Gründe der Wahl seiner Arbeitsschwerpunkte schrieb er 1934 an die Notgemeinschaft der deutschen Wissenschaft (heute DFG):

„Die Arbeit wurde auf den Wunsch des verstorbenen ungarländischen Deutschenführers Jakob Bleyer in Angriff genommen, der hierdurch seinem Volke eine wissenschaftliche Grundlegung seiner Ansiedlungsgeschichte geben wollte. Ich ging unter Zurückstellung anderer Arbeiten um so bereitwilliger auf Bleyers Wunsch ein, weil ich mich der volkspolitischen Notwendigkeit einer derartigen Darstellung nicht verschließen konnte. Seit Jahren wird von deutschfeindlicher Seite in den verschiedenen Nachfolgestaaten der Österreichisch-Ungarischen Monarchie immer wieder versucht, durch einseitige Beleuchtung von Einzelheiten des Ansiedlungswerkes zur Schwächung der Stellung der deutschen Volksgruppen im Südosten beizutragen und vor allem das ohnehin sehr schwache politische Selbstbewusstsein der erst im 18. Jh. angesiedelten Deutschtumsgruppen zu untergraben. Die Thesen, die hierbei vertreten werden, gehen vornehmlich in dieser Richtung: Die habsburgischen Regierungen siedelten Deutsche an, um unter Vergewaltigung der bodenständigen Völker die Länder zu germanisieren. Politische Folgerung: Rechtfertigung einer minderheitsfeindlichen Politik, weil diese angebliche Vergewaltigung wieder gut gemacht werden müsse. Weiter: Die angesiedelten Deutschen sind der Abschaum der binnendeutschen Bevölkerung (Nekám und Gálocsy: Die Schwaben Nachkommen von Wiener Straßendirnen und Zuchthäuslern, die nach Ungarn deportiert wurden) Ziel: Verstärkung des Gefühls sozialer Minderwertigkeit bei den Deutschen. Oder: Die armseligen, von Hunger aus der Heimat vertriebenen Deutschen verdanken den späteren Wohlstand in der neuen Heimat der Großmut der eingeborenen Bevölkerung und müssen sich deshalb dankbar erweisen".[50]

---

[49] Konrad Schünemann (1900-1940) war Freiwilliger des Ersten Weltkrieges und in der Berliner Garde-Kavallerie-Schützendivision im Kampf gegen die Spartakisten. Er studierte 1919 bis 1922 und habilitierte sich 1927 in Berlin. 1936 wurde er außerordentlicher Professor in Kiel. In Berlin war er Leiter des deutsch-ungarischen Instituts. Sein Forschungsinteresse galt dem deutschen Einfluss im Donauraum. Seine Dissertation behandelte die Rolle der Deutschen im Königreich Ungarn bis zum 12. Jahrhundert, in seiner Habilitationsschrift befasste er sich mit den Anfängen der ersten ungarischen Städte. Als sein wichtigstes Werk galt jedoch seine Geschichte der Bevölkerungspolitik unter Maria Theresia. 1939 meldete er sich freiwillig zum Kriegsdienst und fiel 1940 an der Westfront. Ein Würdigung siehe ALBERT BRACKMANN: Konrad Schünemann zum Gedächtnis. In: Ungarische Jahrbücher 20 (1940) 1-2, S. 1-6.

[50] Südost-Institut München. Nachlass Valjavec. Schreiben Schünemanns vom 18.08.1934. Zu Valjavec und den Rahmenbedingungen siehe MATHIAS BEER,

Vordergründig handelte also Schünemann wie Kaindl aus einer „volkstums-
politischen" Intention heraus. Doch im Gegensatz zu dem Bukowiner re-
interpretierte der Kieler Professor nicht die einschlägige Fachliteratur, sondern baute auf eigene Forschungen in Wiener und ungarischen Archiven. Er
setzte damit Maßstäbe, die bis heute Gültigkeit haben. Schünemanns wichtigstes Buch bot Kallbrunner den Anlass, in einer Rezension die Defizite der
„ungemein inhaltsreichen und anregenden" Arbeit des 35jährigen aufzulis-
ten.[51] So warf ihm der Archivdirektor vor, Schünemann zeige im „Labyrinth"
österreichischer Verwaltung gewisse Unsicherheiten, zugleich lasse er die
ungarische Verwaltung in einem günstigeren Licht erscheinen als die österreichische. Diese „abschätzige Beurteilung" und eine weitere Textstelle des
Buches beinhalteten laut Kallbrunner „ein übel verallgemeinerndes Urteil
über die österreichische Verwaltung, der Sch.[ünemann] nun einmal nicht
grün ist". Ebenso in Frage stellte er das Fazit der Arbeit:

> „Gerade dieser »große Schwabenzug«, dem nach dem Worte Harold Stein-
> ackers ein gemeindeutsches, großdeutsches Gepräge nicht abzusprechen
> ist, dessen Ablauf das letzte Kapitel wirklicher Reichsgeschichte vor dem
> ruhmlosen Ende darstellt, hat einen für die deutsche Stellung in Mitteleu-
> ropa entscheidenden Außenposten geschaffen, der wohl das Blutopfer des
> deutsches Westens im 18. Jahrhundert aufwiegt".[52]

GERHARD SEEWANN (Hrsg.): Südostforschung im Schatten des Dritten Reiches. In-
stitutionen – Inhalte – Personen. München 2004 (= Südosteuropäische Arbeiten,
119). Árpád Gálócsy (1864-1934). Der aus Tarnóc stammende Gálócsy galt als führender Ingenieur für Walztechnik. Ab 1921 war er Vorsitzender des Vereins für
Bergbauwesen. In der Öffentlichkeit profilierte er sich als Gegner der Sozialdemo-
kratie und propagierte seine Ansichten in den Spalten der Gemeinnützigen Briefe
(Közérdekű Levelek). Seine antisemitischen Ansichten fasste er in der Schrift Elen-
de Israeliten (Nyomorgó izraeliták) zusammen. Sein rassenschützerisches Programm
des „Wirtschaftsantisemitismus" thematisierte er in dem von ihm herausgegebe-
nen Blatt der Magyaren [Magyarok lapja].
[51] KONRAD SCHÜNEMANN: Österreichs Bevölkerungspolitik unter Maria Theresia. Bd.
1. Berlin o. J. [1935].
[52] Die Rezension erschien in den Mitteilungen des Instituts für Österreichische Geschichtsforschung 50 (1936), S. 469-472. Der Mediävist Harold Steinacker (1875-
1965) habilitierte sich an der Universität Wien, folgte 1916 einem Ruf nach Prag
und 1918 nach Innsbruck. 1938 trat er der NSDAP bei und war Rektor dieser Universität bis 1942. 1953 Mitbegründer der Ranke-Gesellschaft, wurde Steinacker
1958 Vorsitzender der Südostdeutschen Historischen Kommission. Vgl. HAROLD
STEINACKER: Österreich und die deutsche Geschichte. In: Vergangenheit und Ge-

Kallbrunner vermochte allerdings nicht, sein großes Werk zu Ende zu bringen. Seine Synthese mit dem Titel „Das kaiserliche Banat" wurde nie fertig
gestellt, der erste Teil wurde 1958 in München vom Südostdeutschen Kultur-
werk verlegt. Eine Reihe Streitpunkte mit der ungarischen Historiographie
hätten vielleicht aus dem Weg geräumt werden können, wäre dieses Buch
schon vor dem Zweiten Weltkrieg erschienen: So erklärt Kallbrunner etwa,
dass 1716 nur in der Stadt Temeswar ausschließlich Katholiken und Deutsche
angesiedelt werden durften, oder warum – bedingt durch die „üblen Erfahrungen" des Wiener Hofes – nach dem Frieden von Karlowitz (1699) das Temeswarer Banat unter Kameralverwaltung gestellt wurde. Und er gibt, was
die Zielsetzung der Ansiedlungspolitik des Hofs betrifft, zu bedenken: „Das
gilt vor allem für die deutsche Kolonisation, mit der er nicht germanisieren,
wohl populieren, aber besonders kultivieren will".[53]

Trotz der Konkurrenz aus Kiel konnte Kallbrunner seine Dominanz in
Österreich behaupten. Seinen Kollegen ging es nicht um die Migrationen an
sich, sondern um Belege zur Untermauerung der Konzeption: Österreich als
„deutsche Aufgabe" in Europa wie im Donauraum.[54] Oswald Redlich[55] etwa
brachte dies in seinem Klassiker *Das Werden einer Großmacht. Österreich von*
1700 bis 1740 sehr illustrativ auf den Punkt:

---

genwart. Monatsschrift für Geschichtsunterricht und politische Erziehung 7 (1928),
S. 105-141; DERS.: Deutschtum und Österreich im mitteleuropäischen Raum. In:
Mitteilungen Akademie zur wissenschaftlichen Erforschung und zur Pflege des
Deutschtums 1929, S. 323-346; DERS.: Die volksdeutsche Geschichtsauffassung
und das neue deutsche Geschichtsbild. Leipzig u. a. 1937.

[53] JOSEPH KALLBRUNNER: Das kaiserliche Banat. Einrichtung und Entwicklung des
Banats bis 1739. München 1958, S. 27.

[54] Ebenda, S. 156. Zum historische Kontext der „österreichischen Sendung" vgl.
WERNER SUPPANZ: Österreichische Geschichtsbilder. Historische Legitimationen
in Ständestaat und Zweiter Republik. Wien, Köln, Weimar 1998, S. 114-124.

[55] Oswald Redlich (1858-1944), Historiker und Archivar. Der in Innsbruck geborene
Redlich studierte Geschichte und Geographie in seiner Heimatstadt sowie am Institut für Österreichische Geschichtsforschung in Wien u. a. bei Julius Ficker und
Theodor von Sickel. 1881 bis 1892 arbeitete er als Archivar in der Tiroler Hauptstadt, wo er sich 1887 habilitierte. Ab 1893 war er wieder am Institut für Österreichische Geschichtsforschung tätig, ab 1897 als ordentlicher Professor. 1934 wurde er emeritiert. 1919 wurde er zum Präsidenten der Österreichischen Akademie
der Wissenschaften gewählt; dieses Amt übte er bis 1938 aus.

Norbert Spannenberger

„Die Geschichte jenes alten Österreich ist sehr lehrreich. Die zähe, zielbe-
wusste und konsequente Arbeit des absolutistischen Zentralismus hat seit
1526 die so verschieden gearteten Bestandteile der österreichisch-habsbur-
gischen Machtgebiete nach und nach zu der Monarchie Maria Theresias
und Josefs II. ausgestaltet. Er [der Zentralismus] hat es ermöglicht, die Türken abzuwehren und den Franzosen zu widerstehen, er hat weite Gebiete einer höheren Kultur erschlossen und hat Grosses für das geistige und
materielle Wohl der Völker geleistet. Und dieses geschah durch die Kräfte
der deutschen Dynastie und ihrer deutsch geführten Heere, der deutschen
Verwaltung und Bildung, der deutschen Kolonisation".[56]

Hier sollen lediglich zwei Komponenten hervorgehoben werden: Erstens
erklärte Redlich den deutschen Zentralismus gegenüber dem zur Geschichte gewordenen ungarischen Partikularismus zur effizienteren Variante. Das
wäre an und für sich nicht weiter problematisch, denn wo die Leistungsfähigkeit des Habsburgischen Absolutismus und die der ungarischen Stände-
interessen im 18. Jahrhundert lagen, ist in der Forschung geklärt. Wichtiger
ist, dass Redlich zweitens mit dem Ausbau der Habsburgerherrschaft einen
Transfer „höherer Kultur" und die Projektion eines „deutsches Sendungsbewusstsein" verband. Damit konnte er die Konzeption der „Rolle Österreichs
als Kulturvermittler der Donauvölker" nahtlos fortführen.

Die Verknüpfung der Migrationen mit „österreichischer Sendung" erschien auch dem Benediktinerpater Hugo Hantsch plausibel. Der Deutschböhme publizierte 1937 *Die Geschichte Österreichs* mit dem Untertitel *Die Großmacht. Kampf um Sein und Sendung*.[57] Die zweite Auflage erschien 1947, die

---

[56] OSWALD REDLICH: Das Werden einer Großmacht. Österreich von 1700 bis 1740.
Wien ²1942, S. VI.
[57] Hugo Hantsch OSB (1895-1972), Benediktinermönch, Priester, Historiker und Universitätsprofessor. Der in Teplitz-Schönau geborene Hantsch trat 1913 in das Stift
Melk des Benediktinerordens ein. Nach seinem Studium der Theologie und Philo-
sophie in Innsbruck wurde er 1918 zum Priester geweiht. 1930 habilitierte er sich
an der Universität Wien mit einer Arbeit über die österreichische Geschichte vom
18. bis 20. Jahrhundert. 1935 erhielt er den Ruf als ordentlicher Professor an die
Universität Graz. Sein Buch *Die Geschichte Österreichs* (1937) wurde von den Na-
tionalsozialisten verboten, er selbst 1938 von der Gestapo verhaftet und bis 1939
in diversen Konzentrationslagern interniert. Ab 1945/1946 lehrte er als Ordinarius
an der Universität Wien, die Kommission für neuere Geschichte Österreichs wähl-
te ihn zu ihrem Vorsitzenden. Ab 1953 gab er die *Wiener historische Studien*, ab 1962
die *Gestalter der Geschicke Österreichs* heraus.

dritte 1951 und noch 1994 wurde sie neu gedruckt. Auch er betrieb keine Primärforschung, sondern wollte eine Synthese der Forschung, eine Interpretation in vertrautem Rahmen bieten. Er sah in Ungarn nach der Vertreibung der
Osmanen „den größten Raum für [...] Experimente" der Wirtschaftspolitik:

> „Wenn auch die Ansicht, dass die Türkenherrschaft jedes nationale Leben
> zerstört hätte, nicht aufrechterhalten werden kann, so ist doch anderseits
> eine weitgehende Verödung des Landes eine unleugbare Tatsache, und
> ebenso wenig ist zu leugnen, dass es zum großen Teil deutschem Fleiß zu
> verdanken ist, dass hier die Grundlagen einer neuen kulturellen Entwick-
> lung gelegt werden konnten."

Den Interpretationen Kaindls und Steinackers entsprechend legte er auch die
Rolle der deutschen Einwanderer aus:

> „Dass man sich für deutsche Kolonisten entschied, hatte keine nationalen,
> sondern praktische Ursachen, weil von ihnen am ehesten eine intensive Be-
> wirtschaftung zu erwarten war. [...] Deutscher Gewerbefleiß und deutsche
> Bauernkraft veränderten das Gesicht des Landes. Mit bewundernswerter
> Zähigkeit und Ausdauer überwanden sie die mannigfachen Schwierigkei-
> ten, die ihnen auf Schritt und Tritt entgegentraten. Generationen mussten
> hart arbeiten, ehe dieses Werk der Zivilisation getan war und seinen Segen
> über das ganze Land verbreitete. Es war eine schwer erarbeitete Heimat, die
> sich die „Schwaben" schufen und aus der sie nach fast zwei Jahrhunderten
> mit unmenschlicher Rücksichtslosigkeit wieder vertrieben wurden".[58]

Hantsch verwies ausdrücklich darauf, dass es auch eine private Kolonisation
gegeben, Preußen als Vorbild gedient hatte und auch ungarische Staatsmän-
ner an der Kolonisierung beteiligt gewesen waren. Letztlich waren auch für
diesen Autor die deutschen Kolonisten Vollstrecker des aufgeklärten Absolutismus. Auffallend ist, dass der Benediktiner den Aspekt der Religion völlig
außer Acht ließ und ausschließlich deutsche Einwanderer berücksichtigte.

Nachkriegszeit

Die radikale ideologische Umorientierung nach 1945 führte dazu, dass in der
Historiographie die Frage der Migrationen thematisch auf einen Aspekt re-

---

[58] HUGO HANTSCH: Die Geschichte Österreichs. Bd. 2. Wien 1962, S. 202-203.

duziert wurde: Die Ansiedlungspolitik des 18. Jahrhunderts wurde zu einer Maßnahme des Kaiserhauses, durchgeführt in den Kameralgebieten, vornehmlich im Banat. So konnte das Thema zumindest noch als Unteraspekt der Verwaltungsgeschichte behandelt werden, und so fanden die Vorgänger aus der Zwischenkriegszeit immerhin Berücksichtigung. Nach diesem Ansatz war die Migrationspolitik kein großes Unterfangen mehr, das in seinen Wurzeln vor 1703 auf eine Auseinandersetzung mit den ungarischen Ständen und nach 1711 auf eine enge Kollaboration zurückging und zum Aufstieg des Habsburgerreiches zur bestimmenden Macht im Donauraum beitrug, sondern eine Maßnahme unter vielen anderen. Dem Imperativ der Diskontinuität untergeordnet, wurde letztlich kein neues Forschungsergebnis produziert, sondern die tradierte Fachliteratur umgedeutet bzw. in ihren relevanten Aussagen bedeutungsmäßig heruntergestuft.[59]

Hanns Leo Mikoletzky verfasste 1967 keine Meistererzählung, wohl aber eine Monographie als Synthese über das „große 18. Jahrhundert".[60] Der Archivdirektor trat insofern in die Fußstapfen seines Amtskollegen Kallbrunner, als er sich ausschließlich auf das Banat konzentrierte, bemängelte allerdings, dass hierzu keine Teilstudien vorlagen. Anders gesagt: Nicht die Migrationen selbst waren für ihn von Interesse, sondern die obligatorische Berücksichtigung eines ehemaligen Kamerallandes, sprich einer Region, die unter Wiener Verwaltung gestanden hatte. Er stützte sich auf die Arbeiten von Kallbrunner und Felix Milleker, verteidigte Mercy gegen den tradierten Vorwurf der „Germanisierung" und hielt die Ansiedlungsbedingungen insgesamt als „nicht sehr entgegenkommend".[61]

Je mehr wir uns der Gegenwart nähern, umso weniger Berücksichtigung findet das Thema in der österreichischen Historiographie. Erich Zöllners *Geschichte Österreichs* erschien 1961 und wurde noch 1980 in der achten

---

[59] Zum Kontext siehe SUPPANZ: Österreichische Geschichtsbilder, S. 32-38.
[60] Hanns Leo Mikoletzky (1907-1978), Archivar und Historiker. Der im kroatischen Esseg/Osijek geborene Mikoletzky wurde 1950 zum Direktor des Hofkammerarchivs ernannt, 1965 zum Generalsekretär des Verbands österreichischer Geschichtsvereine gewählt. 1968 bis 1972 leitete er als Generaldirektor das Österreichische Staatsarchiv, ab 1947 hatte er zudem einen Lehrauftrag an der Universität Wien.
[61] HANNS LEO MIKOLETZKY: Österreich. Das große 18. Jahrhundert. Wien 1967, S. 118.

Auflage verlegt.[62] Er widmete darin ganze 27,5 Zeilen den Ansiedlungen, konkret denen in der zweiten Hälfte des 18. Jahrhunderts.[63] Auf wen er sich gestützt hat, lässt sich nicht eruieren, weil er auf Fußnoten verzichtete. Es ist richtig, dass unter Maria Theresia und Josef II. „die Besiedlung der süd-ungarischen Gebiete durch vorwiegend deutsche Kolonisten in erhöhtem Ausmaße weiter" ging, doch Zöllner liefert keine Vorgeschichte und somit keine Vergleichsmöglichkeit. Damit entbehren auch die ansonsten zutreffen-den Aussagen eines erklärenden Kontexts.[64] Karl Vocelka fasste schließlich in der letzten österreichischen Meistererzählung die Ergebnisse der Forschung zusammen.[65] Im Mittelpunkt seiner Ausführungen steht ebenfalls das Banat und er stützt sich auf die Vorarbeiten seines Lehrers Adam Wandruszka, der 1974 mit seiner *Theorie und Praxis der österreichischen Populationistik* hier rich-tungweisend wirkte.[66] Die Relevanz dieser Entwicklung lässt sich auch daran messen, dass bei manchen im Ausland erschienenen Synthesen das Thema der Migrationen völlig unbeachtet bleibt, wie beispielsweise im Standard-werk von Robert A. Kann *Geschichte des Habsburgerreiches 1526 bis 1918.*[67] Das Problem der Populationspolitik wird mit keiner Silbe erwähnt. Dabei befasst sich Kann ausführlich mit dem Absolutismus und dessen Auseinanderset-zung mit den Ständen, in deren Rahmen eine solche Fallstudie keineswegs deplaziert gewesen wäre. Dasselbe trifft auf das zweite österreichisch-ungari-sche Historikertreffen zu, dessen Gegenstand „Ungarn und Österreich unter

---

[62] Der 1916 in Wien geborene Zöllner war 1953 bis 1986 Professor für österreichische Geschichte in Wien und galt als führender Historiker seiner Zeit. 1974 bis 1985 fungierte er als Präsident des Instituts für Österreichkunde. 1991 wurde sein Le-benswerk mit dem Preis für Geisteswissenschaften der Stadt Wien gewürdigt. Er verstarb 1996.

[63] ERICH ZÖLLNER: Geschichte Österreichs. Von den Anfängen bis zur Gegenwart. Wien, München 1980, S. 361, 363-364.

[64] Ebenda, S. 363.

[65] KARL VOCELKA: Glanz und Untergang der höfischen Welt. Repräsentation, Re-form und Reaktion im habsburgischen Vielvölkerstaat. Wien 2001 (= Österreichi-sche Geschichte 1699-1815), S. 298.

[66] ADAM WANDRUSZKA: Theorie und Praxis der österreichischen Populationistik. In: Institut für Österreichkunde (Hrsg.): Siedlungs- und Bevölkerungsgeschichte Österreichs. Wien 1974 (= Schriftenreihe des Instituts für Österreichkunde, 27), S. 115-131.

[67] ROBERT A. KANN: Geschichte des Habsburgerreiches 1526 bis 1918. Wien, Köln 1990.

Maria Theresia und Joseph II. Neue Aspekte im Verhältnis der beiden Länder" bildete.[68] Hier schließt sich der Kreis: Gerade das Problem der Migrationen und die damit verbundenen Interpretationen hätten „neue Aspekte im Verhältnis der beiden Länder" in der Forschung stimulieren können. Diese Chance blieb ungenutzt.

Die ungarische Historiographie

Die Niederschlagung des Freiheitskampfes 1848/1849 verlieh dem Hass auf das – in der ungarischen Wahrnehmung – deutsche Herrscherhaus der Habsburger eine nie da gewesene Dimension. Die erste Meistererzählung mit großer Öffentlichkeitswirksamkeit verfasste in der Emigration Mihály Horváth.[69] Für seine Interpretationen stand das mit dem Namen Kardinal Leopold von Kollonich verbundene *Einrichtungswerk* im Vordergrund. Er urteilte darüber folgendermaßen:

> „Es ist nicht zu leugnen, dass dieser Plan oder die Reformen in sich viel Gutes und Richtiges, ja manche Teile auch Ideen und Prinzipien beinhalteten, die weit ihrer Zeit voraus waren und selbst unter den Errungenschaften der neueren Zeiten sich behaupten könnten".

Für „richtig" hielt er auch die Absicht, die Ansiedlung auf der Basis der Privilegierung der Kolonisten durchzuführen. Von vornherein konstatierte Horváth jedoch eine hinterlistige und ungarnfeindliche Intention Wiens, die sich

---

[68] ANNA M. DRABEK, RICHARD G. PLASCHKA, ADAM WANDRUSZKA (Hrsg.): Ungarn und Österreich unter Maria Theresia und Joseph II. Neue Aspekte im Verhältnis der beiden Länder. Wien 1982.

[69] Horváth, Mihály (1809-1878), Historiker, Bischof von Csanád. Der zunächst unbekannte Kaplan aus Szentes (Komitat Csongrád) machte sich mit seinen historischen Abhandlungen einen Namen. 1841 wurde er ordentliches Mitglied der Ungarischen Akademie der Wissenschaften, drei Jahre später Lehrer für ungarische Sprache und Literatur am Wiener Theresianum. Nach der Unabhängigkeitserklärung Ungarns am 2. Mai 1849 wurde er zum Kultusminister ernannt, weshalb er nach der Niederwerfung des Freiheitskampfes zum Tode verurteilt wurde. Insgesamt 18 Jahre verbrachte er in der Emigration. Nach seiner Rückkehr wurde er Vizepräsident der Historischen Gesellschaft und Geschichtslehrer des habsburgischen Thronfolgers. Als Horváths größtes Werk gilt seine *Geschichte Ungarns*.

für ihn in der Politik entlarvte. Denn „vornehmlich" sollten Katholiken und Deutsche angesiedelt werden und zwar

> „aus dem einzigen Grund, um die Bevölkerung zu germanisieren und mit diesen unterwürfigen, treuen und gehorsamen neuen Bürgern den zwecks Verteidigung ihrer Freiheit zu Aufstandsbewegungen und zu Unruhen neigenden Magyaren entgegenzuwirken."[70]

Der berüchtigte Satz von Kollonich lautete ursprünglich, es sollten deutsche Siedler geholt werden,

> „damit das Königreich, oder wenigist ein grosser Tail dessen nach und nach germanisieret, das hungarische zu Revolutionen und Unruehe genaigte Geblüet mit den deütschen temperiret, und mithin zur bestendigen Treu und Lieb ihres natürlichen Erbkönigs und Herrn aufgerichtet werden möchte".

Dieser Satz, der mit Recht Anstoß erregen konnte, wurde nicht in den Text des *Einrichtungswerks* aufgenommen – was in der ungarischen Historiographie meist unerwähnt bleibt.[71] Explizit wurde dagegen in diesem Dokument verankert, dass „kein discrimen nationum" erfolgen dürfe.[72] Doch Horváth, dem aktiven Teilnehmer der Ereignisse von 1848/1849, ging es nicht um Quellenkritik, er wollte vielmehr seine eigene Zeit, den gescheiterten Freiheitskampf und dessen Folgen verarbeiten.

Als Leidtragender der Niederlage des Unabhängigkeitskampfes von 1848/1849 gegen die Habsburger erkannte Horváth eine strukturelle Ähnlichkeit zwischen der Situation nach der Osmanenherrschaft und der Nie-

---

[70] MIHÁLY HORVÁTH: Magyarország történelme [Geschichte Ungarns]. Bd. 6. Pest 1872, S. 253, 255. Wegen der Zensur konnte Horváths Arbeit erst in den 1860er Jahren gedruckt werden.

[71] Zum Problem des Einrichtungswerks und dessen Verortung in der Forschung siehe JÁNOS J. VARGA: Államhatalmi és rendi kísérletek a közigazgatás és az igazságszolgáltatás reformjára a török kiűzésének időszakában (1688-1723) [Staatliche und ständische Reformversuche in der Verwaltung und der Justiz zur Zeit der Vertreibung der Osmanen (1688-1723)]. In: MÁRTA FONT, ISTVÁN KAJTÁR (Hrsg.): A magyar államiság első ezer éve [Die ersten tausend Jahre ungarischer Staatlichkeit]. Pécs 2000, S. 147-159. Zur Biographie von Kollonich siehe JOSEPH MAURER: Cardinal Leopold Graf Kollonitsch, Primas von Ungarn. Innsbruck 1887.

[72] Vgl. THEODOR MAYER: Verwaltungsreform in Ungarn nach der Türkenzeit. Sigmaringen 1980, S. 113-114.

derwerfung des Freiheitskampfes. Für ihn standen die „staatsrechtlichen Fragen", nämlich das Verhältnis Ungarns zu Österreich bzw. zur Habsburgerdynastie im Vordergrund. Damit zog er geschickt Parallelen zwischen dem späten 17. und dem frühen 19. Jahrhundert, als die ungarischen Stände die „Freiheit der Nation" gegen das absolutistisch agierende Wien verteidigten, das in Ungarn „fremde Interessen" durchzusetzen suchte. Zugleich unterschied er bewusst zwischen dem „gutmütigen" Herrscherhaus und der „böswilligen" politischen Elite, personifiziert entweder von Kollonich oder der jeweiligen „Wiener Regierung". Wirkungsvoll setzte er deshalb in seinem Opus den Rákóczi-Aufstand als „Freiheitskampf" gegen die „Unterwerfungsintentionen" aus Wien. Damit schuf er in mehrfacher Hinsicht ein Deutungsmodell, das bis heute richtungweisend geblieben ist. Dies gilt auch für eine weitere Schwerpunktsetzung: Da für Horváth das *Einrichtungswerk* eine zentrale Rolle spielte, wurde die Relevanz der Einwanderungspolitik ausschließlich auf die „Türkenzeit" zurückgeführt und die Migrationsproblematik auf das späte 17. Jahrhundert konzentriert. Die Entwicklungen nach dem Rákóczi-Aufstand (1703-1711) wie auch die Tatsache, dass die quantitativ nennenswerte Einwanderung erst nach 1711 stattgefunden hatte, ignorierte Horváth weitgehend. Auch das Banat tauchte bei ihm nur unter dem Aspekt der staatsrechtlichen Zugehörigkeit dieser Region auf, die bis 1778 Gegenstand der politischen Auseinandersetzungen war.

Die zweite Meistererzählung, die etwa zeitgleich entstand, stammte von Horváths Lieblingsschüler an der Budapester Universität, von László Szalay.[73] Wie für seinen Lehrmeister war auch für Szalay die Einwanderungspolitik ein Instrument der Österreicher, um ihre ungarnfeindlichen Machenschaften zur Geltung zu bringen. Auch er wollte seine Leser erziehen und emotional beeinflussen. So hielt er beispielsweise fest, dass nach der Rückeroberung durch die Habsburger in den Neoaquistica-Gebieten „ausschließ-

---

[73] László Szalay (1813-1864), Publizist, Rechtswissenschaftler, Historiker. 1838 wurde er zum ordentlichen Mitglied der Ungarischen Akademie der Wissenschaften gewählt. 1848 vertrat er im Frankfurter Reichsparlament als Gesandter Ungarns die Interessen seiner Heimat. Nach der Niederwerfung des Freiheitskampfes ging er in die Schweizer Emigration, wo auch sein Hauptwerk *Magyarország története* [Geschichte Ungarns] entstand. Die ersten vier Bände erschienen 1851 bis 1854 in Leipzig, der fünfte in Pest. 1855 kehrte er nach Ungarn zurück, später wurde er zum Sekretär der Akademie der Wissenschaften gewählt.

lich griechische und jüdische Abschaumvölker zurückgeblieben waren".[74]
Er betonte, dass während die Ungarn lediglich drei Jahre, die Deutschen
fünf Jahre Steuerfreiheit bekommen hatten und die Einwanderer nicht an
die Scholle gebunden sein sollten wie die Einheimischen. Wie sein Meister
glaubte auch Szalay für die „Germanisierungs"- und „Katholisierungsabsich-
ten" Wiens genügend Belege zu haben. Unter anderem führte er an, dass
die Güter mit allen Mitteln „fremden Adeligen" zugespielt und die Städte
„ausnahmslos und ausgrenzend" („kirekesztőleg") mit deutscher Bevölkerung neu besiedelt werden sollten, während die „bosnischen Einwanderer"
zugrunde gingen und verhungerten.[75] Er legte Kollonich zudem eine Äußerung in den Mund, die nicht nachgewiesen werden kann: „Ich [Kardinal Kol-
lonich] werde Ungarn zunächst knechten, danach zum Bettler machen, und
so wird es katholisch werden".[76] Für den protestantischen Szalay waren die
Germanisierungsansätze des österreichischen Absolutismus Begleiterschei-
nungen einer katholischen Konfessionspolitik.

Richtete sich vor 1867, also dem österreichisch-ungarischen Ausgleich,
der Hass der Ungarn noch gezielt gegen die Wiener Regierung und die „ver-
räterischen Südslawen", so gewann das Misstrauen der ungarischen Öffentlichkeit mit dem Ausbau ihres „Nationalstaates" eine multipolare Dimension,
in der alle ethnischen Minderheiten als potentielle Gefährdung des Staats-
wesens betrachtet wurden. Die „Lehren" bzw. „Erfahrungen" von 1848/1849
waren in der öffentlichen Erinnerungskultur wie in der Tagespolitik weiterhin lebendig und artikulierten sich gegenüber Wien als ritualisierte Wider-
standstaktik, gegenüber den ethnischen Minderheiten als emotional unter-
füttertes Misstrauen und Feindmythos. Erst jetzt, im Zusammenhang mit
dem Ausbau des Nationalstaates, wurde die Frage nach der Entstehung der
ethnisch bunten Zusammensetzung des Königreiches Ungarn auch von der

---

[74] Hier zitiert nach LÁSZLÓ SZALAY: Magyarország története [Geschichte Ungarns].
Bd. 6, Teil 1. Pest 1860, S. 12.
[75] Ebenda, S. 13-14.
[76] Ebenda, S. 30. Erinnerungskultur wie Geschichtsschreibung führen diesen wohl-
bekannten Satz auf Franz II. Rákóczi zurück, der sich über diesen Ausspruch Kol-
lonichs erbost und stets als Beleg dafür zitiert haben soll, welch hinterhältige Gedanken sein Intimfeind in Wien im Schilde führte. Obwohl das Diktum in der
Historiographie eifrig zitiert wird, ist die Originalaussage noch nicht belegt. Auch
anhand der Memoiren von Franz II. Rákóczi lässt sich dieser Satz nicht bestätigen.

Historiographie aufgeworfen und die Antwort darauf besitzt bis zum heutigen Tag Modellcharakter, auch wenn Schwerpunkte und Akzente den politischen Rahmenbedingungen entsprechend variierten bzw. sich veränderten.

Im Mittelpunkt der „großen" Geschichtsschreibung nationalstaatlicher Provenienz in der Ära des Dualismus standen vor allem zwei Fragen: Wann änderte sich die ethnische Zusammensetzung des Königreiches, also wo waren die Wurzeln der zeitgenössischen „Nationalitätenfrage" auszumachen, und was waren die Gründe für die Einwanderungswellen um die Wende des 17. zum 18. und während des gesamten 18. Jahrhunderts? Waren es politische und/oder ökonomische Gründe? Die 1888 publizierte Monographie „Das alte Ungarn" von Béla Grünwald war kein wissenschaftliches Werk in engerem Sinne, doch dieses Buch widerspiegelt den Zeitgeist recht zutreffend, zumal es ein besonders großes Echo unter den Lesern fand.[77] Denn der Autor, ein gebürtiger Zipser, war in erster Linie Politiker und war als Verfechter der umfassenden Magyarisierung der Slowaken in Oberungarn, als Vordenker eines Magyarentums von 30 Millionen Seelen und der „rassischen Überlegenheit des Magyarentum im Karpatenbecken" berühmt geworden.[78] Der Amateurhistoriker galt auch der Fachzunft mit seinen Ansätzen durchaus als salonfähig und wurde 1888 Mitglied der Ungarischen Akademie der Wissenschaften.

Grünwald teilte die damals bereits allgemeine Auffassung, wonach „die ungarische Nation in den Türkenkriegen soviel Blut verlor, dass sie ihre alte Stärke nie mehr wiederzuerlangen vermochte".[79] Doch genauso schicksalhaft sollte sich nach seiner Auffassung die „magyarenfeindliche" Politik der Habsburger erweisen, die zwar mit großen finanziellen Opfern die Befrei-

---

[77] Béla Grünwald (1839-1891), Politiker, Publizist und Historiker. Nach seinem Jurastudium in Pest wurde er Obernotar bzw. Vizegespan des Komitats Zólyom. Ab 1876 vertrat er den Wahlkreis Schemnitz im ungarischen Reichstag. Auf seine Initiative schloss die Regierung die Matica Slovenská und drei slowakische Mittelschulen unter dem Vorwand, dort werde „panslawische Propaganda" betrieben, was zur Folge hatte, dass der „Grünwaldismus" mit dem Inhalt ein fester Begriff der politischen Kultur wurde, gegenüber den Minderheiten autoritär aufzutreten.
[78] ATTILA PÓK: Utószó [Nachwort]. In: JÁNOS POÓR (Hrsg.): BÉLA GRÜNWALD: A régi Magyarország 1711-1825 [Das alte Ungarn 1711-1825]. Reprint Budapest 2001, S. 415-443, hier S. 415-416.
[79] Ebenda, S. 9.

ungskriege bestritten hatten, um danach jedoch die „ungarische Verfassung" anzugreifen und unter dem Rechtstitel der „Eroberung" einen absolutistischen Kurs einzuschlagen. In diesen Zusammenhang stellte Grünwald auch die Genese der Einwanderungspolitik, die demnach allein im Interesse des Herrscherhauses, also in erster Linie aus politischen Gründen erfolgte:

> „auch ihre [die habsburgische] Ansiedlungspolitik war davon geleitet, das Magyarentum soweit wie möglich zurückzudrängen und durch Fremde zu ersetzen, Teile des Landes abzutrennen und durch Fremde regieren zu lassen".[80]

Grünwald argumentierte also dahingehend, dass die Gründe für die Entvölkerung ausschließlich in der Osmanenzeit bzw. den damit zusammenhängenden Befreiungskriegen lagen. Die Kuruzzenkriege, insbesondere den Rákóczi-Aufstand (1703-1711), als eventuelle weitere Ursache auch nur zu thematisieren, war von diesem glühenden Patrioten und seinen Zeitgenossen nicht zu erwarten. Die Osmanen bzw. die Habsburger als verantwortlich für den Bevölkerungsrückgang zu erklären, entsprach dem Modell, „äußere Ursachen" für das eigene Unglück auszumachen.

Eine quellenfundierte Geschichtsschreibung entwickelte sich in Ungarn erst nach 1867, als im Zuge ihrer Verwissenschaftlichung immer mehr Lehrstühle für Geschichte errichtet wurden. Fieberhaft wurden Quellen ediert und von der Forschung ausgewertet. Unter solchen Voraussetzungen verfasste Ignácz Acsády 1885 in der führenden Zeitschrift *Századok* [Jahrhunderte] eine Arbeit über die politischen Zustände in Ungarn im Jahre 1680, die die renommierte Historische Gesellschaft mit dem Ilona Bay-Preis honorierte. Damit stieg der Verfasser zu einem anerkannten Fachmann in der Historikerzunft auf.[81] Über die Osmanenzeit fällte er das vernichtende Urteil:

---

[80] Ebenda, S. 45.
[81] Ignác Acsády (1845-1906), Historiker. Nach seinem Jurastudium in Pest befasste er sich vornehmlich mit Rechtsgeschichte und Publizistik. 1877 promovierte er in Geschichte, übersetzte u. a. Rankes Papstgeschichte und verfasste schöngeistige literarische Werke. In der ungarischen Geschichte interessierten ihn die Wirtschafts- und Gesellschaftsgeschichte. Als sein wichtigstes Werk gilt die 1906 publizierte *Geschichte des ungarischen Bauerntums*, seine umfangreichste Arbeit war die 1904 veröffentlichte *Geschichte des ungarischen Reiches*. Ab 1888 war er Mitglied der Akademie der Wissenschaften.

Norbert Spannenberger

„Was die Bevölkerungsverhältnisse betrifft, war diese Herrschaft einfach
ein *Völkermord*. Überall wo der Türke erschienen war, verwahrloste allmählich die Landschaft und wurde zur öden Pussta".[82]

Acsády schätzte die Gesamtbevölkerung Ungarns gegen Ende der Osmanenherrschaft auf höchstens 2,5 Millionen, was einer Halbierung der Bevölkerung unter König Mathias Corvinus im 15. Jahrhundert gleichkam.[83]

Acsády suggerierte als Erster einen Gegensatz zwischen der einheimischen deutschen Minderheit und der „Mehrheitsnation", emotionalisierte das
Bild des Zusammenlebens, indem er es mit negativen Konnotationen versah
und verfestigte dadurch die als „national" verklärte „Kuruzzentradition" in
der ungarischen Historiographie. Eigentlich Experte für das siebzehnte Jahrhundert, erklärte Acsády wirkungsvoll das achtzehnte zum „anationalen"
Jahrhundert. Ein Ansatz, der bis heute seine Wirkungsmacht nicht verloren
hat. Wie für Grünwald stand auch für ihn die Einwanderungspolitik allein
im Interesse des Wiener Hofes. So konstatierte er, dass in der Zeit Maria Theresias die Kolonisten „scharenweise hereinströmten", die „insgesamt eine
Unmenge von Arbeitskraft und ein gewisses Geistes- und materielles Kapital
mitgebracht haben". Da in ihrer alten Heimat „die Technik sich ganz und gar
nicht fortentwickelt hatte", dauerte es eine Weile, bis sie sich an die ungarischen Verhältnisse gewöhnten, „obwohl ihre Lage stets günstiger war als die
der ungarischen Bauern". Damit lieferte Acsády ein Interpretationsmodell,
das sich keineswegs auf eigene Forschung stützte, wohl aber – kombiniert
mit sozialgeschichtlichen Argumenten – alle antihabsburgischen, antiwest-
lichen und antideutschen Klischees untermauerte, die einer national ausge-
richteten Legitimationshistoriographie nützlich erschienen. Das war auch

---

[82] IGNÁCZ ACSÁDY: Magyarország belállapota 1680 [Die inneren Zustände Ungarns
1680]. In: Századok 19 (1885), S. 549-562, nachfolgendes Zitat S. 560: „A népesedési
viszonyokat tekintve, ez az uralom egyszerűen *emberirtás* volt. A hová a török be-
tette a lábát, az a terület lassankint néptelen és puszta lett". Dieser programmatische Aufsatz wurde mit weiteren Arbeiten – wie etwa *Die Bevölkerung Ungarns in
der Zeit der Pragmatischen Sanktion* – ergänzt, die diese Argumentation vertieften.
[83] ACSÁDY: Magyarország belállapota, S. 633. Laut Acsády war genau das der Grund
dafür, warum Ungarn der Entwicklung in Westeuropa hinterherhinkte. Die politische Botschaft seiner Arbeit war für die Leser offensichtlich: Wegen der widrigen
„historischen Umstände" und nicht aus „eigener Schuld" konnte die ungarische
Reichshälfte mit der österreichischen nicht Schritt halten.

34

der Grund dafür, warum 1948 nach der Machtübernahme der Kommunisten die Präsidentin der Ungarischen Historischen Gesellschaft, Erzsébet Andics, neben Sándor Márki und Béla Grünwald noch Acsády als „progressives Erbe der bürgerlichen Historiographie" anerkannte.[84]

Die große Synthese, wenn auch mit geringerer Wirkung auf die Nachwelt, präsentierte der führende ungarische Historiker seiner Zeit, Henrik Marczali, der den achten Band der *Geschichte der Ungarischen Nation*, also der großen Milleniumsgeschichte um 1896 verfasste.[85] Laut Marczali war die Konsolidierungspolitik der Habsburgerherrschaft nach der Niederschlagung des Rákóczi-Aufstands eine „Fortsetzung des Kampfes gegen die Kuruzzen", was sich in der Neuverteilung der Güter äußerte. In der Darstellung Marczalis betrachtete der Wiener Hof Ungarn als eine Kolonie der Wiener Aristokratie und Beamten, die „Ungarn mit ähnlichen Augen sahen, wie einst die spanischen Conquistadoren Amerika". In diesem Zusammenhang spielte Kardinal Leopold Kollonich eine ebenso unrühmliche Rolle wie die neoacquistica commissio, die „nicht an Gesetze gebunden" und – bis auf eine einzige Ausnahme – ohne ungarisches Mitglied ihre Arbeit aufgenommen und nur Missbrauch und Vetternwirtschaft betrieben habe. Auch wenn die Kommission nach 1712 reformiert wurde, war es nach Marczali ihr Ziel, den Grundbesitz ungarischer Herren, die sich für die Verteidigung des Landes eingesetzt hatten, unter „deutschen Herren" zu verteilen oder aber unter die Kameralverwaltung zu stellen. Dabei seien diese Güter praktisch unter ihrem Wert verschleudert worden.[86]

Marczali ging davon aus, dass arme Menschen aus der Ferne ihr Glück in dem an Ackerboden reichen Land gesucht hatten – womit ebenfalls ein

---

[84] PÓK: Utószó, S. 416.

[85] Henrik Marczali (1865-1940), Historiker. Wie Acsády besuchte der ebenfalls jüdischstämmige Marczali ein kalvinistisch-reformiertes Gymnasium. Nach seinem Studium in Pest, Berlin und Paris lehrte er als Privatdozent. 1893 wurde er zum korrespondierenden Mitglied der Ungarischen Akademie der Wissenschaften, 1895 zum Direktor der Ungarischen Historischen Gesellschaft gewählt. An der Universität Pest lehrte er ungarische Mediävistik, doch als erster ungarischer Historiker überhaupt wandte er sich der Geschichte des 18. Jahrhunderts zu. Wegen seiner politischen Positionierung während der Räterepublik wurde er isoliert und 1924 aus dem Staatsdienst entlassen.

[86] HENRIK MARCZALI: Világtörténelem – magyar történelem [Weltgeschichte – Ungarische Geschichte]. Budapest 1982, S. 120.

Topos bekräftigt wurde. Als Beleg zog er die deutschen Kolonisten in Sathmar heran, die „so arm und kinderreich waren", dass sie „beinahe verhungerten". Beinahe wörtlich zitierte er die vermeintlichen Privilegien der Kolonisten und betonte die Armut der deutschen Neusiedler [„nyomorult
svábok"]. Damit wurde wiederum die Bevorzugung der Immigranten gegenüber den einheimischen Untertanen betont. Auch wenn diese Feststellungen
teils zutrafen, aus dem Kontext enthielten sie einen unmissverständlichen
Unterton, wonach die fremden Siedler von vornherein gegenüber den ungarischen Bauern privilegiert waren.

Die großen Migrationen des 18. Jahrhundert waren für Marczali immerhin ein Grund für den wirtschaftlichen Aufschwung dieser Zeit. Folgerichtig
waren die fremden Kolonisten auch nicht die Instrumente der absolutistischen Fremdherrschaft der Habsburger bzw. deren „Handlanger". Fasziniert
von der Integrationskraft des ungarischen Nationalstaates seiner Zeit proji-
zierte Marczali dessen Kohäsionskraft auf das frühe 18. Jahrhundert zurück:

> „Der Unterschied zwischen der einheimischen und anderen Situationen
> bestand darin, dass wie neu, primitiv, ja barbarisch auch die Zustände sein
> mochten, die Fundamente dieser Entwicklung waren doch die Reichsauf-
> fassung einer starken Gesellschaft sowie die Früchte eines Jahrhunderte
> langen Kampfes und einer Kultur."[87]

Damit erfüllte Marczali die in ihn gesetzten Erwartungen und kreierte eine
Kontinuität der Größe ungarischer Nationalstaatlichkeit – ganz nach den
Wünschen des vom Millenium berauschten patriotischen Publikums.

Jenseits dieser offiziösen Interpretationen zeitigte die Forschung allerdings schon Ergebnisse, die eine differenziertere Betrachtung ermöglicht
hätten.[88] Zudem gab es Stimmen, die dazu ermahnten, die groben Schät-

---

[87] Ebenda, S. 136; siehe auch DERS.: Magyarország története a Szatmári békétől a
Bécsi Congresszusig 1711-1815 [Geschichte Ungarns vom Frieden von Sathmar bis
zum Wiener Kongress]. In: SÁNDOR SZILÁGYI (Hrsg.): A magyar nemzet története [Geschichte der ungarischen Nation]. Bd. V. Budapest 1895. Reprint Budapest
2000, S. 105.

[88] In der angesehenen Zeitschrift *Magyar Gazdaságtörténeti Szemle* [Ungarische Wirt-
schaftshistorische Rundschau] publizierte Lajos Merényi einige Archivquellen aus
dem Privatarchiv der Esterházys, aus denen hervorgeht, dass in erster Linie ungarische Untertanen und Migranten sich in den südtransdanubischen Länderei-

zungen Acsádys über die Bevölkerungszahl Ungarns nach der Osmanenzeit – und damit auch seine Folgerungen – weniger unkritisch zur Kenntnis
zu nehmen.[89] Auch Marczali wagte lediglich in einer versteckten Fußnote
und ohne den Autor namentlich zu nennen, Kritik an der Edition Acsádys
mit dem Hinweis, eine zweite Konskription musste 1720 deshalb verordnet
werden, weil die von 1715 schon damals als manipuliert galt.[90] Diese Einwän-
de wurden jedoch nur in Fachkreisen bekannt und änderten nichts an dem
dominanten, für das breite Publikum bestimmten Geschichtsbild, das iden-
titätsstiftend wirken sollte. Da in Ungarn bis 1918 das Problem der Migrationen auch nicht als forschungswürdig galt, manövrierte sich die ungarische
Historiographie letztlich argumentativ in eine Sackgasse und begab sich in
eine defensive Haltung gegenüber der deutschsprachigen Publizistik und
Geschichtsschreibung und deren „Uminterpretationen". Es ging nicht um einen Vergleich von Forschungsergebnissen, sondern um die Deutungshoheit
im Dienste der Verteidigung der „Nationalgeschichte".

---

en der Fürstenfamilie niedergelassen hatten. LAJOS MERÉNYI: Az ozorai uradalom 1702-ben [Das Dominium Ozora 1702]. In: Magyar Mezőgazdasági Szemle
11 (1904) 3, S. 304-315; DERS.: A Dombóvári uradalom a XVIII. század elején [Die
Herrschaft Dombóvár zu Beginn des 18. Jahrhunderts]. In: Magyar Gazdaságtörténeti Szemle 12 (1905) 3-4, S. 320-338.

[89] Der Umgang mit der Statistik nahm geradezu aberwitzige Züge an. Acsády hielt
die Zahl der damals in Ungarn gezählten Haushalte mit etwa 172.731 für zu gering und korrigierte sie nach eigenen Schätzungen auf 275.905. Diese multiplizier-
te er mit der Zahl sechs für eine Durchschnittsfamilie, was 2.450.850 Personen er-
gab. Diese Zahl wurde lange als verbindlich betrachtet. Nach der josephinischen
Volkszählung – der ersten seriösen – wiederum, lebten 1787 in Ungarn 6.467.829
Personen, was eine Steigerung der Bevölkerungszahl um 206,2% bedeutet hätte.
In Siebenbürgen z. B. hätte die Bevölkerung in diesen 67 Jahren um 78.7% zugenommen. So wurde Acsády in der Zwischenkriegszeit zunächst auf 3 bis 3,5, nach
dem Zweiten Weltkrieg auf 4 bis 5,5 Millionen korrigiert. Vgl. [IGNÁC ACSÁDY:]
Magyarország népessége a pragmatica sanctio korában 1720-1721 [Ungarns Be-
völkerung in der Zeit der Pragmatischen Sanktion 1720-1721]. Budapest 1896 (=
Magyar Statisztikai Közlemények, 12); GYŐZŐ EMBER: Magyarország lakossága
a XVIII. században [Die Bevölkerung Ungarns im 18. Jahrhundert]. In: Somogy
Megye Múltjából 19 (1988), S. 111-114; GÉZA DÁVID: Die Bevölkerung Ungarns im
16.-17. Jahrhundert. In: Historische Demographie Ungarns (896-1996). Herne 2007,
S. 135-180.
[90] HENRIK MARCZALI: Mária Terézia. Budapest 1891, S. 46.

So verwundert es auch nicht, dass nach dem Ersten Weltkrieg die bekannten Argumentationen weiterhin tradiert wurden. Doch wenn die von
Marczali verfasste „Milleniumsgeschichte" das dualistische Geschichtsbe-
wusstsein widerspiegelte, so war als Folge des Traumas von Trianon ein Geschichtsbild erforderlich, das nicht nur das Vergangene „erklärte", sondern
auch für die Zukunft programmatische Aussagen traf. In dem neuen, mehr-
bändigen Monumentalwerk der beiden Autoren Balint Hóman und Gyula
Szekfű wurde deshalb die ungarische Geschichte als eine permanente Annäherung an den „Westen" gedeutet und präsentiert.[91] Es wurden drei große
Zäsuren hervorgehoben, nämlich die Zeit des König Stephans des Heiligen
um 1000, die Befreiung von der Osmanenherrschaft und schließlich Trianon.[92]

Die Osmanenherrschaft charakterisierte Szekfű auf den Spuren seiner
Vorgänger und im Sinne von deren Deutung als die „größte Katastrophe"
der ungarischen Geschichte. Die Impopulation definierte er deshalb als die
wichtigste Aufgabe für die Neoaquistica, durch die „das deutsche Element
zum Nachteil der Magyaren" gestärkt werden sollte. Das Geschichtsbild der
dualistischen Ära wurde von Szekfű allerdings teilweise korrigiert. Selbst bei
den Kameralansiedlungen diagnostizierte er: „Die magyarenfeindliche Verwendung der Kameralansiedlungen wurde bald zurückgedrängt". Trotz der
Wiederholung altbekannter Topoi – allerdings in abgeschwächter Form – gelangte Szekfű zu einem positiven Gesamturteil:

> „Nach den Türken musste, so schmerzhaft es auch war, angesiedelt wer-
> den. In dieser Zwangslage war für die Zukunft des Magyarentums die An-
> siedlung der Deutschen am nützlichsten".

---

[91] Hómann bearbeitete das Mittelalter, Szekfü den Zeitraum ab 1526. Gyula Szekfű
(1883-1955), Historiker, Publizist, Universitätsprofessor und Mitglied der Ungarischen Akademie der Wissenschaften. Nach dem Studium in Budapest und Wien
erhielt er 1925 einen Lehrstuhl an der Universität Budapest. Szekfű schloss sich
dem politischen Kurs des Ministerpräsidenten István Bethlen an und redigier-
te von 1927 bis 1938 die Zeitschrift *Magyar Szemle* [Ungarische Rundschau]. Nach
dem Zweiten Weltkrieg war er Gesandter Ungarns in Moskau.

[92] GYULA SZEKFŰ: Magyar történet. A tizennyolcadik század [Ungarische Geschichte.
Das 18. Jahrhundert]. Budapest o. J., S. 7, 12.

Warum? Die deutschen Dörfer passten sich „selbst im Äußerlichen" den ungarischen an, weil „die ungarische Erde vom Anfang an ihre formende Wirkung spüren ließ".[93]

Damit reproduzierte der Autor den zur Legitimation magyarischer Suprematie eingesetzten Mythos der „kulturellen Überlegenheit des Magyarentums" im Karpatenbecken. Doch dieser Anpassungsprozess konnte laut Szekfű nur erfolgen, weil die Deutschen eine „ähnlich christliche Religion" hatten wie die Ungarn, und schon selbst „relativ kultiviert waren".[94] Nicht so die Serben und die Rumänen: Laut Szekfű hatte die „Großzügigkeit" gegenüber den Serben und Rumänen in der Ansiedlungszeit schwerwiegendste Folgen, denn diese lebten in Ungarn schon in der Osmanenzeit „frei nach Zigeunersitte in ihren Zelten". Die Serben „trugen schon in ihrem Blut die Antipathie gegen die geregelte Landwirtschaft".[95]

Zwei Einschränkungen sind jedoch dem ungewöhnlich positiven Bild der deutschen Kolonisten bei Szekfű hinzuzufügen: Von der breiten Öffentlichkeit wie von der Geschichtsschreibung im Allgemeinen wurde es nur bedingt oder überhaupt nicht rezipiert. Zudem korrigierte Szekfű selbst dieses Bild, als die politischen Rahmenbedingungen solches nahe legten. Mitten im Zweiten Weltkrieg verfasste er ein Manuskript für eine britische Monographie, deren Leitgedanke der permanente Kampf Ungarns gegen die „germanische Ostexpansion" war. Akribisch zeichnete er nach, wie der „Deutschenhass" der ungarischen Bevölkerung infolge historischer Entwicklungen immer wieder neuen Nährboden erhielt. Nach dieser Darstellung hatte schon Kollonich beabsichtigt, aus dem „blühenden Land [...] eine Heimat der Deutschen und nicht der Ungarn zu machen", indem in den Neoacquistica-Gebieten Deutsche und nicht Ungarn angesiedelt werden sollten. „Arme Deutsche" wurden also angeworben, „obwohl vor dem Rákóczi-Aufstand auch Ungarn zur Verfügung standen".[96] Das führte insgesamt zur „Zurückdrängung des Magyarentums", – eine logische Folge des „Magyaren-

---

[93] Ebenda, S. 197.
[94] Ebenda, S. 196.
[95] Ebenda, S. 204.
[96] GYULA SZEKFŰ: Rövid magyar törtenet 1606-1939 [Kurze ungarische Geschichte 1696-1939]. Budapest 1943, Reprint Budapest 2002, S. 102.

hasses" der Wiener Regierung – so Szekfű.[97] Das Kapitel „Ansiedlungen der Nachosmanenzeit" geriet auffällig umfangreich und sollte unterstreichen, dass die ethno-politischen Probleme Ungarns im 19. und 20. Jahrhundert auf diese Zeit zurückzuführen waren. Die Einwanderung der Deutschen im 18. Jahrhundert interpretierte Szekfű deshalb rückblickend als große Bedrohung für die ungarische Nation.[98]

Zusammenfassend lässt sich feststellen: In der österreichischen und ungarischen Historiographie ist bei der Berücksichtigung der Immigrationen des 18. Jahrhunderts eine deutliche Asymmetrie auszumachen. Während der Ansiedlungspolitik in der österreichischen nur eine eher zurückhaltende Würdigung zuteil wurde, war und ist ihr in der ungarischen Geschichtsschreibung seit dem Beginn der „modernen Historiographie" Mitte des 19. Jahrhunderts ein fester Platz mit einer eindeutigen Konnotation sicher. Sie bildet – trotz gewisser Differenzierungen – einen festen Bestandteil nationaler Erinnerungskultur. Insgesamt ist eine wertorientierte Dichotomie zu beobachten: Wurde die Migrationspolitik des 18. Jahrhunderts in der österreichischen Geschichtsschreibung bis 1945 überwiegend positiv dargestellt und führt seither als wertneutrales Thema eher ein Schattendasein, blieb sie in der ungarischen Historiographie – trotz einzelner Detailstudien – letztlich mit negativen Wertungen verbunden. Das Thema wurde stets als Instrument für die konkurrierende Auslegung der eigenen Geschichte genutzt, es bildete nie den Gegenstand eines bilateralen Diskurses oder Austausches. Es steht damit pars pro toto für den Zugang zu österreichisch-ungarischer Geschichte: Parallel verortbare historische Prozesse werden in Konkurrenz zweier monopolisierter Deutungshoheiten interpretiert.

---

[97] Ebenda, S. 108.
[98] Die hier zitierten Werke bilden für die heutige Geschichtsschreibung die Grundlage und sind noch immer wegweisend für die Erarbeitung moderner Interpretationen.

© Gerhard Seewann, Karl-Peter Krauss, Norbert Spannenberger (Hrsg.):
Die Ansiedlung der Deutschen in Ungarn. München 2010, S. 41-60.

ERNST DIETER PETRITSCH

„Welche sich in Ungarn ... häuslich niederzulassen Lust und Sinn haben ...“

Der habsburgische Staat als Akteur der Ansiedlung in Ungarn von Karl VI. bis Maria Theresia

„Von der Röm[isch] Kayser[lichen] auch zu Hungarn und Böhaimb Königlichen Majestät Unsers allergnädigsten Herrn in Sache deß Hungarischen
Einrichtungs-Werck verordneten Commission wegen wird hiemit Männig-
lichen, deme solches neu zu wissen vonnethen ist, aller Orthen Inn- und
Ausser Lands zu vernehmen gegeben: Was gestalt höchstgedachte Kayser-
und Königliche Majestät zu besserer Auffhelf[ung], wieder-Erhebung und
[Wieder]-Bevölckerung deroselben durch eine Zeit wehrende inn- und äußerliche Krieg und destwegen von allen Seithen vorgegangene Hin-, Her-
und Durchzüch und Lagerungen so grosser, sowohl Feindlicher als aigner
Armaden und Auxiliar-Völcker, fast gäntzlich zu Grund gerichteten und
abgeödten Erb-Königreichs Hungarn allergnädigst entschlossen, alle und
jede, was Standts, Nation und Religion, inn- und ausser Landts die seynd,
welche sich in gedachten Königreich Hungarn und demselben angehörigen Landen häußlich niederzulassen Lust und Sinn haben, sowohl in Städten als auff dem Landt für freye Burger und Unterthanen, jedoch respectu
deren anderen Erbländer, die ohne dem der Zeit mehrere Unterthanen zu
stüfften nöthig haben, gegen Vorzaigung ordentlicher Loß-Brief [Manumis-
sions-Scheine] gnädigst an- und einzunehmen.“[1]

So beginnt der Text des habsburgischen *Impopulationspatents* vom 11. August
1689, jenes Dokuments, in dem der habsburgische Staat erstmals als Akteur

---

[1] Impopulationspatent, Druck, Wien, 1689 August 11, Österreichisches Staatsarchiv
Wien, Haus-, Hof- und Staatsarchiv (HHStA), Staatskanzlei Patente 16 (alt Fasz.
12), n. 149 ex 1689, abgedruckt in: ANTON TAFFERNER (Hrsg.): Quellenbuch zur donauschwäbischen Geschichte. Bd. 1. München 1974, S. 53-55, n. 32; Tafel II: Dort
stets mit der falschen Signatur HHStA Hungarica Fasz. 12 zitiert.

der Wiederbesiedlung Ungarns in Erscheinung tritt. Bemerkenswert ist jedenfalls, dass die Schuld an der „Abödung" des Landes nicht dem „Erbfeind der Christenheit", den Osmanen, beziehungsweise deren angeblicher Misswirtschaft angelastet wird, sondern realistischerweise den Auswirkungen der Feldzüge durch die Armeen beider Kriegsparteien.

Der Krieg um Ungarn war im Sommer 1689 allerdings noch längst nicht zu Ende, er sollte noch neun Jahre lang dauern. Dies war freilich damals nicht vorauszusehen, noch befanden sich die habsburgischen Armeen auf dem Vormarsch. Ein Jahr zuvor war die Festung Belgrad erobert worden; im Feldlager vor Belgrad musste eine osmanische Delegation unter der Leitung von Zülfikar Efendi und Alexander Mavrokordato, welche die Thronbesteigung Sultan Süleymans II. anzeigen und gleichzeitig Friedenverhandlungen anbieten sollte, die Eroberung der Festung miterleben. Zwei Tage später, am 8. September 1688 wurden die Delegationsleiter durch Kurfürst Max Emanuel von Bayern empfangen. Diese Szene ist von dem aus Neapel stammenden Maler Jacopo Amigoni festgehalten worden:[2] Der von seinen Räten umgebene, jugendliche Kurfürst trägt dabei jenen blauen Rock, der ihm bei den Türken den Beinamen „der blaue König" eingetragen hat.

Die osmanische Delegation wurde weiter nach Wien geleitet, wo sie am 6. Februar 1689 eintraf. Vier Tage später fand im niederösterreichischen Landhaus das erste Treffen mit der osmanischen Delegation statt. Von habsburgischer Seite nahmen daran höchste Würdenträger teil: Der böhmische Hofkanzler Franz Ulrich Graf Kinsky, der österreichische Hofkanzler Theodor Graf Stratmann, Hofkriegsrats-Präsident Ernst Rüdiger Graf Starhemberg und General Graf Caraffa, ferner der venezianische und der polnische Botschafter.[3] Doch die Österreicher hatten an einem Waffenstillstand nicht wirklich Interesse, und so scheiterten nach wenigen Gesprächsrunden die Verhandlungen vor allem an der Forderung nach Kriegsentschädigung.

---

[2] Das Ölgemälde von Jacopo Amigone im Neuen Schloss von Schleißheim ist abgebildet bei GOTTFRIED MRAZ: Prinz Eugen. Ein Leben in Bildern und Dokumenten. München 1995, S. 75.

[3] HHStA, Türkei I (= Turcica) 154, Konv. 1 (1689 II), fol. 72-73. Vgl. dazu auch den Katalog Österreich und die Osmanen. Gemeinsame Ausstellung der Österreichischen Nationalbibliothek und des Österreichischen Staatsarchivs. Prunksaal der Österreichischen Nationalbibliothek, 31. Mai bis 30. Oktober 1983. Wien 1983, S. 177, n. 277.

Dessen ungeachtet durfte die osmanische Delegation aber noch lange nicht heimkehren, sie sollte vielmehr drei Jahre lang, bis zum April 1692 in Pottendorf und Komorn unter Hausarrest stehen.[4]

Die habsburgischen Berater und Militärs waren 1689 offensichtlich der Meinung, die Osmanen bereits besiegt zu haben. Dass den militärischen Erfolgen aber schon bald Rückschläge folgen würden und die im September 1688 eroberte Festung Belgrad bereits 1690 wieder verloren gehen sollte, war im Sommer 1689 noch nicht vorauszusehen. Wenige Monate nach den ersten Verhandlungen mit den osmanischen Unterhändlern veröffentlichte die von Kaiser Leopold I. ins Leben gerufene Einrichtungskommission am 11. August 1689 das eingangs erwähnte *Impopulations-Patent*. Die fruchtbare ungarische Tiefebene sollte so rasch wie möglich wieder besiedelt und landwirtschaftlich genutzt werden. Zahlreiche Anreize und Vergünstigungen sollten den potentiellen Auswanderern ihre Entscheidung für eine Ansiedlung im „abgeödeten" Land Ungarn schmackhaft machen und erleichtern:

• Günstige Konditionen für Grundstücke und Häuser: „in Städten um ein ganz geringen Preis und Wert, auf dem Land aber gar umsonst";

• Befreiung von Steuern und Roboten: „inländischen" Untertanen sollen drei, „Ausländern" fünf Freijahre gewährt werden, „weil selbe (die Ausländer) größere Unkosten aufzuwenden haben";[5]

• der Transport der Baumaterialien unterliegt keiner „Maut oder anderen Gebührnissen";

• nach Ablauf der Freijahre sollen die Roboten auf drei Tage pro Woche beschränkt bleiben;

---

[4] Der Gesandtschaftsbericht des Zü'l-Fikar Efendi in osmanisch-türkischer Sprache liegt in der Österreichischen Nationalbibliothek, Handschriftensammlung Codex H.O. 90. Ediert und übersetzt wurde der Bericht von WOLFGANG JOBST: Der Gesandtschaftsbericht des Zü'l-Fiqar Efendi über die Friedensverhandlungen in Wien 1689. Ungedruckte phil. Diss., Wien 1980.

[5] Auffallend ist die Bevorzugung von „Ausländern". Inländer waren natürlich in erster Linie Ungarn, vielleicht waren darunter aber auch Untertanen der habsburgischen Erblande zu verstehen. Es lag zweifellos nicht im Interesse der Habsburger, dass Untertanen aus den österreichischen Ländern, die ohnedies nicht übervölkert waren, auswanderten. Unter Maria Theresia war den Untertanen der habsburgischen Erblande eine Auswanderung sogar strengstens verboten worden.

- wen aber „zu bleiben nicht gelüstete", dem stehe es frei, „sein Domicilium in dem Königreich nach Belieben zu transferieren oder gar zu emigrieren";
- Handwerker und „Künstler" (Baumeister, Steinmetzen u. a.) können, „wenn selbe ihre Kunst und Handwerk nur wohl verstehen", trotz einschränkender Handwerks- und Zunftordnungen zugelassen werden;
- zwecks Förderung von „Manufacturen und Commercien" sowie der Bergwerke wird zugesagt, dass „besondere und genügsame Privilegien" erteilt und „sonst gute Polizei-Ordnungen" erlassen werden sollen;
- da die angestrebten Maßnahmen jedoch „noch ein geraume Zeit" erforderten, sei „allen und jedem ohne Ausnahm" zugesichert, dass im Falle einer künftigen Neu-Aufteilung des Landes für rechtmäßig erworbene Grundstücke, Gärten, Äcker, Wiesen und Weinberge eine „gebührende" Ablöse geleistet werde.

Die angekündigten Versprechungen des *Impopulationspatents* waren offenbar derart verlockend, dass sich schon bald nach dessen Veröffentlichung – das heißt, noch während des Krieges und vor einem endgültigen Friedensabkommen – die ersten Einwanderer, vorwiegend aus Südwestdeutschland, in Ungarn niederließen. Freilich war dem Ansiedlungsprojekt Kaiser Leopolds I. kein dauerhafter Erfolg beschieden, trotz des am 26. Januar 1699 in Karlowitz mit den Osmanen vereinbarten Friedens.[6] Der Aufstand des Fürsten Ferenc II. Rákóczi gegen die Habsburger in den Jahren 1703-1711, die so genannten Kuruzzenkriege[7], bereiteten dem „Ungarischen Ansiedlungswerk" zumindest ein vorläufiges Ende.

---

[6] HHStA, Türkische Urkunden und Staatsschreiben, 1699 I 26; Druck des Vertragstexts in französischer Sprache bei I[GNAZ] de TESTA: Recueil des Traités de la Porte Ottomane avec les Puissances Étrangères, 9: Autriche. Paris 1898, S. 55-72; vgl. auch CHRISTIANE THOMAS: Österreich in Brief und Siegel. In: ERNST BRUCKMÜLLER, PETER URBANITSCH (Hrsg.): Ostarrîchi Österreich 996-1996. Menschen – Mythen – Meilensteine. Österreichische Länderausstellung Neuhofen/Ybbs - St. Pölten 4. Mai - 3. November 1996. Horn 1996 (= Katalog des Niederösterreichischen Landesmuseums, N.F. 388), S. 675-677.

[7] Ausführlich dazu FRITZ POSCH: Flammende Grenze. Die Steiermark in den Kuruzzenstürmen. Graz, Wien, Köln ²1986.

Die Aussöhnung mit den aufständischen Ungarn (im Frieden von Szat-már, 30. April / 1. Mai 1711) sollte Josef I., der Sohn und Nachfolger Kaiser Leopolds I., nicht mehr erleben: Völlig unerwartet starb er am 17. April 1711 in Wien an den Blattern. Erzherzog Karl musste aus Spanien zurückkehren, um das Erbe des kinderlos verstorbenen Bruders anzutreten. Am 12. Oktober 1711 wurde er in Frankfurt als Karl VI. zum römisch-deutschen Kaiser gewählt und zwei Monate später gekrönt, am 22. Mai 1712 als Karl III. zum ungarischen König.[8]

Nachdem im ersten Türkenkrieg Karls VI. 1716/1717 den kaiserlichen Truppen unter dem Oberbefehl des Prinzen Eugen die Einnahme von Te-mesvár/Temeschwar (13. Oktober 1716) und von Belgrad (16. August 1717) gelungen war, erreichte die Habsburgermonarchie auf dem Balkan ihre größte Ausdehnung gegenüber dem Osmanischen Reich: sie erlangte im Frieden von Passarowitz/Požarevac (21. Juli 1718) nicht nur das Banat von Temesvár und die Kleine Walachei, sondern auch südlich der Donau weite Gebiete Nord-Bosniens sowie Nord-Serbiens mit Belgrad. Zwei Jahrzehnte später sollten diese Erwerbungen, ausgenommen das Banat, im Frieden von Belgrad 1739 freilich wieder verloren gehen. Der 1737 erneut ausgebrochene Türkenkrieg verlief im wahrsten Sinn des Wortes unglücklich für die habs-burgische Armee.[9] Hofkriegsrats-Präsident Prinz Eugen[10] war ein Jahr zu-vor, am 21. April 1736, im 73. Lebensjahr verstorben, und die nachfolgenden habsburgischen Feldherrn und Oberkommandierenden verfügten bei wei-tem nicht über Eugens strategische Begabung. So blieb von der 1718 mit gro-

---

[8] Kurzbiographie und Literaturhinweise bei BRIGITTE HAMANN (Hrsg.): Die Habs-burger. Ein biographisches Lexikon. Wien 1988, S. 215-219.

[9] THOMAS: Österreich in Brief und Siegel, S. 680-682; ERNST PETRITSCH: Der Türken-krieg 1737-1739. In: RENATE ZEDINGER (Hrsg.): Lothringens Erbe. Franz Stephan von Lothringen (1708-1765) und sein Wirken in Wirtschaft, Wissenschaft und Kunst der Habsburgermonarchie. Ausstellung des Landes Niederösterreich und des Kunsthistorischen Museums in Wien auf Schloss Schallaburg. St. Pölten 2000 (= Katalog des Niederösterreichischen Landesmuseums, N.F. 429), S. 46-48.

[10] Unter der reichhaltigen Literatur über den Prinzen Eugen seien nur der reich be-bilderte Band MRAZ: Prinz Eugen und der Ausstellungskatalog: Prinz Eugen und das barocke Österreich. Ausstellung der Republik Österreich und des Landes Nie-derösterreich, Marchfeldschlösser Schlosshof und Niederweiden, 22. April bis 26. Oktober 1986. Wien 1986 (= Katalog des Niederösterreichischen Landesmuseums, N.F. 170) hervorgehoben.

ßem Elan wieder aufgenommenen Besiedlung Ungarns neuerlich fast nichts übrig.

Nach dem Tod Kaiser Karls VI. am 20. Oktober 1740 trat seine Tochter Maria Theresia in den habsburgischen Ländern ein schweres Erbe an; dieses Erbe hatte der Kaiser durch die *Pragmatische Sanktion* nach langwierigen Verhandlungen gesichert, seine Tochter musste es im Österreichischen Erbfolgekrieg (1740-1748) jedoch mit großen Mühen verteidigen. Am 25. Juni 1741 wurde Maria Theresia in Pressburg zur ungarischen Königin gekrönt.[11] Ihr Gemahl Franz Stephan, Kaiser Franz I. (reg. 1745-1765) war in den habsburgischen Erblanden und im Erbkönigreich Ungarn „nur" Mitregent; nach seinem Tod ernannte Maria Theresia ihren Sohn Josef II. förmlich zum Mitregenten.[12]

Die Siedlungspolitik der Habsburger in Ungarn

Mit dem *Impopulationspatent* Leopolds I. von 1689 wurde die habsburgische Ansiedlungspolitik erstmals konkret fassbar, doch erst im Frieden von Karlowitz (1699) wurde die Inbesitznahme Ungarns durch die Habsburger rechtlich sanktioniert. Zur Besiedlung der eroberten Gebiete wurde eine eigene Kommission, das so genannte „Ungarische Einrichtungs-Werk" unter der Leitung des Kardinals Leopold Graf Kollonitsch ins Leben gerufen, das die anfangs auftauchenden Probleme und Schwierigkeiten bereinigen sollte.[13] Ansiedlungsprojekte ungarischer Grundherrn wurden wohlwollend unterstützt. Einwanderer erhielten oftmals Sammelpässe; sie durften auf der Donau „ohnaufgehalten" passieren, allerdings wurde ihnen verwehrt, „an das Land zu steigen oder irgends wo sich auf[zu]halten", sie sollten „directe nach

---

[11] Siehe dazu vor allem den Ausstellungskatalog: Maria Theresia als Königin von Ungarn. Ausstellung im Schloß Halbturn vom 15. Mai – 26. Oktober 1980 veranstaltet von der Kulturabteilung des Amtes der Burgenländischen Landesregierung. Eisenstadt 1980.

[12] THOMAS: Österreich in Brief und Siegel, S. 685-686.

[13] HHStA, Ungarische Akten (Hungarica) 185, Specialia n. 40: „Allerunterthänigst gehorsambste Relation Leopold Cardinaln von Kollonitsch, Bischofen zu Raab, in Sache des Hungarischen Einrichtungs Wercks", abgedruckt in: TAFFERNER: Quellenbuch, Bd. 4. Stuttgart 1982, S. 29-31.

Hungarn fahren“.[14] Protestanten waren laut dem eingangs zitierten *Impopulationspatent* vom 11. August 1689 von der Ansiedlung in Ungarn – zumindest auf dem Lande – nicht ausgeschlossen („alle und jede, was Standts, Nation und Religion, inn- und ausser Landts die seynd“). In den neu eroberten Festungen hingegen sollten „aus Sicherheitsgründen“ keine „Ungläubigen“ zugelassen werden. Diese Maßnahme war sowohl gegen Juden wie auch gegen sämtliche nicht-katholischen Christen gerichtet. In diesem Sinne hatte sich der Hofkriegsrat bereits im September 1686 in einer Note an die Hofkammer geäußert.[15] Trotzdem sollen immer wieder Protestanten versucht haben, sich eine Niederlassung zu „erschleichen“.[16]

Mit dem Frieden von Passarowitz 1718 setzte eine neue – zugleich die bislang intensivste – Phase der aktiven habsburgischen Ansiedlungspolitik in Ungarn ein. Prinz Eugen hatte sich bereits wenige Monate nach der Einnahme von Temesvár, also noch vor dem Friedensschluss, gegen eine „Incorporierung“ der neu erworbenen – bzw. der in einem Friedensabkommen neu zu erwerbenden – Gebiete in das Königreich Ungarn ausgesprochen; er machte dafür militärische, vor allem aber fiskalische Gründe geltend. Und noch früher – am 30. Dezember 1716 – hatte sich die kaiserliche Hofkammer dahingehend vernehmen lassen, der Kaiser solle im Banat nicht nur die Hoheitsrechte als Landesherr, sondern auch die unumschränkte Grundherrschaft ausüben. Entsprechend dieser Anregung wurden das Banat wie auch große Teile der Batschka schließlich zu einer riesigen Krondomäne, zu einem unveräußerlichen königlichen Gut, das direkt den Wiener Zentralbehörden unterstand: zunächst der Kommission für die neuerworbenen Gebiete (*Commissio in neoacquisticis*), die sich aus Vertretern des Hofkriegsrates und der Hofkammer zusammensetzte, welche für die Besiedlung und Neueinrichtung der in den Türkenkriegen erworbenen Gebiete verantwortlich war,

---

14 Sammelpass für Einwanderer aus Schwaben, Wien 16.11.1713, in: TAFFERNER: Quellenbuch, Bd. 1, S. 66-67; Innenministerium Baden-Württemberg (Hrsg.): Die Donauschwaben: deutsche Siedlung in Südosteuropa. Ausstellungskatalog. Sigmaringen 1987, S. 134, n. 25a.

15 Österreichisches Staatsarchiv, Abt. Finanz- und Hofkammerarchiv (FHKA), Hoffinanz-Protokolle, 1686 E, abdruckt in: Innenministerium Baden-Württemberg (Hrsg.): Die Donauschwaben, S. 125, n. 16.

16 Dies geht aus Korrespondenzen vom Februar 1689 hervor, siehe TAFFERNER: Quellenbuch, Bd. 2. Stuttgart 1977, S. 68-69.

dann federführend der Hofkammer in Wien, einem mächtigen Finanz-, Handels- und Wirtschaftsministerium.[17]

Claudius Florimund Graf Mercy (1666-1734), ein gebürtiger Lothringer, General der Kavallerie, war vom Präsidenten des Hofkriegsrates Prinz Eugen zunächst mit der endgültigen Eroberung des Banats und dessen „Säuberung" von osmanischen Truppen betraut worden; 1718 übertrug ihm der Hofkriegsrats-Präsident den Oberbefehl über das Banat, den er mit drei Unterbrechungen bis 1734 innehatte. Mercy war hauptverantwortlich für die Ansiedlungs- und Wirtschaftspolitik des Banats, er förderte das Berg- und Hüttenwesen und ihm ist auch der Bau des Begakanals zwischen Temesvár und Groß-Betschkerek zu verdanken.[18]

Die Hebung der Einwohnerzahlen sollte entsprechend merkantilistischen Denkmustern des 18. Jahrhunderts vor allem eine Vermehrung des Steueraufkommens und eine Stärkung der Militärmacht mit sich bringen. Neben der Wiederbesiedlung Ungarns spielte die Ankurbelung der landwirtschaftlichen Produktion eine wichtige Rolle. Dem Banat kam dabei die Rolle einer Art Muster- oder Vorzeige-Provinz zu. Italienische Familien wurden ins Banat geholt, um Reisfelder, aber auch Maulbeerbaum-Plantagen für die geplante Seidenraupenzucht anzulegen; daneben gab es zahlreiche Versuche, Pflanzen zur Gewinnung von Farbstoffen zu züchten.[19] Besonders bemühte sich der kaiserliche Hof aber um

> „Teutsche Familien, welche nach dem Kayserlichen Temeswarer Banat zu dessen mehrerer Populierung abzugehen und sich daselbst häußlich niederzulassen entschlossen seynd".[20]

Bereits 1689 hatte Kardinal Kollonitsch in einer Denkschrift angemerkt, dass

---

[17] Vgl. dazu GOTTFRIED MRAZ: Das Banat von Temesvár in der Theresianischen Zeit. In: Maria Theresia als Königin von Ungarn, S. 139-145.
[18] Vgl. Innenministerium Baden Württemberg (Hrsg.): Die Donauschwaben, S. 92 und die dort angegebene Literatur.
[19] Maria Theresia als Königin von Ungarn, S. 214, nn. 325, 326.
[20] Werbepatent, Worms 1726: FHKA, Ungarische Hoffinanz rot 601, abgedruckt in: TAFFERNER: Quellenbuch, Bd. 1, S. 122-127, hier S. 122; Tafeln IX-X.

„Welche sich in Ungarn ... häuslich niederzulassen Lust und Sinn haben ..."

„das hungarische zu Revolutionen und Unruhe geneigte Geblüet mit dem teutschen temperiert und mithin zur beständigen Treu und Lieb ihres natürlichen Erbkönigs und Herrn aufgerichtet werden möchte."[21]

Kaiser Karl VI. schrieb 1722 an den Landgrafen Ernst Ludwig von Hessen-Darmstadt, dass es

„höchst nöthig und verträglich seyn will, die von dem Erbfeind im letzteren wider denselben geführten großen Krieg eroberte und von Inwohnern sehr entbleste [entblößte] Lande als eine Vormauer der Christenheit mit teutschen Leuthen zu besetzen."[22]

Aus ähnlichen Motiven wurde die Ansiedlung der Serben gefördert, da sie sich in den Türkenkriegen als besonders habsburgtreu erwiesen hätten: Es kam zu einem auffallend starken Zuzug „raitzischer" Siedler aus den ehemals osmanischen Gebieten in das Königreich Ungarn. Walachen (Rumänen), Armenier und Juden siedelten sich ebenfalls an, obwohl Prinz Eugen gerade die Juden als besonders unzuverlässig bezeichnet und ihre Ausweisung verlangt hatte. Er verdächtigte sie nicht nur „des unzulässigen Wuchers", sondern warf ihnen vor, „den Türken ergeben zu sein". Juden sollten also zumindest vom Handel mit der Pforte ausgeschlossen sein.[23] Tatsächlich hatten die Juden – wie auch die Christen – im Osmanischen Reich als „Leute des Buches" (freilich mit Einschränkungen) eine gewisse religiöse und gesellschaftliche Toleranz genossen.[24]

Auswanderungswillige deutsche Familien aus dem dicht bevölkerten südwestdeutschen Raum waren besonders gefragt. In gedruckten Verlautbarungen („Werbepatenten"), wie sie etwa der kaiserliche Administrations-Fiskal und Oberkommissar Johann Franz Falck 1726 in Worms unters Volk brachte,[25] wurden „Kayserliche Prärogativ- und Freyheiten" angeführt, die zahlreiche Versprechungen und Verlockungen enthielten:

[21] Zitiert nach MRAZ: Das Banat von Temesvár in der Theresianischen Zeit, S. 141.
[22] Brief Kaiser Karls VI. an Landgraf Ernst Ludwig von Hessen-Darmstadt, Wien 20.04.1722, in: TAFFERNER: Quellenbuch, Bd. 1, S. 77-78.
[23] MRAZ: Das Banat von Temesvár in der Theresianischen Zeit, S. 139.
[24] ERNST PETRITSCH: Türkische Toleranz?! In: Südostdeutsches Archiv 34/35 (1991/92), S. 134-149.
[25] Vgl. Fußnote 20.

„Erstlich sollen besagten Familien ein[ig]e nahmhafte, sehr gute und au-
ßerlesene Städt, Mark-Flecken und Dörffer in erwehntem Banat mit allen
Appertinentien, als Haus- und Hof-Plätzen, Gärten, Obst-Bäumen, Äcker,
Wiesen, Wein-Gärten und Viehe-Weyd eigen und erblich, und zwar umb-
sonst, als wann all solches vor baares Geld wäre erkaufft worden, aus son-
derbahren allerhöchsten Kayserlichen Hulden und Gnaden eingeraumet,
und sogleich bey deren dortigen Hinab-Kunfft nach Begehren und Vermögen besagter Familien zugemessen, auch selbige dabey kräfftigst geschützet
werden."

Mehr als 40 oder 50 Familien durften sich auch zu eigenen Dörfern samt hin-
länglichem „Terrain an Waldung, Äcker, Wein-Gärten, Wiesen und Viehe-
Weydt" zusammenschließen. Eigene „Mobilien und Hauß-Notdurfften" (also
Möbel und Hausrat) konnten zoll- und mautfrei mitgebracht werden; Bau-
und Brennholz sollte „auch umsonst verabfolget werden", Bausteine und
Kalk „ohne einigen Gewinn des Kayserlichen Ärarii außgefolget werden".
Ebenso wurde Saatgut unentgeltlich zur Verfügung gestellt, das jedoch nach
guter Ernte in Naturalien rückerstattet werden musste. Die Transportkosten
für alle „Hauß-Gerätschaften" wurden ab Marxheim an der Donau vom Kaiserlichen Ärar übernommen, „ohne einigen Unterschied an Ort und Stell, wo
selbige sich in mehr-besagtem Banat ansäßig zu machen gedenken". Kinder
unter vier Jahren wurden unentgeltlich befördert. Der „an sich geringschät-
zige Fuhrlohn" von einem Gulden und acht Kreuzern pro Person sollte bei
der Ankunft im Banat rückerstattet oder aber ein zusätzliches Steuerfreijahr
„allergnädigst zugestanden" werden. In die von Ansiedlern bewohnten Städte, Märkte und Dörfer solle – so die Zusicherung – gegen ihren Willen „kein
Jud eingelassen werden." Handwerker und Kleinunternehmer waren besonders gesucht, Vagabunden, Bettler und Prasser aber sollten „unaußbleiblich
zurückgewiesen" werden.

Nicht immer entsprachen die angekündigten Versprechungen der Realität: So sind etwa auch Beschwerden von Kolonisten an den kaiserlichen
Hof erhalten geblieben, dass sie sowohl in Marxheim als auch in Wien Fuhr-
geld entrichten mussten, obwohl sie gemäß den ihnen verliehenen Privilegi-
en von derartigen Abgaben befreit sein sollten.[26]

---

[26] Beschwerdebrief eines schwäbischen Kolonistentransports: HHStA, Hungarica 216, Konv. 1724, fol. 8, abgedruckt in: TAFFERNER: Quellenbuch, Bd. 4, S. 168-

Johann Franz Falck war mit seinen Werbemaßnahmen offensichtlich sehr erfolgreich, denn die Hofkammer kam immer wieder auf seine Dienste zurück. So verpflichtete sie ihn 1728 vertraglich, 150 deutsche, im Wein- und Ackerbau erfahrene deutsche Familien aus dem Reich für die Ansiedlung auf einem kaiserlichen Kameralgut bei Tokaj anzuwerben. Als Entschädigung für die Transportkosten, die er bis Ofen/Buda selbst aufzubringen hatte, wurde ihm ein Betrag von vier Gulden pro Familie ohne Abzüge in Aussicht gestellt.[27]

Eine Einwanderung von Protestanten in das Banat, das, wie bereits erwähnt, als kaiserliche Krondomäne eingerichtet worden war, sollte unbedingt verhindert werden. 1724 schärfte die Hofkammer der kaiserlichen Landesadministration im Banat ein, sie dürfe gemäß früheren Instruktionen keine lutherischen Ansiedler im Banat dulden; lediglich der griechische Ritus sei zugelassen. Man habe aus zuverlässiger Quelle erfahren, dass aus dem Reich lutherische Kolonisten, ja sogar Prediger eingewandert seien. Die bereits angesiedelten lutherischen Familien müssten das Banat verlassen und man könne sie in Siebenbürgen, wo die Lutheraner „geduldet" wären, ansiedeln.[28] Auch aus anderen Quellen ist bekannt, dass im Banat, vielfach unter den Bergleuten, zahlreiche Protestanten zu finden waren.[29]

Durch die von Graf Mercy in den 1720er Jahren initiierte und geförderte Ansiedlung im Banat, auch als „erster Schwabenzug" bekannt, sollen insgesamt 46 Dörfer mit deutschen Kolonisten besiedelt worden sein. Ein Teil der Einwanderer kam freilich gar nicht im Banat an, sondern wurde unterwegs von ungarischen Magnaten abgeworben. Dies war der Grund dafür, dass die Hofkammer während der zweiten theresianischen Ansiedlung (1762-1772)

169; Innenministerium Baden Württemberg (Hrsg.): Die Donauschwaben, S. 122, n. 15a.

[27] Kontrakt der Hofkammer mit Johann Franz Falck, Wien 11.06.1728: FHKA, Ungarische Gedenkbücher 453; abgedruckt in: TAFFERNER: Quellenbuch, Bd. 3. Stuttgart 1978, S. 178-181; Innenministerium Baden Württemberg (Hrsg.): Die Donauschwaben, S. 120, n. 12.

[28] Weisung der Hofkammer, Wien 21.07.1724: FHKA, Banater Akten, rot 3, abgedruckt in: Innenministerium Baden Württemberg (Hrsg.): Die Donauschwaben, S. 126-157, n. 16 b.

[29] Ich verdanke diesen Hinweis einer freundlichen Mitteilung von Josef Wolf, Tübingen.

deutscher Familien im Banat genaue Listen der auswandernden Familien führte, anhand derer festgestellt werden konnte, ob die Kolonisten auch tatsächlich an ihren Bestimmungsorten ankamen.[30]

Der größte Teil der Batschka, die mit dem Frieden von Karlowitz erworben worden war, wurde ebenfalls Staatsbesitz. Auf einem Teil dieses Gebietes wurde die Militärgrenze errichtet, wo vor allem Serben angesiedelt wurden. Im Gefolge der kaiserlichen Heere kamen aber auch deutsche Handwerker und Händler ins Land. Zentren waren die Städte Neusatz und Baja an der Donau, ein erstes deutsches Bauerndorf wurde 1729 gegründet.[31]

1736 machte der kaiserliche Populations-Kommissar Joseph Anton Vogl, wie schon der oben erwähnte Falck zehn Jahre vor ihm, nochmals Werbung für eine Auswanderung ins Banat von Temesvár: Die Angebote klangen ausgesprochen verlockend: Freie Anreise und „unentgeltliche" Zuteilung von Land (Äcker, Wiesen, Weide und Wald). Die notwendige Einrichtung konnte von den Kolonisten selbst erbaut oder gekauft werden, wobei die Summe auf 200 Gulden veranschlagt war (ein Haus, Wagen, Pflug und Eggen, vier Ochsen, zwei Pferde, vier Kühe und Kälber, zwei Zuchtschweine und Nahrung bis zur ersten Ernte); hinzu kamen steuerfreie Jahre.[32]

Vorgesehen waren im Jahr 1737 drei Transporte – im selben Jahr brach allerdings ein neuer Türkenkrieg aus, in dem die kaiserlichen den osmanischen Truppen wieder einmal unterlegen waren. Ein Großteil der neu angelegten Güter und Orte wurde im Krieg zerstört, die meisten Kolonisten flohen, so dass von dem groß angelegten staatlichen Aufbauwerk Mercys kaum

---

[30] Diese heute im Wiener Hofkammerarchiv aufbewahrten Verzeichnisse stellen für Familienforscher freilich oftmals ein Ärgernis dar; sie sind für sie nur scheinbar wertvoll, da sie nicht, wie vermutet, den exakten Herkunftsort verraten, sondern lediglich das Land oder die Herrschaft, der die Untertanen zuvor angehört hatten. Die meisten dieser Listen wurden ediert in FRANZ WILHELM, JOSEF KALLBRUNNER (Hrsg.): Quellen zur deutschen Siedlungsgeschichte in Südosteuropa. München o. J. [1936]. Die Argumentation, die Kolonisten hätten entweder eine freie Erstausstattung oder steuerfreie Jahre bekommen, entspricht nicht dem Inhalt des Werbepatents. Solche Vergünstigungen gab es nur in einem kleinen Zeitfenster der josephinischen Kolonisation.

[31] IMMO EBERL: Die Batschka. In: Innenministerium Baden Württemberg (Hrsg.): Die Donauschwaben, S. 88.

[32] Ulm 30.09.1736. In: TAFFERNER: Quellenbuch, Bd. 1, S. 136-138; Innenministerium Baden Württemberg (Hrsg.): Die Donauschwaben, S. 118, n. 7.

etwas übrig blieb. Nach dem Frieden von Belgrad (18. September 1739) musste praktisch von Grund auf neu begonnen werden: Wie bereits angeführt,
gingen die Kleine Walachei und die Gebietserwerbungen aus dem Frieden
von Karlowitz südlich der Donau wieder verloren; das Banat von Temesvár
blieb den Habsburgern zwar erhalten, wurde aber zum Grenzland. Die deutschen Kolonisten waren vor den osmanischen Truppen geflohen und die
folgende Pest entvölkerte das Land fast zur Gänze. Infolge des Todes Kaiser Karls VI. und des wenig später ausbrechenden österreichischen Erbfolge-
kriegs (1740-1748) wurde eine planmäßige Wiederbesiedlung des verwüsteten Banats um etliche Jahre verzögert.

Noch immer existierte – zumindest auf dem Papier – die Commissio in
neoacquisticis, die Kommission für die neu erworbenen Gebiete, für die ka-
merale Verwaltung war aber längst schon die Hofkammer zuständig. Nun
entschloss sich Maria Theresia, eine ihr selbst unterstellte Hofkommission für
die banater, siebenbürgischen und illyrischen Angelegenheiten zu schaffen,
die Commissio Aulica in Banaticis, Transsylvanicis et Illyricis. Ferdinand Graf
Kolowrat-Krakowsky, bislang Hofrat in der Hofkammer, wurde von Maria
Theresia zum Präsidenten dieser Kommission bestellt. Als würdiger Nachfolger des Grafen Mercy nahm Graf Kolowrat die Kolonisation erneut in Angriff, konzentrierte sich aber neben der landwirtschaftlichen Nutzung vor
allem auf die industrielle Erschließung des Banats. Er starb – viel zu früh –
1751. In der ersten Phase der theresianischen Kolonisation von 1748 bis 1753
wurden etwa 5.000 deutsche Einwanderer angesiedelt. Kolowrats Nachfolger
Karl Ferdinand Graf Königsegg-Erps konnte das Format seines Vorgängers
nie erreichen.[33]

Die Kolonisation des Banats wäre ohne professionelle Agenten nicht
möglich gewesen. Waren diese zur Zeit Karls VI. unmittelbar im Staatsdienst
gestanden, so standen sie unter Maria Theresia als freie Unternehmer unter
Vertrag. Sie führten systematisch Werbungen durch und waren teilweise
auch für die Transporte verantwortlich; dazu zählte unter anderem die Aufgabe, eine Abwerbung durch ungarische Magnaten zu verhindern. Einer der
erfolgreichsten Agenten bei der Anwerbung potentieller Emigranten war Johann Oswald, selbst Auswanderer und Bürger in Temesvár, der in den 40er

---

[33] Dazu MRAZ: Das Banat von Temesvár in der Theresianischen Zeit, S. 140.

und 50er Jahren des 18. Jahrhunderts wiederholt in seine ursprüngliche Heimat, das Saarland, reiste, um für eine Auswanderung ins Banat zu werben. Als Auswanderer galt er als besonders glaubwürdig, und darauf gründete sich auch sein Erfolg: es gelang ihm, mehrere tausend Personen zur Emigration zu überreden.[34]

1755 wurden die Banater Angelegenheiten abermals der Wiener Hofkammer unterstellt; doch auch dieser Zustand dauert nicht allzu lange, denn im Siebenjährigen Krieg wurden die Einkünfte aus dem Banat an die Wiener Stadtbank verpfändet: Von 1758-1769 war für die zentrale Verwaltung des Banats daher die Ministerial-Banko-Deputation zuständig. In dieser Zeit stagnierte die Ansiedlungspolitik: Die Verpachtung ausgedehnter Weidegründe („Prädien") brachte nämlich weit höhere Einnahmen – und gerade in Kriegszeiten stellen vermehrte Einnahmen ein gewichtiges Argument dar – wogegen eine Ansiedlungspolitik Investitionen erforderte, die erst viel später Erträge einbringen konnten.[35]

Gegenüber dieser siedlungsfeindlichen Politik initiierte der von Maria Theresia 1760 gegründete Staatsrat, ein beratendes Gremium für alle Erblande und die Länder der Stephanskrone, eine zweite, viel länger dauernde und wesentlich umfassendere Siedlungswelle: Vor allem infolge der Beredtheit und Überzeugungskraft des 1761 in den Staatsrat berufenen Reichshofrats Ägidius Freiherrn von Borié sprach sich der Staatsrat nachdrücklich für eine Vergrößerung der Einwohnerzahlen, für eine Steigerung der landwirtschaftlichen und der gewerblichen Produktion und für die Förderung des Handels aus. Die Siedlungspolitik wurde zunächst auf den kaiserlichen Kameralgütern im Königreich Ungarn durchgeführt. Zahlreiche ungarische Großgrundbesitzer schlossen sich der Initiative an, und bald wurden wieder Klagen laut, dass Kolonisten auf dem Weg ins Banat in Ungarn abgeworben wurden. Noch einmal versuchte die Ministerial-Banko-Deputation die neue An-

---

[34] WILLIAM T. O'REILLY: Agenten, Werbung und Reisemodalitäten. Die Auswanderung ins Temescher Banat im 18. Jahrhundert. In: MATHIAS BEER, DITTMAR DAHLMANN: Migration nach Ost- und Südosteuropa vom 18. bis zum Beginn des 19. Jahrhunderts. Ursachen – Formen – Verlauf – Ergebnis. Stuttgart 1999 (= Schriftenreihe des Instituts für donauschwäbische Geschichte und Landeskunde, 4), S. 109-120.

[35] MRAZ: Das Banat von Temesvár in der Theresianischen Zeit, S. 142.

siedlungspolitik unter Hinweis auf die drohenden Rückgänge der „Prädien"-Pachtsummen zu bremsen, allerdings vergeblich: Sie vermochte die zweite theresianische Siedlungswelle nicht mehr aufzuhalten.[36] Untertanen aus Österreich war eine Auswanderung allerdings unter Androhung schwerster Strafen strikt verboten,[37] so wie auch einige südwestdeutsche Grundherren ein Auswanderungsverbot für ihre Untertanen erlassen hatten.

Einen guten Einblick in die Probleme der Ansiedlung bietet das vom 15. August 1767 stammende *Avertissement für die in dem Temesvarer Banat ansiedelnden Kolonisten:*[38] Darin wurde ausgeführt, dass jede Kolonistenfamilie im Banat 24 Joch Ackerland, sechs Joch Wiesen und ein Joch Baugrund erhalten sollte, außerdem wurden das Bauholz, Saatgut für die erste Sommer- und Winterfrucht, zwei Zugpferde oder Zugochsen, eine Kuh samt Kalb, ein Zuchtschwein und drei Schafe, Wagen, Pflug, Geschirr und diverses Arbeitszeug bereitgestellt. Den Kolonisten wurde gestattet, einen Weingarten anzulegen, und sie hatten drei Freijahre, in denen alle Abgaben oder Rückzahlungen ruhten. Allerdings war vorgesehen, dass sie die Vorschüsse in insgesamt neun weiteren Jahren an das Ärar zu refundieren hätten. Dies blieb aber Theorie, letztlich trug der Staat die vollen Kosten der Kolonisation.

1766 wurde eine Impopulations-Kommission gegründet, die für die Besiedelung Ungarns sowie des Banats zuständig war. Von dieser wurden unterschiedliche Methoden vorgeschlagen und empfohlen: einerseits eine Zuwanderung in bereits bestehende Ortschaften, andererseits Neugründungen, in denen verhältnismäßig viele Kolonisten möglichst rasch untergebracht werden sollten.[39] Aus dem *Aufsatz über die in dem Temeswarer Banat ab anno 1762 bis ultimo decembris 1772 theils ganz neu gebauet und theils zugebauet wordene Kolonisten-Dorfschafften, dann wie viel in solchen Kolonisten[-Häuser], sowohl als Pfarr-, Schul- und Wirtshäuser gebauet und erstere mit Kolonisten-Familien besetzet worden sind,*[40] kann man die enorme Leistung dieses Unternehmens

---

[36] Ebenda, S. 142-143.
[37] Emigrationsverbot Maria Theresias, Wien 19.06.1752, in: TAFFERNER: Quellenbuch, Bd. 1, S. 158-161; Edikt gegen illegale Emigranten, Wien 28.12.1767, in: TAFFERNER: Quellenbuch Bd. 3, S. 256-258.
[38] TAFFERNER: Quellenbuch, Bd. 1, S. 236-238.
[39] MRAZ: Das Banat von Temesvár, S. 143.
[40] Temesvár 08.05.1773: FHKA, Banater Akten 35, abgedruckt in: TAFFERNER: Quellenbuch, Bd. 1, S. 266-268.

ermessen: In bereits bestehenden Siedlungen wurden von 1762 bis 1767 insgesamt 1.628 Kolonistenhäuser erbaut, wobei das Hauptkontingent, nämlich 1.149, in die Jahre 1762 bis 1764 fiel. Nach dem Jahr 1767 gab es keine Zusiedelung mit staatlicher Unterstützung mehr. Die Neugründungen setzten im Jahr 1765 ein: In 31 Dörfern wurden 3.731 Kolonistenhäuser, neun Pfarr-, 26 Schul- und 17 Wirtshäuser errichtet. 1772 erlahmten die Impopulations-Maßnahmen schließlich.[41] Die Gesamtbevölkerung des Banats belief sich 1770 auf rund 318.000 Personen, darunter etwa 181.000 Rumänen, 78.000 Serben und 43.000 deutsche Siedler.[42]

Die Zahl der römisch-katholischen Bewohner des Banats wurde im Jahr 1763, das heißt also zu Beginn der zweiten großen theresianischen Siedlungswelle, mit 32.981 Personen angegeben. In Reaktion hierauf stellte Maria Theresia fest, diese Zahl sei noch sehr gering und ordnete an,

> „der Landesadministration aufzutragen, daß sie möglichster Weise trachten solle, die Catholische Inwohner daselbst sowohl zum Nutzen des Staats als der Religion zu vermehren, und zu dem Ende fremde Familien in das Land zu bringen, auch alljährlich den Zuwachs insbesondere anzuzeigen."

Die Landesverwaltung habe sich überdies um eine Intensivierung der katholischen Seelsorge zu kümmern, „zumalen in denen 600 Bannatischen Dorfschaften kaum der zwölfte Theil Catholisch, alles übrige aber irrgläubig ist." Außerdem verlangte die Königin einen Bericht, ob jedes Dorf „mit einem Schulmeister versehen seye." Schließlich erwog sie sogar, „ein Menge der hier befindlichen strafbaren Weibs-Personen" ins Banat zu bringen.[43] Bei den „Irrgläubigen" handelte es sich natürlich vorwiegend um rumänisch-or-

---

[41]   MRAZ: Das Banat von Temesvár in der Theresianischen Zeit, S. 143.
[42]   IMMO EBERL: Das Banat. In: Innenministerium Baden Württemberg (Hrsg.): Die Donauschwaben, S. 91. Dass zwischen den Volksgruppen auch ethnische Konflikte entstanden, wurde überzeugend dargestellt von JOSEF WOLF: Ethnische Konflikte im Zuge der Besiedlung des Banats im 18. Jahrhundert. Zum Verhältnis von Einwanderung, staatlicher Raumorganisation und ethnostrukturellem Wandel. In: BEER, DAHLMANN: Migration nach Ost- und Südosteuropa, S. 337-366.
[43]   Vortrag des Präsidenten der Ministerial-Banko-Hofdeputation Graf Hatzfeld, Wien 17.04.1763, mit eigenhändig unterschriebener Resolution Maria Theresias: FHKA, Banater Akten, rot 146 A, abgedruckt in: Innenministerium Baden Württemberg (Hrsg.): Die Donauschwaben, S. 127-128, n. 16c.

thodoxe Christen, die Anzahl der Lutheraner wird nicht allzu hoch gewesen sein. Wie bereits erwähnt, war es strengstens verboten, Lutheraner im kaiserlichen Banat aufzunehmen, während eine Ansiedlung von Protestanten im Königreich Ungarn prinzipiell möglich war.

Erwähnt werden muss auch der Versuch, Sträflinge ins Banat zu deportieren, um sie dort in Zucht- und Arbeitshäusern zu „nutzbringender Tätigkeit“ anzuhalten. Zwischen 1752 und 1768 wurden mehr als 3:000 Personen gezählt, die mit dem berüchtigten „Wasserschub“ ins Banat abgeschoben wurden. Von den Landesbehörden wurde dies nur ungern gesehen, da das Banat dadurch in Verruf gebracht und die Anwerbung von Kolonisten erschwert wurde. Allerdings gelang es einer erklecklichen Zahl der Abgeschobenen, heimlich wieder zurückzukehren; wurden sie aufgegriffen, konnten sie zweimal oder gar mehrmals per Wasserschub abtransportiert werden.[44] Auf Anordnung Kaiser Josefs II., seit 1765 Mitregent in den habsburgischen Ländern, wurde dieses Unternehmen im Jahre 1768, nach seiner Reise ins Banat, jedoch eingestellt.

Im Jahr 1741 hatte der Pressburger Landtags beschlossen, das Banat wiederum in das Königreich Ungarn einzugliedern. Maria Theresia hatte diesen Beschluss anlässlich ihrer Krönung zwar anerkennen müssen, wehrte sich aber energisch dagegen. 1775 erwog sie den Plan, das Banat in ein eigenes Fürstentum umzuwandeln, um damit die Frage der Reinkorporation endgültig zu erledigen; derartige Überlegungen hatten auch bei der Erhebung Siebenbürgens zum Großfürstentum eine wichtige Rolle gespielt.[45] 1778 wurde das Banat schließlich dem Königreich Ungarn eingegliedert, der Kameralbesitz aufgeteilt und verkauft. Nach dem Tod Maria Theresias erließ Josef II. 1782 neuerlich einen Aufruf zur Einwanderung ins Banat, dem etwa 3.000 Familien Folge leisteten; schließlich kam es unter Kaiser Franz II. zu einer letzten Zuwanderung deutscher Kolonisten.[46]

---

[44] Den Hinweis auf diese bemerkenswerte Tatsache verdanke ich Prof. Gerhard Seewann, Pécs.

[45] MRAZ: Das Banat von Temesvár in der Theresianischen Zeit, S. 144.

[46] EBERL: Das Banat, S. 91.

Die „Transmigrationen" nach Siebenbürgen

Abschließend soll eine Sonderform habsburgischer Bevölkerungspolitik erwähnt werden: Die Deportation evangelischer Untertanen aus den österreichischen Erblanden nach Siebenbürgen. Nachdem der Salzburger Erzbischof in den Jahren 1731/1732 etwa 20.000 Lutheraner, rund ein Fünftel aller seiner Untertanen, ihres Glaubens wegen zur Auswanderung aus dem Erzbistum Salzburg gezwungen hatte, entdeckten die habsburgischen Behörden auch in den angrenzenden Alpenländern „Geheimprotestanten". In meist abgeschiedenen Tälern waren sie von den Schikanen der Gegenreformation und von Zwangsbekehrung verschont geblieben; nach außen hin hielten sie die katholischen Riten ein, gingen zur Messe und gelegentlich zur Beichte, nahmen an Prozessionen und Wallfahrten teil, heimlich jedoch hielten sie Andachten, lasen die Bibel und Postillen oder sangen Lieder aus evangelischen Gesangbüchern. Unentbehrlich dazu waren im Reich gedruckte Bücher, die über unwegsame Pässe geschmuggelt wurden, wofür freilich strengste Strafen vorgesehen waren. Wurden bei Hausdurchsuchungen verdächtige Bücher gefunden, drohte Zuchthaus, Zwangsarbeit oder Landesverweis, Denunzianten durften hingegen auf großzügige Belohnung hoffen.[47]

Entsprechend den vom Merkantilismus geprägten Grundsätzen seiner Zeit entschloss sich Kaiser Karl VI. nicht zur Vertreibung, sondern zu einer Umsiedlung der Evangelischen nach Siebenbürgen,[48] wo den Protestanten bereits früher Sonderrechte zugestanden worden waren; auf diese Weise gingen dem Staat keine Steuerzahler verloren. In den Jahren 1734 bis 1737 wurden in zwölf Transporten rund 800 Evangelische aus dem Salzkammergut und aus Kärnten nach Siebenbürgen deportiert. Die Transporte erfolgten auf der Donau, dann Theiß aufwärts und auf dem Bega-Kanal bis Temesvár, von

---

[47] Vgl. dazu zuletzt den Sammelband RUDOLF LEEB, MARTIN SCHEUTZ, DIETMAR WEIKL (Hrsg.): Geheimprotestantismus und evangelische Kirchen in der Habsburgermonarchie und im Erzstift Salzburg (17./18. Jahrhundert). Wien, München 2009 (= Veröffentlichungen des Instituts für Österreichische Geschichtsforschung, 51).

[48] Vgl. zu den Transmigrationen die grundlegende Untersuchung von ERICH BUCHINGER: Die „Landler" in Siebenbürgen. Vorgeschichte, Durchführung und Ergebnis einer Zwangsumsiedlung im 18. Jahrhundert. München 1980 (= Buchreihe der Südostdeutschen Historischen Kommission, 31).

wo der Weg auf Landstraßen in Richtung Hermannstadt fortgesetzt wurde. In den nahe gelegenen Orten Neppendorf und Großau wurden den Österreichern leer stehende Häuser zur Verfügung gestellt. Tragisch war freilich das Schicksal der Kärntner, die ihre unmündigen Kinder zurücklassen mussten.

Maria Theresia setzte die Politik ihres Vaters fort, nachdem ihre Nachfolge in den Erblanden gesichert war: In den Jahren 1752 bis 1756 ließ sie rund 3.000 Personen aus Oberösterreich, Kärnten und der Steiermark deportieren, die meisten kamen aus dem Traun- und Hausruckviertel, dem sogenannten „Landl". Schon bald wurden alle Österreicher als „Landler" bezeichnet. Die theresianische „Transmigration" war letztlich wenig erfolgreich: Ein Drittel der Deportierten starb auf der Reise oder bald nach der Ankunft, nur einem Drittel gelang es, eine eigene Landwirtschaft aufzubauen. Die restlichen Deportierten mussten sich ihren Unterhalt als Dienstboten oder Handwerksgesellen verdienen. Von dem 1753 publikumswirksam angekündigten Siedlungsprojekt überlebte mit Großpold eine einzige „Landlergemeinde", die etwa 25 Kilometer westlich von Hermannstadt lag. Auch das Zusammenleben der „Landler" mit den so genannten Siebenbürger Sachsen gestaltete sich – trotz der gemeinsamen Konfession – nicht immer konfliktfrei, verstanden doch beide Gruppen zunächst nicht die jeweils andere Mundart, und pochten die Siebenbürger Sachsen noch lange auf die „Vorrechte" der Volksgruppe, die schon wesentlich länger im Lande lebte.[49]

Zum letzten Mal wurden in den Jahren 1773 bis 1776 steirische Evangelische, 178 Personen aus dem oberen Murtal, zwangsweise nach Siebenbürgen verbracht.[50] Mit dem drei Jahre später erlassenen Toleranzpatent Josefs II. ging die Zeit der Unterdrückung zu Ende.

Im Grunde handelte es sich bei den „Transmigrationen" nach Siebenbürgen um reine Zwangsmaßnahmen, um Willkürakte, die im Grunde wenig mit Siedlungspolitik zu tun hatten und überdies auch nicht wirklich erfolg-

---

[49] MATTHIAS BEER: „Willkürliches Benehmen gegen die ererbten sächsischen Sitten und Bräuchen". Aufnahme und Eingliederung der Transmigranten in Siebenbürgen. In: BEER, DAHLMANN: Migration nach Ost- und Südosteuropa, S. 317-335.
[50] DIETER KNALL: Aus der Heimat gedrängt. Letzte Zwangsumsiedlungen steirischer Protestanten nach Siebenbürgen unter Maria Theresia. Graz 2002 (= Forschungen zur Geschichtlichen Landeskommission für Steiermark, 45).

reich waren. Als „Akteure der Ansiedlung in Ungarn" waren die Habsburger vor allem im Banat wirksam geworden – mit wechselndem, aber nicht ganz ohne Erfolg: Nicht zuletzt auf Initiative der Habsburger waren die Deutschen im 18. Jahrhundert zum wanderfreudigsten aller europäischen Völker geworden.

© Gerhard Seewann, Karl-Peter Krauss, Norbert Spannenberger (Hrsg.):
Die Ansiedlung der Deutschen in Ungarn. München 2010, S. 61-79.

Márta Fata

Migration als Modernisierungsfaktor?

Ursachen der deutschen Einwanderung in Ungarn zur Regierungszeit Josephs II.

Weder in der ungarischen noch in der deutschsprachigen historischen Forschung wurde bisher die Frage intensiv untersucht, warum Joseph II. am
Ende des Ansiedlungsjahrhunderts auf Staatskosten eine sehr aufwändi-
ge Ansiedlung von Deutschen im Königreich Ungarn einleitete. Die vorliegenden Darstellungen begnügen sich auf beiden Seiten mit der fast schon
stereotypen Wiederholung des Zusammenhangs zwischen dem Bevölke-
rungsdefizit in der östlichen Hälfte der Habsburgermonarchie und den ka-
meralistischen Zielen des aufgeklärten absolutistischen Staates.[1] Im Folgenden sollen deshalb Ursachen und Ziele der staatlichen Einwanderungspolitik
kritisch hinterfragt werden.

---

[1] So werden in dem zehnbändigen Werk des Historischen Instituts der Ungarischen
Akademie über die josephinische Ansiedlung die Gründe aus Sicht des Staates
nicht behandelt. Vgl. Imre Wellmann: A mezőgazdaság a felvilágosult abszolu-
tizmus korában [Die Landwirtschaft in der Zeit des aufgeklärten Absolutismus].
In: Győző Ember, Gusztáv Heckenast (Hrsg.): Magyarország története 1686-1790
[Geschichte Ungarns 1686-1790]. Bd. 1. Budapest 1989, S. 56-59. Von den deutschen Arbeiten vgl. vor allem Oskar Feldtänzer: Joseph II. und die donauschwäbische Ansiedlung. Dokumentation der Kolonisation im Batscherland 1784-1787.
München 1990. Unter den neueren Beispielen siehe beispielsweise den Artikel Jan
Lucassen, Leo Lucassen: Einwanderung. In: Friedrich Jaeger (Hrsg.): Enzyklo-
pädie der Neuzeit. Bd. 3. Stuttgart 2006, S. 135-139, hier S. 138.

1. Die „Raabisierung", das Ziel der frühen josephinischen Agrarreformen

Mit der Verfügung vom 12. Januar 1782 begann Joseph II. nach den öster-
reichischen Erbländern auch in den Ländern der ungarischen Krone mit der
Aufhebung der kontemplativen Orden und Bettelorden. In Anbetracht der
Größe betrugen die bereits 1777 aufgelösten Jesuitengüter zusammen mit
den aufgelösten Klostergütern fast 300.000 Joch Urbarialland[2] und die 504
Kameral- und Krongüter (ohne das Banat) circa 470.000 Joch Land.[3] Insge-
samt machten sie etwa 15 Prozent der Gesamtfläche des Urbariallandes im
Königreich Ungarn aus.

Die groß angelegten Gütereinziehungen stellten die dringende Frage
nach der rentablen Verwendung der in staatlicher Hand so massiv angehäuf-
ten Güter: Sollten sie an private Grundherren verkauft werden oder aber in
Bauerngüter parzelliert werden? Gegen den Weg der „Privatisierung" wie
im Banat sprach nicht nur die ungewollte Stärkung der Stände, sondern die
gerade zu vermeidende Steigerung der grundherrlichen Willkür und der
bäuerlichen Steuerlast, die dort nach Rückgabe des Banats an das Königreich
Ungarn trotz des im Vergleich zu Ungarn günstigeren Robotsystems gang
und gäbe wurde und ab 1782 Unruhen unter den Bauern sowie Gewalttaten
gegenüber deren Grundherren zur Folge hatte.[4] So ließ sich Joseph II. – der
grundsätzlich gegen die staatliche Eigenbewirtschaftung Stellung nahm –
von den Ergebnissen der von Maria Theresia in Böhmen eingeleiteten Parzellierung der Dominikalgründe auf den Staatsgütern bei Beibehaltung des
Oberbesitzrechtes des Staates und bei gleichzeitiger Ablösung der Robot
eines Besseren belehren.[5] Das 1770 begonnene Experiment auf zwei Maier-

---

[2] Vgl. ZOLTÁN FÓNAGY: Nemesi birtokviszonyok az úrbérrendezés korában [Die
Besitzverhältnisse des Adels zur Zeit der Urbarialregulierung]. In: Századok 133
(1999), S. 1141-1191, hier S. 1167.

[3] Ebenda, S. 1161.

[4] Vgl. die Beschwerdebriefe der Bauern aus dem Komitat Torontál, abgedruckt bei
ANTAL HEGEDŰS: Bánáti új földesurak és jobbágyaik 1782-ben [Die neuen Grundherren des Banats und ihre Bauern im Jahr 1782]. In: Létünk 2 (1978), S. 96-123,
hier insbesondere S. 108-123.

[5] Joseph II. äußerte sich im Zusammenhang mit dem böhmischen Robotpatent
von 1775 wie folgt: „Es wird nach und nach, etwas früher oder später, dahin füh-

höfen der Kameralherrschaft Pardubitz in Böhmen wurde 1774 mit dem von Franz Anton von Raab ausgearbeiteten neuen System der Agrarverfassung in Kameral- und Exjesuitenherrschaften sowie in Gütern der königlichen Freistädte mit großem Erfolg fortgeführt. Auf den Staatsgütern in Böhmen und Mähren, die zwischen 1767 und 1776 im jährlichen Durchschnitt 184.000 Gulden einbrachten, stieg die Kontribution 1778 auf 300.000 Gulden, 1781 machte sie sogar 431.000 Gulden aus.[6] Eine weitere Folge der „Raabisierung" war die Binnenkolonisation. Schon in den ersten zwei Jahren hatten sich 5.800 neue Wirte, meist Kleinhäusler oder Söhne von Bauern, zur Ansiedlung auf den neu ausgemessenen Bauernstellen angemeldet.[7] Bis 1787, als die „Raabisierung" aufgegeben wurde, entstanden in Böhmen durch die Parzellierungen 128 neue Siedlungen mit 7.820 Häusern, in Mähren 117 Siedlungen mit 3.628 Häusern.[8] Die „Raabisierung" hatte somit die Zunahme bäuerlicher Kleinbetriebe, die Inbesitznahme unbebauter Gebiete und die Intensivierung der landwirtschaftlichen Produktion zur Folge.

---

ren, dass die Robot, welche als ein wesentliches Stück unserer ganzen Verfassung durch einen Machtspruch aufzuheben ich für unmöglich halte, in gegenseitigem Einverständnisse zwischen Herren und Unterthanen, wenn nicht ganz, so doch insoweit sie den Bauern schädlich, wird aufgehoben werden können. Und zwar solcher Gestalt, dass dem Staate, den Grundherrn und den Bauern nicht nur kein Schaden, sondern wesentliche und zum Teil, wegen des daraus mit Notwendigkeit erwachsenden Zuwachses der Bevölkerung, der Industrie und der allgemeinen Beruhigung, unschätzbare Vorteile zugehen können und müssen. Glücklicher Zeitpunkt, welchen menschliche und Bürgerpflicht mir schon seit Jahren sehnlichst wünschst gemacht." Zit. nach CARL VON HOCK, HERMANN IGNAZ BIDERMANN: Der österreichische Staatsrath (1760-1848). Wien 1879, S. 77.

[6] JÁNOS BARTA: A felvilágosult abszolutizmus agrárpolitikája a Habsburg- és a Hohenzollern-Monarchiában [Die Agrarpolitik des aufgeklärten Absolutismus in der Habsburger- und der Hohenzollern-Monarchie]. Budapest 1982, S. 134.

[7] FRANZ ANTON VON RAAB: Unterricht über die Verwandlung der kais. königl. böhmischen Domänen in Bauerngüter. Wien 1777, S. 46-48; Vgl. JOSEF KAZIMOUR: K dějinám dělení velkostatků v. 18. století [Zur Geschichte der Großgrundbesitzer im 18. Jahrhundert]. Prag 1921; JAN PROCHÁZKA: Parcelování velkostatků (raabisace) za Marie Terezie v Čechách [Die Aufteilung des Großgrundbesitzes in Tschechien unter der Regierung Maria Theresias]. Prag 1925; KAMIL KROFTA: Dějiny selského stavu [Geschichte des Bauernstands]. Praha 1940, S. 330-333.

[8] Daten bei KARL BOSL (Hrsg.): Handbuch der Geschichte der böhmischen Länder. Bd. 2: Die böhmischen Länder von der Hochblüte der Ständeherrschaft bis zum Erwachen eines modernen Nationalbewußtseins. Stuttgart 1974, S. 491.

In Anbetracht der erzielten und zu erwartenden Ergebnisse gab Joseph II. seine anfängliche Skepsis gegenüber der Nutzbarmachung der Staatsgüter durch den Staat selbst auf und hegte die berechtigte Hoffnung, dass die Staatsgüter durch die „Raabisierung" zum Motor einer Modernisierung der Agrarverfassung werden könnten, bevor diese schließlich zum Verkauf an Privatleute angeboten werden sollten. Mit der im Jahr 1783 erlassenen Verordnung über die freiwillige Robotablösung bei gleichzeitiger Verteilung herrschaftlicher Maierhofgründe[9] sollten die Staatsgüter zu einem Experimentierfeld der Reformen werden und den Privatgütern mit gutem Beispiel vorangehen.

Da die „Raabisierung" den einheimischen Bauern zugute kommen sollte, wurden keine Pläne zu einer staatlich organisierten Ansiedlung fremder Bauern entworfen. In den österreichischen Erbländern, wo es wegen der begrenzten Möglichkeiten einer Grunderweiterung zu sozialen Spannungen und dadurch häufig zu einer grenzüberschreitenden Arbeitswanderung und Auswanderung der Bevölkerung kam, riet die Wiener Hofkammer von der Ansiedlung fremder Einwanderer ausdrücklich ab und empfahl die Ausweitung der Ackerfelder durch Austrocknung von Sumpfgebieten und die gezielte Förderung des Handels, um so neue Beschäftigung für die besitzlosen Bauern zu schaffen.[10] In Böhmen wurde neben der Binnenansiedlung lediglich die Ansiedlung sächsischer Emigranten unter dem Gesichtspunkt der Konkurrenz mit Preußen um Kolonisten gefördert.[11] Dagegen rückte in

---

[9] Patent abgedruckt bei JOSEPH KROPATSCHEK (Hrsg.): Handbuch aller unter der Regierung des Kaisers Joseph II. für die k. k. Erbländer ergangenen Verordnungen und Gesetze in einer sistematischen Verbindung. 18 Bde. Wien 1785-1790, hier Bd. 1. Wien 1785, S. 62-63. Zu Entstehung, Inhalt und Wirkung vgl. FRIEDRICH LÜTGE: Die Robot-Abolition unter Kaiser Joseph II. In: HEINZ HAUSHOFER, WILLI A. BOELCKE (Hrsg.): Wege und Forschungen der Agrargeschichte. Festschrift für Günther Franz. Frankfurt a. M. 1967, S. 153-170.

[10] Hofkammerpräsident Kollowrat schrieb Joseph II, dass „die n. ö. Provinzen, Tyrol und das Triester Gouvernement ihrer Lage, wenigen Bauerngründe, und grossen Bevölkerung wegen nicht zur Aufnahme fremder Ansiedler geeignet" seien. Vgl. ÖStA FHKA, Galizische Domänen 1772-1800, rote Nr. 68, fol. 488r. Vgl. auch „Betrachtungen über Tyrol für den oberösterreichischen Gouverneur Graf von Sauer". In: ÖStA HHStA Kabinettsarchiv, Handbilleten, Bd. 40, Nr. 941, S. 718-738.

[11] Joseph II. an Kollowrat am 29. Februar 1784. In: ÖStA HHStA Kabinettsarchiv, Handbilleten, Bd. 31, Nr. 88, S. 105-106.

Galizien und Ungarn die Ansiedlung deutscher Einwanderer in den Vordergrund.

2. Die Frage der deutschen Ansiedlung in Galizien und Ungarn

Ursprünglich schwebte Joseph II. auch in Galizien Binnenansiedlung vor, weil er die Hauptaufgabe des Staates weniger in der radikalen Bevölkerungsvermehrung als vielmehr in der Landeserschließung und vor allem in der Modernisierung der Wirtschafts- und Sozialformen erkannte. Auf Initiative des neuen galizischen Gouverneurs, Graf Joseph Brigido, befasste sich zwar der Staatsrat auf seiner Sitzung am 18. März 1781 mit den Fragen, wie die Zahl der „dem Lande Galizien [...] noch so sehr ermangelnden nützlichen Professionisten" zu erhöhen sei und ob „die auf den Kameralherrschaften zu verteilenden vielen Meierhofdomänengründe mit fremden arbeitsamen Menschen"[12] zu besetzen seien. Doch in dem daran anschließenden Einwanderungspatent[13] vom 17. September 1781 wurde keine Massen-, sondern eine Qualitätsansiedlung deutscher Handwerker und Bauern vor allem aus Preußisch-Polen erwogen. Eine bäuerliche Einwanderung wurde ausschließlich zwecks Trockenlegung von Sumpfgebieten und Rodung von Waldboden angedacht, worauf auch die Gewährung einer zehnjährigen Befreiung von den Urbariallasten im Ansiedlungspatent verwies. Erst die vom Direktor der Kameralherrschaft Sendomir, Johann Hladky, 1782 eigenmächtig eingeleitete Werbung um Arbeitskräfte im römisch-deutschen Reich für die Trockenlegung der Moräste in seinem Kameralbezirk – die auf einen unerwartet großen Widerhall stieß – veranlasste die Wiener Regierung, sich selbst mit der Anwerbung bäuerlicher Kolonisten aus dem römisch-deutschen Reich auseinanderzusetzen. Doch in Anbetracht der rasch zunehmenden deutschen

---

[12] ÖStA HHStA, Kabinettsarchiv, Staatsratprotokolle 1781: 2055. Vgl. auch HUBERT RUMPEL: Die Reisen Kaiser Josephs II. nach Galizien. Diss. Erlangen 1946, S. 143.

[13] Die Gestattung des freyen Religions-Exercitii, und die Begünstigungen für die herein wandernde fremde Professionisten, und Ackersleute betreffend. Abgedruckt in: Edicta et mandata universalia regnis Galiciae et Lodomeriae. Leopoli 1781, S. 73-76. Ein zweisprachiges Exemplar in: ÖStA FHKA, Galizische Domänen 1772-1800, rote Nr. 67, fol. 200r-207v.

Einwanderung ließ Joseph II. schon am 25. Juni 1782 die Aufnahme deutscher Kolonisten mit der Begründung einstweilig einstellen:

> „Die Hauptabsicht aber muß immer darauf gerichtet werden, die Population durch eigene bereits vorhandene, und das Clima des Landes schon gewohnte Unterthanen zu befördern, welches vorzüglich dadurch erreichet werden kann, wenn man gute, fleißige, und wirtschäftliche Hauß Väter, die mehrere Kinder haben, in Stande setzet, anstatt einen ihrer Söhne, mehrere ausheurathen zu können, und wenn man ihnen zu diesem Ende alle mögliche Begünstigung, und absonderlich auch jene, die für fremde Ansiedler bestimmt sind, zufließen lässt; und Ihnen die Mittel zu ihrer Erhaltung bestens erleichtert."[14]

Nach der Verordnung über die Einführung der Robotabolition auf den staatlichen Gütern 1783 wurde das neue System zunächst auf den Kameralherrschaften Sendomir und Niepołomice versuchsweise erprobt.[15] Die Wahl fiel nicht zufällig auf diese beiden Güter; die Gründe dafür lieferte der Regent selbst, als er erklärte:

> „Die Lage dieser zwey Güter scheinet geeignet, dass Reluitions Geschäft mit gutem Erfolg allda einzuführen, da auf dem ersten sich die meisten deutschen Ansiedler befinden, und auf dem letzern die Nachbarschaft von Krakau, und die Verführung des Salzes einen mehreren Verdienst verschaffen."[16]

Damit erkannte Joseph II. die Richtigkeit jener kritischen Meinungen im Staatsrat und im Kreis des polnischen Adels an, wonach die Robotablösung gewisse Bedingungen wie etwa die Teilnahme an der marktproduzierenden

---

[14] ÖStA HHStA, Kabinettsarchiv, Staatsratprotokolle 1782: 2027. Vgl. auch RUMPEL: Die Reisen Kaiser Joseph II. nach Galizien, S. 161, Fußnote 7.

[15] ÖStA HHStA, Kabinettsarchiv, Staatsratprotokolle 1783: 1122. Vgl. auch LUDWIG VON MISES: Die Entwicklung des gutsherrlich-bäuerlichen Verhältnisses in Galizien (1772-1848). Wien, Leipzig 1902, S. 71. Es wurden etwa 950 galizische Familien angesiedelt, so in der Herrschaft Sendomir 750 Familien und in der Herrschaft Niepołomice etwa 200 Familien. Vgl. dazu HENRYK LEPUCKI: Die Kolonisationstätigkeit Maria Theresias und Josephs II. in Galizien in den Jahren 1772-1790. Lemberg 1938. Dienstliche Übersetzung der Publikationsstelle in Berlin-Dahlem 1939, S.105; ÖStA FHKA, Galizische Domänen 1772-1800, rote Nr. 69 A, fol. 737r.

[16] ÖStA HHStA, Kabinettsarchiv, Staatsratprotokolle 1783: 1122.

Wirtschaft oder bestimmte Eigenmittel und Eigenschaften der Bauern voraussetzte. Auch nach Meinung der Böhmisch-Österreichischen Hofkanzlei
brachten die galizischen Bauern wenig Mut zu Veränderung auf, weil sie nur
bedingt an der Geldwirtschaft beteiligt waren und sich nur in beschränkter
Zahl in der Lage befanden, die benötigten finanziellen Eigenmittel zur Aus-
rüstung eines eigenen Bauernhofs mit Arbeitsgeräten und Zugvieh aufzubringen.[17] Der Erfolg der Robotablösung war demnach einzig von solchen
„arbeitsamen, industriosen und verlässigen Leuten" abhängig, wie es die einwandernden Deutschen zu sein schienen, „deren Nationalisten in der Lan-
des-Cultur und Kunstfleiß zum Muster aufgestellt werden"[18] konnten und
sollten. Die Hofkanzlei stützte sich mit dieser Meinung auf den Standpunkt
der galizischen Landesadministration, die mit Nachdruck auf diesen Vorteil
der deutschen Kolonisation hinwies und zugleich den sich für den Staat er-
gebenden Gewinn an Steuerzahlern und Soldaten hervorhob.[19]

Ungeachtet der den Deutschen zugesprochenen Qualitäten dachten
die Hof- und Landesstellen ausgesprochen populationistisch, als sie die
zwar voll subventionierte und somit sehr kostspielige, aber mit vermeintlich
mehr Nutzen als eine Binnenansiedlung verbundene deutsche Ansiedlung
auf den Staatsgütern forcierten, dagegen die minder kostspielige Ansiedlung
einheimischer Bauern den Privatherrschaften überlassen wollten.[20] Das erlas-
sene Robotabolitionspatent bestärkte die Hofstellen in ihrer Bestrebung. So
begründete die Hofkammer am 8. Juni 1784 der Hofkanzlei den Umstand,
warum die einheimischen Bauern zur Parzellierung zunächst kaum herangezogen wurden, damit, dass die Vermehrung der Population

„eine der vorzüglichsten Absichten [sei], welche Seine Majestät bei der
befohlenen Robotabolition sehen; wenn bei der Vertheilung der Domini-

---

[17] ÖStA FHKA, Galizische Domänen 1772-1800, rote Nr. 67, fol. 297r.
[18] Kollowrat am 14. Mai 1785. ÖStA FHKA, Galizische Domänen 1772-1800, rote Nr.
      71, fol. 1163v-1164r.
[19] Siehe RAIMUND FRIEDRICH KAINDL: Geschichte der Deutschen in den Karpathen-
      ländern. 3 Bde. Gotha 1907-1911 (= Deutsche Landesgeschichten, 8), hier Bd. 3:
      Geschichte der Deutschen in Galizien, Ungarn, der Bukowina und Rumänien seit
      etwa 1770 bis zur Gegenwart, S. 30.
[20] KAINDL: Geschichte der Deutschen in den Karpathenländern, S. 31.

calgründe nicht vorzüglich auf fremde Einwanderer Bedacht genommen wird, so wird diese Vermehrung nicht gefördert".[21]

Die Einwanderung versprach schnelleren Erfolg als das natürliche Bevölkerungswachstum der einheimischen Population, das erst infolge der reformierten Agrarverfassung und der verbesserten Agrarproduktion zu erwarten war. Deshalb war die Böhmisch-Österreichische Hofkanzlei Befürworterin und zugleich Antreiberin einer deutschen Ansiedlung und nicht der Binnenansiedlung in der östlichen Hälfte der Habsburgermonarchie. Das Ergebnis war die Ansiedlung von etwa 13.000 deutschen Kolonisten in Galizien und von etwa viermal so Vielen in Ungarn.

Doch anders als in Galizien musste Joseph II. in Ungarn immer wieder ungewollte Kompromisse mit den Ständen eingehen. Selbst die als Grundlage der Agrar- und Sozialreformen betrachtete Aufhebung der Leibeigenschaft wurde dort erst etappenweise eingeführt, weil sich die Landesstellen gegen die Gewährung einer bäuerlichen Freizügigkeit stellten. In dem Argument der ungarischen Stellen, dass die Freizügigkeit zum Rückgang der festgelegten Kontribution – in Ungarn durch die einsetzende Binnenmigration, in Siebenbürgen durch die verstärkte Auswanderung – führen würde, verdichtete sich die mehrere Jahrhunderte alte Erfahrung der grundbesitzenden Stände, dass auf den ungarischen Gebieten mit einer niedrigeren Bevölkerungsdichte die Arbeitskraft wertvoller war als der Grundbesitz selbst.[22] Die ungarischen Landesstellen konnten in der „Raabisierung" dennoch nicht die Chance einer Arbeitskraftvermehrung erkennen,[23] nicht zuletzt deshalb, weil die Besitzer großer Latifundien gerade nach der Ausweitung ihrer Maierhöfe und somit der Vermehrung der Tagelöhner und nicht der Kleinbesitzer trachteten.

---

[21] Zitiert nach MISES: Die Entwicklung des gutsherrlich-bäuerlichen Verhältnisses in Galizien, S. 70, Fußnote 1.

[22] JÁNOS VARGA: Jobbágyrendszer a magyarországi feudalizmus kései századaiban 1556-1767 [Das System der bäuerlichen Hörigkeit in den späten Jahrhunderten des ungarischen Feudalismus 1556-1767]. Budapest 1969.

[23] Zu dieser Frage vgl. FERENC ECKHART: A bécsi udvar jobbágypolitikája [Die Bauernpolitik des Wiener Hofes]. In: Századok 90 (1956), S. 69-125, hier besonders S. 108-110; zuletzt ANTAL SZÁNTAY: The „Robot-Abolition" in Hungary under Joseph II. In: FRANZ A. J. SZABO, ANTAL SZÁNTAY, ISTVÁN GYÖRGY TÓTH (Hrsg.): Politics and Culture in the Age of Joseph II. Budapest 2005, S. 95-107.

Zwar verordnete Joseph am 14. März 1783 auch für das Königreich Ungarn die Einstellung des Verkaufs der Kameral- und Fondsgüter und ihre effektivere Bewirtschaftung nach dem Beispiel der deutschen Erbländer,[24] doch es begann über diese Frage ein langes Tauziehen.

Gegen die Robotablösung führten sowohl die Ungarische Hofkammer als auch die Ungarisch-Siebenbürgische Hofkanzlei als Argumente an, dass es im Land zur Parzellierung der Dominikalfelder an Binnenansiedlern mangele und „auch jene, so sich meldten, sehr mitlloß [...] folglichen zur Bearbeytung der Grundstücke unvermögend"[25] seien. Diese Darlegung widersprach der Tatsache, dass seit der maria-theresianischen Urbarialreform nicht gerade wenige Bauern zusätzlich zu ihrem im Urbarium limitierten Rustikalland Remanenz- und Überlandfelder bebauten[26] oder Allodialfelder pachteten.[27] Ähnlich wie der Staatsrat und die galizischen Stellen argumentierten auch die ungarischen Stellen damit, dass die Bauern in Ermangelung ausreichender Binnenmärkte und zusätzlichen Verdienstes ihre Frondienste nicht in Geld ablösen könnten, weshalb die vom Herrscher geplante Robotablösung bei gleichzeitiger Verpachtung oder Parzellierung des Dominikallandes

---

[24] Die Durchführung der Robotablösung und die Parzellierung der Güter übertrug der Herrscher der Robotabolitions-Hofkommission unter Karl von Zinzendorf, um auch auf den ungarischen Staatsgütern nach dem Modell der deutschen Erbländer vorzugehen. Vgl. dazu ÖStA FHKA, Bankale, Robotabolitions-Akten 1783-1800, Abt. 34: Domäne, Fasz. 10, Nr. 389/524 auch MOL A 39: Generalia, 912. csomó, 1783: 2891, Pos. 3.

[25] Man argumentierte damit, dass „bey Ansiedlung des Banat auf gleiche Art Millionen von dem Arario angewendet, und über jenes, so bereits denen Colonisten nachgelassen worden, annoch beträchtliche uneinbringliche Rückstände erwachsen, und von darumm gesaget werden könne, dass dieße Güter nicht so viel in denen Einkünften gebessert, als gleichsam neu erkaufet worden seyen". MOL A 39: Generalia 1784: 335.

[26] Überland bedeutete nicht jene Remanenzfelder, die bei der Urbarialregulierung nicht angegeben wurden und weiterhin in der Hand der Bauern verblieben oder als Allodialfelder galten, sondern vor allem jene Restfelder, die weder von den Bauern, noch von den Grundherren in irgendeiner Form verwendet wurden. Vgl. JÁNOS VARGA: A jobbágyi földbirtoklás típusai és problémái 1767-1849 [Typen und Probleme des bäuerlichen Grundbesitzes 1767-1849]. Budapest 1967 (= Értekezések a történeti tudományok köréből, 41), S. 17-18.

[27] Dies wurde von den ungarischen Stellen selbst anerkannt, als sie nach Argumenten gegen die groß angelegte deutsche Ansiedlung suchten. Siehe ÖStA FHKA, Bankale, Robotabolitions-Akten 1783-1800, Abt. 34: Domäne, Fasz. 50, Nr. 195/548.

einerseits zur Verarmung der mit der Zahlung in Verzug kommenden Bauern, andererseits zur Verminderung der Staatseinnahmen führen würde.[28]

Joseph gab jedoch noch am 31. März 1783 zu verstehen, dass ihn bei der Robotabolition keineswegs nur fiskalische Gesichtspunkte leiteten, sondern auch der Wunsch nach einem neuen Wirtschaftssystem, das auf allen Staatsgütern eingeführt werden sollte, denn es

> „kommt nicht allein auf die Reluirung der Robbaten an, sondern wie es der Kanzley schon mitgetheilte Vorschrift deutlich enthält, machet auch die Zerstücklung oder Verpachtung der Dominical, oder Mayergründe den vornehmsten Theil der Einrichtung aus, dann nachdeme die Vermehrung der Population dabey der vorgesetzte Haupt-Entzweck ist, so muß vorzüglich getrachtet werden, mit neuen Ansiedlern derley Gründe zu bestellen, und in die bestehenden Wirtschaftsgebäude selbe unterzubringen, nur soweit diese nicht aufzubringen sind, wird nach aufgegebener Robboth auf die Verpachtung, oder Bestand Verlassung derley Gründe an die eigenen Unterthanen fürzudenken seyn“[29].

Anders als in Galizien, wo das neue System ursprünglich auf den einheimischen Bauern basieren sollte, entschloss sich Joseph in Ungarn von Anfang an für die Immigration deutscher Bauern. Den Hauptgrund bildete weniger das Argument, dass einer Binnenmigration wegen der Verhinderung der bäuerlichen Freizügigkeit durch die Grundherrschaften Grenzen gesetzt waren, als vielmehr Josephs Bewertung des Gesamtzustands des Königreichs

---

[28] MOL A 39: Generalia 1784: 335. Dass diese Gefahr durchaus real war, zeigte etwa der Fall ungarischer Ansiedler der 1784 neu besiedelten Gemeinde Kartal in der Gödöllőer Herrschaft des Grafen Anton Grassalkovich II., die ihre Robot laut Vertrag mit der Grundherrschaft in Geld abzulösen hatten. Doch die auf der Gemarkung der – nach fünfzehn Jahren Krieg verödeten – Ortschaft Kartal angesiedelten Bauern konnten ihre Produkte nur in der entfernt liegenden Stadt Pest vermarkten, was ihnen wegen der großen Entfernung nicht regelmäßig gelang, so dass sie nicht in der Lage waren, ihre vertraglich vereinbarte Geldleistung zu erbringen. Die Herrschaft führte schließlich 1796, sicherlich auch zur Erleichterung der Bauern, den Frondienst wieder ein. Vgl. IMRE WELLMANN: A gödöllői Grassalkovich-uradalom gazdálkodása különös tekintettel az 1770-1815es esztendőkre [Die Bewirtschaftung der Grundherrschaft von Grassalkovich in Gödöllö mit besonderer Berücksichtigung der Jahre von 1770-1815]. Budapest 1933 (= Tanulmányok a magyar mezőgazdaság történetéből), S. 46.

[29] ÖStA, HHStA – Kabinettsarchiv, Staatsratprotokolle 1783:1209; auch MOL A 39: Generalia, 916. csomó, 1783: 3185, Pos. 1.

Ungarn. Er war nämlich der Ansicht, dass der ungarische Staat „krank" sei, und

> „wenn er auch wirklich nicht abnimt, doch gegen dem was er vorhin war, nach Verhaltniß anderer aufgeklärten Staaten Europens dennoch nicht in der Maaß zunimmt, als er nach seiner Lage sollte, und könnte."[30]

Demnach wurden in Ungarn sowohl die Bevölkerungszahl als auch die Leistungsfähigkeit des Staates als niedrig und unbefriedigend bewertet. Mit der deutschen Einwanderung sollte somit eine wirksame und schnelle Abhilfe im Agrarsektor geleistet werden. Der immer schwieriger zu bewältigende Strom deutscher Einwanderer in Galizien, der nun nach Ungarn umgeleitet werden sollte, war somit eine Folge der josephinischen Agrarpolitik in Ungarn.

3. Deutsche Ansiedlung contra Binnenansiedlung in Ungarn

Waren die ungarischen Landesstellen gegen die „Raabisierung" unter den einheimischen Bauern, weil sie dadurch deren Kontributionsfähigkeit und sogar Existenz gefährdet sahen, so argumentierten sie auch gegen die deutsche Ansiedlung damit, dass durch die Verteilung der bisher von den einheimischen Bauern gepachteten Dominikalgründe an die deutschen Kolonisten die Lebensgrundlage der einheimischen Bauern eingeengt werden würde. Unter diesem Gesichtspunkt hielten sie die durch die Ansiedlung fremder Kolonisten für den Fiskus entstehenden hohen Ausgaben, die schließlich wie im Banat den Verkauf der Güter zur Folge haben würden, für unrentabel.[31] Die mit der Robotabolition beauftragte Hofrechenkammer erklärte in ihrer der Ungarischen Hofkanzlei am 20. September 1783 erteilten Antwort, Wien habe keineswegs die Absicht, den einheimischen Bauern die gepachteten Dominikalgründe abzunehmen und sie unter den Ansiedlern zu verteilen, weil diese nur jene Grundstücke erhalten sollten,

---

[30] Begriffe von der Verfassung des Königreichs Hungarn, und seinem dermaligen Zustande, undatiert, hier zitiert nach ANTAL SZÁNTAY: Regionalpolitik im alten Europa. Die Verwaltungsreformen Josephs II. in Ungarn, in der Lombardei und in den österreichischen Niederlanden 1785-1790. Budapest 2005, S. 62.

[31] MOL A 39: Generalia 1784: 335.

„welche von den würklich bestehenden Inwohnern nicht gebaut werden können. […] Findet sich Gelegenheit, die Dominicalgründe unter den eigenen Bauern zu vertheilen, so wird man diese als der dortigen Landwirtschaft kundigen und das Clima gewöhnte natürlicher Weise den fremden Ansiedlern vorziehen."[32]

Das Beispiel des Banats beweise außerdem überhaupt nicht die Untunlichkeit der Sache, betonte die Hofrechenkammer, auch wenn in diesem Punkt die ungarischen Befürchtungen für den Fall geteilt wurden, dass auch diesmal Einwanderer „ohne alle Habseligkeit anlangen", weshalb ihnen zur Bebauung der Felder dann fast alles auf Staatskosten vorzustrecken sei.[33]

In Wien war man entschlossen, die Ansiedlung deutscher und einheimischer Bauern – ähnlich wie in Galizien – parallel durchzuführen. In Anbetracht der Ziele des Herrschers in Ungarn und bei den hohen Kosten der deutschen Ansiedlung war aber von Anfang an zu erwarten, dass die deutsche Ansiedlung auf Kosten der Binnenansiedlung durchgeführt und die vorgenommene Trennung, wonach deutsche Kolonisten auf öden Gebieten, Binnenkolonisten dagegen auf leere Sessionen gesetzt werden sollten, nicht eingehalten werden würde. Auch wenn die ungarischen Landesstellen die Konkurrenzsituation zwischen beiden Formen der Ansiedlung durchaus erkannten und schließlich sich für die Binnenansiedlung aussprachen[34], waren sie nicht in der Lage, die „Raabisierung" zur Forderung zu erheben. Den ungarischen Stellen ging es nämlich bei der Frage der „Raabisierung" ebenfalls um mehr als nur um fiskalische Gesichtspunkte. Sie hatten vor allem die Befürchtung, dass der zu grundlegenden Reformen entschlossene Herrscher mit der „Raabisierung" nicht nur die Reformierung der Agrarverfassung ins Visier nehmen werde, sondern zugleich die ständische Verfassung, und dass er sich nicht an das im „Tripartitum" festgeschriebene ungarische Gewohnheitsrecht halten, sondern das althergebrachte Besitzrecht ändern werde, hatte er erst einmal bei den parzellierten Kameralfeldern über das staatliche Oberbesitzrecht zugunsten des bäuerlichen Besitzrechts verzichtet.[35]

---

[32] MOL A 39: Generalia 1784: 335.
[33] Ebenda.
[34] MOL A 39: Generalia 1785: 15835.
[35] In der Tat erklärte Joseph II. 1784: „Usu itaque in Hungariae regno hucdum observato, quod nempe eiusmodi fundi subdito in proprietatem cedere nequirent, hoc

Dagegen waren die einzelnen Kameraladministrationen bemüht, beide Formen der Ansiedlung zu praktizieren. Die Zomborer Kameraladministration beispielsweise unterbreitete schon im Mai 1784 den Plan, die deutschen Einwanderer auf Gründe mit reichlicher Gemeindeweide und fruchtbarem Boden anzusiedeln, damit sie separate und selbständige Siedlungen bilden könnten; einheimische ungarische, ruthenische und seit Jahrzehnten im Land lebende schwäbische Kolonisten mit klein bemessenen Gründen sollten wiederum auf die restlichen verlassenen und besitzlosen Sessionen und Remanenzgründe in den bereits bestehenden Ortschaften gesetzt werden.[36] Doch ähnlich wie in Galizien wurde auch in Ungarn nur in wenigen Fällen eine großangelegte Ansiedlung mit Binnenkolonisten genehmigt. Die Umsiedlung der Einwohner von Kunhegyes in die Batschka im Jahr 1785, als insgesamt 13.298 Joch Feld, das Prädium Feketity, der Überrest des Dorfes Werbas und später das Prädium Velity in der Kulaer Herrschaft an die 211 landlosen Familien aus dem freien Distrikt der Kumanen verteilt wurden,[37]

---

ipso derogatum haberi volo, quin imo in cameralibus uti et fundi studiorum atque religionis bonis ius isthoc possidendi fundos ex nunc subditis concedo." Siehe MOL A 39: Generalia Ebenda, 1155. csomó, 1784:10709. Zitiert auch bei ECKHART: A bécsi udvar jobbágypolitikája, S. 110. In der Auseinandersetzung zwischen Herrscher und ungarischen Ständen ging es somit neben der Robotablösung auch um die Abschaffung des Privilegs des Adels und um die Gewährung des Rechts der Bauern auf adeligen Grundbesitz (Dominikalland). Zum Besitzrecht der ungarischen Bauern vgl. ERNŐ TÁRKÁNY SZÜCS: Magyar jogi népszokások [Varianten des ungarischen Gewohnheitsrechts]. Budapest 1981, S. 514-515. Das Gesetz de incapacitate possessori blieb – wenigstens auf Papier – bis zur Bauernbefreiung im Jahr 1848 gültig. Vgl. dazu ANDOR CSIZMADIA, KÁLMÁN KOVÁCS, LÁSZLÓ ASZTALOS (Hrsg.): Magyar állam- és jogtörténet [Ungarische Staats- und Rechtsgeschichte]. 5. Aufl. Budapest 1991, S. 240.

[36] MOL A 39, 1784:5983.

[37] Vgl. u. a. ÖStA FHKA, Hofresolutionsbücher, Hungarische Resolutionsbücher Bd. 15, November 1784, fol. 560. Die Binnenansiedler erhielten eine dreijährige Befreiung von den Steuern, 18 Gulden zur Anschaffung von Bauholz und Wirtschaftsgeräten, Vorschuss auf Brot und Samen. Vgl. dazu BÉLA NAGY KÁLOZI: Jászkunsági reformátusok leköltözése a Bácskába II. József korában [Die Abwanderung der Reformierten aus Jászkunság in die Batschka in der Zeit Josefs II.]. Budapest 1943; LAJOS SZABÓ: Kunhegyesi „földtelen emberek Feketitsre" költözése 1785-ben [Die Umsiedlung landloser Menschen aus Kunhegyes nach Feketits im Jahre 1785]. In: GYÖNGYI KAPOSVÁRI, GÁBOR BAGI (Hrsg.): Jubileumi tudományos ülés a jászkunságiak bácskai kitelepülésének 200. évfordulóján [Wissenschaftli-

gehörte somit zu den Ausnahmen. Die Übersiedlung der Kunhegyeser setzte zwar noch eine Reihe von kleineren Siedlungsaktionen aus dem Distrikt der Kumanen in Gang, als aber auch Bauern im benachbarten Komitat Heves ihren Wunsch zum Ausdruck brachten, an der Parzellierung beteiligt zu werden, wurde den Übersiedlungen ein Ende bereitet, weil die Komitate eine Verminderung der Grundlage ihrer Kontribitionszahlung befürchteten.[38]

Die Kameraladministrationen waren der Ansicht, die Ansiedlung inländischer Kolonisten sei nicht nur um zwei Drittel billiger, sondern auch insofern vorteilhafter als die der ausländischen Kolonisten, weil die Inländer schon nach drei Jahren kontributionsfähig seien. Zudem seien sie an das Klima eher gewöhnt und würden deshalb seltener von Krankheiten dahingerafft. Schließlich blieben auch Grundstücke für die landlosen Ortsansässigen wie die Söhne der einheimischen Bauern sowie der alten deutschen Kolonisten übrig. Die Binnenkolonisation wurde von den Kameraladministrationen als einmalige Chance des sozialen Aufstiegs[39] für die landlose einheimische Agrarbevölkerung betrachtet und deshalb gefördert. So war die verhinderte Ansiedlung von 31 deutschen Familien aus dem fürstenbergischen Trochtelfingen im Komitat Neutra/Nyitra kein Einzelfall. Am 29. Mai 1786 wurde der Präsident der Statthalterei, Graf Kristóf Niczky, von der Böhmisch-Österreichischen Hofkanzlei angewiesen, im Interesse der deutschen Einwandererfamilien einzugreifen, da

„der Neutraer Cammeral Administrator gegen die so oft schon bekannt gemachte zielsetzliche allerhöchste Gesinnung die in Kolos bestandenen

---

che Jubiläumstagung zum 200. Jahrestag der Umsiedlung von Menschen aus der Jászkunság in die Batschka]. Szolnok 1989 (= Szolnok megyei Múzeumok Közleményei, 44/45), S. 37-65.

[38] GÁBOR BAGI: Egy bácskai kirajzás történeti háttere [Der historische Hintergrund einer Ansicht der Batschka]. In: KAPOSVÁRI, BAGI (Hrsg.): Jubileumi tudományos ülés a jászkunságiak bácskai kitelepülésének 200. évfordulóján, S. 132.

[39] Die Binnenkolonisten erhielten ebenfalls mehrere Begünstigungen, so wurden ihnen unentgeltlich Hausgrund, Acker und Wiesen zugeteilt, das notwendige Baumaterial zum Hausbau gesichert und eine dreijährige Steuerfreiheit gewährt. Vgl. ÖStA FHKA, Hofresolutionsbücher, Hungarische Resolutionsbücher Bd. 16, 27. Oktober 1785, fol. 349.

Agros desertos nicht zur Unterbringung dieser fremden Ankömmlingen verwendet, sondern solche unter die Ortseinsassen vertheilet habe [...].“[40]

Angesichts der beträchtlichen Ausgaben für die deutsche Ansiedlung und der äußerst großzügigen Ansiedlungsbedingungen[41] für die Kolonisten aus dem römisch-deutschen Reich einerseits und der zahlreich vorhandenen landhungrigen Kleinhäusler und Tagelöhner im Land andererseits formierte sich die öffentliche Meinung gegen die deutsche Ansiedlung. So berichtete die Pressburger Zeitung am 6. August 1785 darüber, dass vom Komitat Árva

„beynahe 1500 Personen in die benachbarten Gespannschaften, besonders aber nach Oberungarn truppenweis mit Sensen und Sicheln ausgegangen [sind], um sich daselbst mit ihrer Handarbeit Brod und Geld zu verdienen. [...] Unser Komitat könnte wegen der allzu großen Volksmenge, wenigstens 2000 Familien entbehren. Diese könnten dem Staat weit mehr Nutzen schaffen, wenn sie in wüste und fruchtbare Gegenden anderer Komitate verpflanzt würden.“[42]

Selbst Graf Anton Jankovics, der zwischen 1783 und 1785 zur Untersuchung der Missstände im Banat ausgeschickt wurde[43], unterbreitete Joseph II. in seinem Bevölkerungsplan eine großangelegte Binnenansiedlung ungarischer und slowakischer „Nationalisten“ aus dem Norden des Landes auf den öden

---

[40] Ebenda, Bd. 17, 29. Mai 1786, fol. 364. Nicht selten kam es vor, dass die Kameralbeamten die Ansiedlung deutscher Einwanderer – gewollt oder ungewollt – erschwerten, indem sie die leeren Ansässigkeiten vor der Ankunft der deutschen Kolonisten mit einheimischen Bauern belegten, die Fertigstellung der Kolonistenhäuser verzögerten, die zur Wirtschaft zugesicherte Gerätschaften wie Wagen und Pflug in einer sehr schlechten Qualität anfertigen ließen oder den Kolonisten, denen die im Lande üblichen Viehpreise nicht bekannt waren, das zugesicherte Vieh nicht vorschriftsmäßig in natura übergaben, sondern in Bargeld ausbezahlten, damit jedoch den Ankauf von Vieh unmöglich machten, weil die einheimischen Verkäufer die Preise für die Deutschen höher veranschlagt hatten. Ebenda, 11. Juli 1786, fol. 512; Juli 1786, fol. 513/1.

[41] ÖStA HHStA Handbilleten Bd. 15, fol. 156ff.

[42] Pressburger Zeitung vom 6. August 1785.

[43] Vgl. dazu Verbesserungsanstalten für das Königreich Hungarn, welche S. Kais. Königl. Majestät in einem an die X. Königl. Hungarische Kommissäre eigenhändig erlassen Befehlschreiben den 30. März 1785 ertheilet hat. O.O. 1785, S. 14. Den Originaltext, der anders aufgebaut und ausführlicher ist, siehe ÖStA HHStA Handbilleten Bd. 36, Nr. 276, fol. 265-316.

Gründen im Banat. Doch nach Ansicht des Monarchen sollte die Umsiedlung nur für den Fall vorgesehen sein, wenn Reichskolonisten zur Bevölkerung der öden Ansässigkeiten nicht in ausreichender Zahl vorhanden wären.[44]

Joseph II. ließ zwar zunächst beide Formen der Bevölkerungsvermehrung nebeneinander anlaufen und ordnete am 10. Oktober 1785 unter dem Druck der Kameraladministrationen sogar an, „daß man vorzüglich die Ansiedlung mit den im Lande bereits befindlichen Innwohnern, da ihre Unterbringung weniger kostet, und sie bereits das Climata gewohnt sind, zu befördern trachten solle"[45]. Doch schon am 10. und 18. April 1786 erging an die Statthalterei sein Befehl,[46] die Ansiedlung inländischer „Insassen" und Handwerker anzuhalten und dagegen die Ansiedlung der bereits „mit empfindlichen Ararialkosten"[47] ins Land geholten deutschen Einwanderer zu bevorzugen.[48] Auch Pläne wie etwa die von der Temesvarer Kameraladministration vorgeschlagene Reservierung von 300 Hausstellen für die verheirateten Söhne der schon seit Jahrzehnten im Lande lebenden deutschen Ansiedler, die als Binnenkolonisten galten, wurden abgelehnt.[49] Auch in der Bevölkerungs- und der eng mit dieser verbundenen Agrarpolitik zeigten sich die Ambivalenzen der josephinischen Reformen.

4. Fazit

Schon während seiner Galizienreise im April 1787 warf Joseph II. erneut die Frage einer rentablen Verwendung der Staatsgüter auf. Den Anlass dazu gab mit Sicherheit auch die Anfang 1787 zum Abschluss gebrachte Ansiedlung

---

[44] ÖStA FHKA, Hofresolutionsbücher, Hungarische Resolutionsbücher Bd. 17, fol. 210.

[45] Vgl. ebenda, Bd. 16, 10. Oktober 1785, fol. 334. Unter Inländern verstanden die allerhöchsten Anordnungen auch die vor Jahren eingewanderten deutschen Tagelöhner, die bei der Binnenkolonisation von den ungarischen Behörden jedoch häufig nicht berücksichtigt wurden, weshalb die Deutschen die Zentralverwaltung mit Bittschriften überhäuften. Vgl. ebenda, Bd. 16, 31. Oktober 1785, fol. 350-351.

[46] Ebenda, Bd. 17, 3827, fol. 277; 4209, fol. 301.

[47] Ebenda, 8. Mai 1786, fol. 338.

[48] Ebenda, 10. April 1786, fol. 277; 18. April 1786, fol. 301.

[49] Ebenda, 13. Juli 1786, fol. 513/24/½.

deutscher Kolonisten in Galizien und Ungarn, welche die Staatskasse in Galizien mit etwa anderthalb Millionen Gulden[50] und in Ungarn mit ca. 3.800.000 Gulden[51] belastete. Die Ausgaben sollten minimiert, die Einnahmen dagegen maximiert werden. Dies schien für Joseph II. nur in Form der Veräußerung der Staatsgüter gewährleistet zu sein.[52] Mit der Verordnung über den Verkauf und die Verpachtung der staatlichen Güter auch in den Ländern der ungarischen Krone am 23. Dezember 1789 wurde das Experiment mit den Kleinbetrieben aufgegeben.[53] Oberste Priorität sollte die Abschaffung der al-

---

[50] Nach dem Stand der Kolonisation anhand der Berichte aus sämtlichen Kameralherrschaften Ende Oktober 1785, als die Einwanderung zum Abschluss kam, betrugen die Gesamtkosten 1.187.705 Gulden. Bis zu diesem Zeitpunkt waren allerdings noch 1.023 Familien nur provisorisch untergebracht. Rechnet man mit Durchschnittskosten von etwa 380 Gulden pro Einwanderer in Galizien, so wuchsen die Kosten bis zum Ende der Ansiedlung um mindestens eine weitere halbe Million Gulden an. Vgl. ÖStA FHKA, Galizische Domänen 1772-1800, rote Nr. 73, fol. 906r-907v. Dagegen rechnet Lepucki mit etwa drei Millionen Gulden bis zur Ansiedlung der letzten Kolonisten 1788/89. Vgl. LEPUCKI: Die Kolonisationstätigkeit Maria Theresias und Josephs II. in Galizien in den Jahren 1772-1790, S. 90.

[51] Vgl. dazu KARL VON CZOERNIG: Ethnographie der Oesterreichischen Monarchie. Bd. 3. Wien 1857, S. 71.

[52] Joseph II. war der Meinung: „der geistliche fundus bekäm [auf diese Weise] Geld, und trockene Gefälle, die Kameraladministration würde sehr vermindert, und vereinfacht, da höchstens 2 Beamte auf einer großen Herrschaft alles bestreiten könnten". ÖStA HHStA, Kabinettsarchiv, Nachlass Zinzendorf, Bd. 148b, fol. 89r.

[53] In der Bekanntmachung hieß es: „Um die unter eigener Verwaltung nicht wohl übersehbare Menge der Staatsgüter wieder in solche Hände zu bringen, von deren bekannter durch bewährte praktische Kenntnisse geleiteter, und durch die reitzende Aussicht eines sicheren Gewinns noch mehr beseelter Thätigkeit der Staat für die Landeskultur jenes blühende Wachstum zuversichtlich erwarten kann, wozu der größtentheils gesegnete, und fruchtbare Boden des Landes so vorzüglich geeignet ist, haben Se. Majestät gnädigst beschlossen, nicht nur sämmtliche hungarische Staatsgüter, und Realitäten öffentlich feilbiethen, und einen Theil davon käuflich im Ganzen, oder abgetheilt, in sogenannte Porzionen und Edelsitze die übrigen aber pachtungsweise, entweder in Erbnutznießung oder Pacht von 6. bis 30. Jahren durch den Weg der Versteigerung hindannzugeben, sondern auch die, den vorbenannten unter sich so verschiedenen Veräußerungsarten eigene Bedingnisse in der Anlage genau bestimmen zu lassen, und in jedem Lande eine besondere Veräußerungskommission zu bestellen." Zit. nach Regium privilegiale diploma neo-erectae praetorianae nobilium turmae Hungaricae. Bd. 1. Posonii o. J., Nr. 27: Bekanntmachung der von Seiner Majestät allergnädigst beschlossenen Verbässerung sämmtlicher Staatsgüter im Königreich Ungarn.

ten Fronverfassung durch die Einführung einer im Verhältnis zum Grunder-trag berechneten Grundsteuer erlangen, die gleichermaßen die Staats- und Privatgüter betraf und somit einen allgemeinen und verbindlichen Charak-ter hatte. Dagegen blieb die ausschließlich auf den Staatsgütern erfolgende freiwillige Robotablösung mit Landparzellierung auf die Staatsgüter isoliert beschränkt, und hätte bei einer allgemein verbindlichen Einführung in eine Sackgasse geführt. War nämlich die Anordnung der Fronablösung durch eine gesetzliche Bemessung der Ablösungsrente, wie im Steuer- und Urbarialpa-tent von 1789 beabsichtigt, systemkonform, so hätte eine verbindliche und allgemeine Anordnung der Fronablösung bei gleichzeitiger Parzellierung der nicht nur staatlichen, sondern auch privaten Dominien einen gewaltigen Eingriff in das Privateigentum und in die bestehende Rechtsordnung bedeu-tet, den kein noch so reformfreudiger Herrscher der Zeit wagte.

In Ungarn sollte die 1783 beschlossene „Raabisierung" hauptsächlich mit deutschen Kolonisten aus der Überlegung heraus erfolgen, dass mit Ein-wanderern, die nicht an die in Ungarn vorhandenen Strukturen gebunden waren, das angestrebte Ziel einer Modernisierung der Agrarverfassung und der Intensivierung der landwirtschaftlichen Produktion schneller und auf di-rekte Weise erreichbar gewesen wäre. Die Sicht auf die deutsche Ansiedlung unter Joseph II. sollte deshalb endgültig von der falschen Vorstellung befreit werden, diese habe ausschließlich habsburgischen, sprich gesamtstaatlichen Interessen gedient. Die deutschen Kolonisten sollten mit den ihnen zuge-sprochenen moderneren Wirtschaftsmethoden den entscheidenden Anstoß zu den ungarischen Reformen geben. Allerdings konnte das Ziel nur in ein-geschränktem Maße erreicht werden, weil die „Raabisierung" bei einer sehr beschränkten Landzuteilung ohne die allgemeine Robotablösung der ein-heimischen Bauern blieb. Die Präferierung der deutschen zuungunsten der einheimischen Bauern als Neusiedler trug außerdem zur Diskreditierung der josephinischen Reformpolitik und zu einer falschen Gesamtbewertung der deutschen Ansiedlung im josephinischen Jahrzehnt bei.[54] Dennoch weckte

---

[54] ECKHART: A bécsi udvar jobbágypolitikája, S. 110. Schon zeitgenössische Autoren wie der evangelische Pastor und Agrarfachmann Samuel Tessedik [Teschedik], der Josephs Agrarreformen begrüßte und in die Praxis umsetzte, lehnte die deut-sche Ansiedlung als Konkurrenz zur Binnenansiedlung und Verbesserung der all-gemeinen Lage der einheimischen Bauern ab. Vgl. SAMUEL TESCHEDIK: Der Land-

gerade die deutsche Ansiedlung das Interesse der einheimischen Bauern und der ungarischen Kameralverwaltung an den Kleinbetrieben als Innovationsfaktor in der Landwirtschaft.

Die Ansiedlung von etwa 10.000 deutschen Familien mit ungefähr 45.000 Personen[55] konnte nicht ohne Auswirkung auf eine intensivere Inbesitznahme des Landes bleiben. Im Banat wurden etwa 3.000 Familien angesiedelt, 14 neue Dörfer gebaut und weitere 13 erweitert; in der Batschka wurden mindestens 3.300 Familien angesiedelt, sechs neue Dörfer gebaut und weitere elf erweitert.[56] Auch die Erweiterung der Urbarial- und Rodungsfelder zwischen 1780 und 1786 zeigt die allgemeine Tendenz, an der die deutschen Kolonisten maßgebend beteiligt waren. Während 1780 in den ungarischen Komitaten[57] etwa 4.074.756 Joch Ackerfelder bebaut wurden, stieg ihre Zahl auf 4.492.868 Joch, zu denen weitere 171.602 Joch Ackerfelder und 56.722 Tagewerk Wiesen durch Rodung hinzukamen.[58] Neben der Erweiterung der landwirtschaftlichen Produktion bestand die Bedeutung der Ansiedlung von Kolonisten in der Vermehrung von jenen Kontraktual- oder Ansiedlungsorten vor allem auf den südungarischen Kameralherrschaften, wo die Bauern keinen Frondienst leisten, nur Pachtzins bezahlen oder einmal jährlich ihre Produkte abgeben mussten wie in den schon bestehenden, auf Sonderkulturen wie Tabak, Wein und Seide spezialisierten Orten. Die Bauern solcher Orte durften die ganze Gemarkung der Ortschaft unter Bebauung nehmen, und in der Regel blieben ihre Kontraktbedingungen bis 1848 wesentlich günstiger als die der Urbarialdörfer.[59]

---

mann in Ungarn, was er ist und was er sein könnte; nebst einem Plane von einem regulirten Dorfe. Pest 1784.

[55] OSKAR FELDTÄNZER: Joseph II. und die donauschwäbische Ansiedlung. Dokumentation der Kolonisation im Batscher Land 1784-1787. Linz an der Donau 1990 (= Donauschwäbisches Archiv, 44), S. 39.

[56] Vgl. dazu die Angaben in Ebenda, S. 107; und bei CZOERNIG : Ethnographie der Oesterreichischen Monarchie, S. 60.

[57] Angabe ohne das Banat, die Hajduckenstädte und den Distrikt der Kumanen und Jazygen.

[58] Vgl. die Daten bei GYULA BENDA: Statisztikai adatok a magyar mezőgazdaság történetéhez 1767-1867 [Statistische Angaben zur Geschichte der ungarischen Landwirtschaft 1767-1867]. Budapest 1973, S. 153, 157.

[59] Vgl. dazu allgemein VARGA: A jobbágyi földbirtoklás földbirtoklás típusai és problémái, S. 88-99.

© Gerhard Seewann, Karl-Peter Krauss, Norbert Spannenberger (Hrsg.):
Die Ansiedlung der Deutschen in Ungarn. München 2010, S. 81-100.

György Kurucz

Agrarwirtschaft und Kolonisation in Ungarn im 18. Jahrhundert

Ein Überblick aufgrund des ungarischen Forschungsstandes

Nach dem Frieden von Passarowitz 1718, dem eigentlichen Schlussakkord der Befreiungskriege gegen die Türken, konnte mit Unterstützung der Habsburger-Regierung, der Komitatsverwaltung, des privilegierten Adels und der Bauernschaft der Neuaufbau der verwüsteten Gebiete des Königreichs Ungarn begonnen werden. In den östlichen und südlichen Komitaten Transdanubiens, den zwischen der Donau und der Theiß liegenden Gebieten und im Banat, also in den Teilen südlich des Flusses Marosch, die der Militär- und Kameralverwaltung unterstanden, musste Vieles neu aufgebaut werden. Hieraus folgte, dass verglichen mit der Leistungsfähigkeit und dem Ertragspotential der natürlichen Ressourcen, der zunftgebundenen Handwerks- und Bergbautätigkeit sowie der dörflichen Hausindustrie unter den heimischen Wirtschaftszweigen die Landwirtschaft dominierte.

Die komplexe Erforschung der Regenierungsprozesse des Landes, u. a. des demographischen Wandels, der Beitrag der zur Verfügung stehenden Arbeitskräfte zur Gesamtproduktion oder die Proportionen in Bezug auf die Größe der bewirtschafteten Ackerfelder und den Wandel in der Exportstruktur der Epoche, erfordern eine Bestandsaufnahme der Charakteristika der ungarischen Agrarproduktion im 18. Jahrhundert.[1] Hinsichtlich der Aus-

---

[1] Seit den letzten Jahrzehnten des 19. Jahrhunderts entstand eine reiche Literatur zur ungarischen Agrargeschichte dieser Epoche. Aus diesem Grund werden hier nur einige der einschlägigen Werke hervorgehoben. Dem Neuaufbau und der zeitgenössischen Produktion gewidmet ist das als Klassiker geltende Werk IMRE WELLMANN: A magyar mezőgazdaság a XVIII. században [Die ungarische Landwirtschaft im 18. Jahrhundert]. Budapest 1979. Mit der zeitgenössischen Agrarge-

György Kurucz

gangssituation weist die wichtigste zeitgenössische statistische Quelle, die Datenerhebung der Konskription von 1720, ehebliche Disparitäten auf.

sellschaft und der Entwicklung der Rechtslage der Bauernschaft befasst sich JÁNOS VARGA: Jobbágyrendszer a magyarországi feudalizmus kései szakaszában, 1556-1767 [Das bäuerliche Untertanensystem in der Spätphase des Feudalismus in Ungarn]. Budapest 1969. Zur Wirtschaftspolitik der Zentralverwaltung aufgrund von Quellen, die mittlerweile zum Teil vernichtet wurden, vgl. FERENC ECKHART: A bécsi udvar gazdaságpolitikája Magyarországon Mária Terézia korában [Die Wirtschaftspolitik des Wiener Hofes in Ungarn zur Zeit Maria Theresias]. Budapest 1922 und FERENC ECKHART: A bécsi udvar gazdaságpolitikája Magyarországon 1780-1815 [Die Wirtschaftspolitik des Wiener Hofes in Ungarn 1780-1815]. Budapest 1958. Allgemein zur zweiten Hälfte des 18. Jahrhunderts vgl. ÉVA H. BALÁZS: Hungary and the Habsburgs 1765-1800. An Experiment in Enlightened Absolutism. Budapest 1997. Zu der mit Deutschen besiedelten Region des Banats vgl. LEONHARD BÖHM: Geschichte des Temeser Banats. Leipzig 1861; JENŐ SZENTKLÁRAY: Száz év Dél-Magyarország újabb történetéből [Hundert Jahre aus der neueren Geschichte Südungarns]. Temesvár 1879; FRIEDRICH LOTZ: Die frühtheresianische Kolonisation des Banats (1748-1773). In: Südostforschungen 23 (1964), S. 132-178; SONJA JORDAN: Die kaiserliche Wirtschaftspolitik im Banat im 18. Jahrhundert. München 1967; ELEONORA CALINCOF: Streiflichter zum Siedlungsbild des Banats im 18. Jahrhundert. In: Das achtzehnte Jahrhundert und Österreich 10 (1995), S. 125-140; JOSEF WOLF: Ethnische Konflikte im Zuge der Besiedlung des Banats im 18. Jahrhundert. Zum Verhältnis von Einwanderung, staatlicher Raumorganisation und ethnostrukturellem Wandel. In: MATHIAS BEER, DITTMAR DAHLMANN (Hrsg): Migration nach Ost- und Südosteuropa vom 18. bis zum Beginn des 19. Jahrhunderts. Tübingen 1999, S. 337-366; Zu Transdanubien siehe JÁNOS SCHMIDT: Német telepesek bevándorlása Hessenből Tolna-Baranya-Somogyba a XVIII. század első felében [Die Einwanderung deutscher Ansiedler aus Hessen in die Komitate Tolna, Baranya und Somogy in der ersten Hälfte des 18. Jahrhunderts]. Győr 1939; FERDINÁND HENGL: Német telepesek Baranya megyében (1688-1752) [Deutsche Ansiedler in der Baranya 1688-1752]. Pécs 1983; LÁSZLÓ SZITA: Somogy megyei nemzetiségek településtörténete a XVIII-XIX. században [Die Siedlungsgeschichte der Nationalitäten im Komitat Somogy im 18. und 19. Jahrhundert]. Kaposvár 1993; KARL-PETER KRAUSS: Deutsche Auswanderer in Ungarn. Ansiedlung in der Herrschaft Bóly im 18. Jahrhundert. Stuttgart 2003. Über Herkunftsregionen der deutschen Siedler vgl. WERNER HACKER: Auswanderer aus dem früheren Hochstift Speyer nach Südosteuropa und Übersee im 18. Jahrhundert. Kaiserslautern 1969; WERNER HACKER: Auswanderer vom Oberen Neckar nach Südosteuropa im 18. Jahrhundert. München 1970; WERNER HACKER: Auswanderungen aus dem Südöstlichen Schwarzwald zwischen Hochrhein, Baar und Kinzig insbesondere nach Südosteuropa im 17. und 18. Jahrhundert. München 1975; WERNER HACKER: Auswanderungen aus Oberschwaben im 17. und 18. Jahrhundert. Stuttgart, Aalen 1977; WERNER HACKER: Auswanderungen aus Baden und

82

Tabelle 1: Größe und Verteilung der bewirtschafteten Bodenfläche Ungarns 1720[2]

Gebiete	Fläche (in km²)	Anzahl der Haushalte	Ackerland (in ha)	Weideland (in ha)	Weinbau (in ha)
Von Türken nicht besetzte Gebiete	83.915	99.769	175.875	44.279	19.508
Gebiet der Militärgrenze	45.385	32.642	63.027	20.449	4.798
Zurückeroberte Gebiete	61.440	33.452	98.777	20.839	6.800
Insgesamt	190.740	165.863	337.679	85.567	31.106

Aus diesen Daten lässt sich ablesen, dass im Vergleich zur Flächengröße und der Anzahl der Haushalte, das heißt für das Mobilisierungspotential der Produktivkraft, gerade in jenen Gebieten deutlich bessere demographische Proportionen registriert wurden, die nicht unter die türkische Herrschaft gefallen waren. Dies lässt sich an der Größe der Ackerfelder in den verschiedenen Regionen und der für Weinbau genutzten Flächen ermessen. Im Vergleich zu obigen Daten zeigen lediglich die Proportionen der als Weideland verwendeten Gebiete Abweichungen auf, wobei der Grund hierfür darin zu suchen ist, dass die Tierhaltung – insbesondere die extensive Rinderhaltung, für die wesentlich weniger Arbeitskraft benötigt wurde, – für die von den Türken zurückeroberten Tiefebenen Mittel- und Südungarns charakteristisch war.

Ein Teil der verwüsteten Gebiete wurde ab den 1720er Jahren überwiegend nicht mit ungarischsprachiger Bevölkerung besiedelt, sondern der Initi-

---

dem Breisgau. Stuttgart, Aalen 1980; WERNER HACKER: Kurpfälzische Auswanderer vom Unteren Neckar. Stuttgart 1983; WERNER HACKER: Auswanderungen aus Rheinpfalz und Saarland im 18. Jahrhundert. Stuttgart 1987. Aus wirtschaftsgeschichtlicher Sicht die unentbehrliche Quellenausgabe von LAJOS BARÓTI: Adattár Dél-Magyarország XVIII. századi történetéhez [Materialien zur Geschichte Südungarns im 18. Jahrhundert]. Bd. 1-2. Temesvár 1900-1904; ANTON TAFFERNER: Quellenbuch zur Donauschwäbischen Geschichte. Bd. 1-5. München, Stuttgart 1974-1995. Zur letzten intensiven Ansiedlungsepoche vgl. OSKAR FELDTÄNZER: Josef II. und die donauschwäbische Ansiedlung. München 1990.

[2] IMRE WELLMANN: Mezőgazdaság. In: GYŐZŐ EMBER, GUSZTÁV HECKENAST (Hrsg.): Magyarország története (1686-1790). Bd. 1-2. Budapest 1989, Bd. 1, S. 507.

ative der Grundherren und der zentralen Verwaltung sowie einer bewussten Siedlungspolitik folgend mit einer aus deutschsprachigen Gebieten stammenden Bevölkerung und mit rumänischen sowie serbischen Siedlern. Die Bewegungsrichtung der rumänischen Siedler führte – im Verlauf eines spontanen Ansiedlungsprozesses – über die Karpaten in die mittleren Komitate Siebenbürgens bzw. in die mit Siebenbürgen benachbarten Komitate der Tiefebene, und ebenfalls in das nach dem Friedenschluss von Passarowitz unter zentraler Kammer- und Militärverwaltung stehende Banat. Der Großteil der rumänischen Bevölkerung wandte sich als Hirte der Tierzucht zu.[3] Die zeitgenössische Diplomatie, vor allem die Berichte des englischen Botschafters über die Zustände in Ungarn, vermitteln ein kritisches Bild ihrer Lebensart, durch die sowohl der Besitz und der Tierbestand der zuvor angesiedelten Bewohner bedroht als auch die öffentliche Ordnung gefährdet wurde.[4] Es sei hier bemerkt, dass in der Tiefebene und im Banat die wachsende Zahl der Viehdiebstähle im Laufe des 18. Jahrhunderts zu einem ständigen Problem wurde, was vor allem den Hirten und den Verwaltungsinstanzen ernsthafte finanzielle Lasten aufbürdete; ferner mussten beträchtliche Anstrengungen unternommen werden, um die Aufrechterhaltung der öffentlichen Ordnung und den Schutz des Eigentums zu gewährleisten.[5]

Die Entscheidung der Habsburg-Regierung von 1690 über die Ansiedlung der Serben hatte vor allem politische und strategische und nicht wirtschaftliche Gründe. Die Serben, die kontinuierlich aus den unter türkischer Herrschaft stehenden Gebieten abwanderten, siedelten sich in Slawonien, in Syrmien, den zwischen der Donau und der Theiß liegenden Gebieten und im Banat an. Im Gebiet der Militärgrenze hatten sie einen besonderen Status. Im südlichen Teil Transdanubiens haben sich weitere kleine serbische Siedlungsgebiete gebildet, und zwar im Komitat Baranya und im nördlichen Teil des Komitats Somogy; ferner auf der Csepel-Insel, in Szentendre und Um-

---

[3] GYŐZŐ EMBER: Magyarország lakossága a XVIII. században [Die Einwohner Ungarns im 18. Jahrhundert]. In: Somogy Megye Múltjából 19 (1988), S. 128.

[4] Bericht von S. Robert Murray Keith vom 1. Oktober 1788. in Public Record Office, London, FO 7/16 fol. 202.

[5] ISTVÁN BALOGH: Országos rendelet a köz- és vagyonbiztonság helyreállítására (1794) [Die Landesverordnung über die Wiederherstellung der öffentlichen Sicherheit und des Eigentumsschutzes von 1794]. In: Agrártörténeti Szemle 31 (1989) 1-4, S. 199-227.

gebung, in Pest und Ofen. Sogar in Eger entstand eine nennenswerte Kolonie von serbischen Kaufleuten. Im Zeitalter des Neuaufbaus wurde jedoch sowohl seitens der Regierung als auch seitens der Grundherren in erster Linie die immer intensivere Ansiedlung der deutschen Kolonisten unterstützt, denn deren Arbeitskultur war weiter entwickelt und sie galten als verlässliche Arbeitskräfte.[6] Ein Teil der Serben war infolge ihrer mit der Weidewirtschaft verbundenen Wanderungen ständig unterwegs, was ihre Konskription und die Eintreibung der von ihnen zu leistenden Steuern erschwerte.[7] Die mit den Serben verbundenen negativen Erfahrungen in Süd-Transdanubien brachten die Gräfin Eleonora Batthyány-Strattmann dazu, ihre Domäne in Bóly ab den 1730er Jahren vorrangig mit deutschen Bauern zu besiedeln.[8] Der nach 1761 gegründete Staatsrat wandte seine Aufmerksamkeit sodann der effektiveren wirtschaftlichen Nutzung der südlichen Grenzgebiete zu, und dies hatte einen deutlichen Einfluss auf Lebensweise und Wirtschaft der dort lebenden serbischen Bevölkerung. Hofrat Borié betonte in seinem Vorschlag vom Jahre 1764, dass die Militärkommandanten der landwirtschaftlichen Tätigkeit größere Beachtung schenken und dem österreichischen Beispiel folgend auch in den Grenzgebieten Kartoffeln anpflanzen sollten.[9]

Selbstverständlich begann auch eine Migration aus den nördlichen Gebieten Ungarns, die nicht oder nur teilweise von den türkischen Kriegen betroffen und daher dichter besiedelt waren., Dadurch entstanden im Komitat Veszprém in Transdanubien, im Komitat Pest, in den nordöstlichen Teilen der Tiefebene, in den Komitaten Szabolcs und Szatmár sowie vor allem in der südlichen Tiefebene Dörfer, deren Bevölkerung slowakischer Herkunft war.[10] Eine zahlenmäßig kleinere Gruppe bildeten die Ruthenen, die sich in

[6] Zu ihrer Ansiedlung in Südtransdanubien siehe LÁSZLÓ SZITA: Szerbek visszavándorlása Baranya megyébe a szatmári béke utáni években [Die Rückwanderung der Serben in das Komitat Baranya in den Jahren nach dem Frieden von Sathmar]. In: Baranyai Helytörténetírás (1978), S. 87-149.

[7] ZOLTÁN ÁCS: Nemzetiségek a történelmi Magyarországon [Nationalitäten im historischen Ungarn]. Budapest 1984, S. 159.

[8] KRAUSS: Deutsche Auswanderer in Ungarn, S. 83.

[9] GYŐZŐ EMBER: A magyar katonai határőrvidék és az osztrák államtanács 1761-1768 [Die ungarische Militärgrenze und der österreichische Staatsrat 1761-1768]. In: Hadtörténelmi Közlemények 102 (1989) 4, S. 475-493, hier S. 480 und 486-487.

[10] EMIL KISMARJAI-KONRÁD: Harruckern János György és telepítései [Johann Georg Harruckern und seine Kolonisten]. Gyula 1935; JÁNOS MANGA: Magyarországi

den Jahren nach dem Rákóczi-Freiheitskampf in den Komitaten Szatmár und Szabolcs ansiedelten; so waren z. B. in der Ortschaft Rakamazon neben den süddeutschen Siedlern 15 Prozent der Steuerzahler Ruthenen.[11]

Im Laufe der organisierten Ansiedlungsaktionen kamen auch französisch sprechende Auswanderer aus dem westlichen Elsass und dem Sundgau sowie Italiener und Spanier.[12] Doch der Großteil, der sich in den spärlich bewohnten Regionen niederließ, waren vor allem deutschsprachigen Siedlern. Es gab nur wenige Ausnahmen, bei denen aufgrund von Maßnahmen der Regierung eine Bevölkerungsgruppe aus den österreichischen Erbländern in Ungarn oder Siebenbürgen angesiedelt wurde. In den von evangelischen Sachsen bewohnten Gebieten Siebenbürgens wurden aus Oberösterreich, Kärnten und der Steiermark stammende Protestanten angesiedelt. Ins Banat wurden auch Kriminelle und Prostituierte aus Wien und Umgebung deportiert sowie Bauern aus der Grafschaft Hauenstein, die mehrfach gegen die habsburgische Regierung Vorderösterreichs revoltiert hatten.[13]

Die planmäßige Ansiedlung von Bevölkerungsgruppen aus dem Römischen Reich Deutscher Nation, die über angemessene praktische landwirtschaftliche Erfahrungen verfügten, begann vor allem in den ersten Jahrzehnten des 18. Jahrhunderts auf Initiative geistlicher und weltlicher

---

szlovákok [Die ungarländischen Slowaken]. In: Népi kultúra – népi társadalom (1973), S. 211-249, hier S. 215-223, IMRE WELLMANN: Die erste Epoche der Neubesiedlung Ungarns nach der Türkenzeit (1711-1761). In: Acta Academiae Scientiarum Hungaricae 26 (1980), S. 241-304, hier S. 247-249; LÁSZLÓ NOVÁK: Tradicionális kapcsolatok a Felföld és az Alföld középső területei között [Traditionelle Beziehungen zwischen den mittleren Gebieten Oberungarns und des Tieflands]. In: ZSIGMOND CSOMA, IMRE GRÁFIK (Hrsg.): Kapcsolatok és konfliktusok Közép-Európa vidéki életében. Tanulmányok Gaál Károly professzor 75. születésnapjára [Beziehungen und Konflikte im ländlichen Leben Mitteleuropas. Studien zum 75. Geburtstag von Károly Gaál]. Szombathely 1997, S. 160-161.

[11]   ATTILA PALÁDI-KOVÁCS: Ukrán szórványok a 18.-19. században a mai Magyarország északkeleti részén [Ukrainische Diasporasiedlungen im 18.-19. Jahrhundert im heutigen Nordostungarn]. In: Népi kultúra – népi társadalom (1973), S. 327-367, hier S. 334-335.

[12]   JENŐ SZENTKLÁRAY: Mercy kormányzata a Temesi Bánságban [Die Regierung des Grafen Mercy im Temescher Banat]. Budapest 1909; NIKOLAUS HESS: Heimatbuch der drei Schwestergemeinden Sveti-Hubert, Charlevil und Soltur im Banat (1770-1927). Veliki Betschkerek 1927.

[13]   EMBER: Magyarország lakossága a XVIII. században, S. 127-129.

Grundherren.[14] Als Beispiel seien die Siedler des Grafen Sándor Károlyi erwähnt, der ab 1712 mit Hilfe von Vergünstigungen katholische schwäbische und fränkische Landsleute für seine Grundherrschaft im Komitat Szatmár anwerben ließ.[15] Kristóf Festetics, Oberrat der Statthalterei, ließ ebenfalls deutschsprachige Siedler, vor allem Tischler und Maurer, aus Mähren und Österreich anwerben. Aus seiner privaten Korrespondenz geht hervor, dass die in Keszthely und Umgebung angesiedelten Neuankömmlinge die Wohn- und Küchenkultur der Bewohner des Komitats Zala ausgesprochen positiv beeinflussten.[16] Ähnliches können wir im Komitat Komorn beobachten, wo Graf József Eszterházy in den 1730er und 1740er Jahren auf seinen neu erworbenen Grundherrschaften in Tata und Gesztes den sich dort ansiedelnden Einwanderern aus dem Süden Deutschlands eine Abgabenfreiheit von vier bis sechs Jahren gewährte. Ein Drittel der Einwanderer beschäftigte sich mit der Herstellung und Reparatur landwirtschaftlicher Geräte, 20 Prozent waren Maurer, Zimmerleute oder Tischler. Auch war charakteristisch, dass ein Großteil der Handwerker zugleich Ackerbau betrieb, weshalb die landwirtschaftliche Tätigkeit maßgebend war.[17] Dennoch wird deutlich, dass die Verteilung der Kolonisten entsprechend ihrer religiösen Zugehörigkeit zu dieser Zeit noch ein wichtiger Aspekt war. Pál Horváth, der Geistliche der Stadt Bicske, beispielsweise klagte 1760 beim Erzbischof von Gran darüber, dass die Reformierten auch dort über eine Kirche oder einen Gebetssaal verfügten, wo die Katholiken keine hatten. Er meinte, die Calvinisten könnten durch die Ansiedlung katholischer Siedler geschwächt werden. Vorliegende Daten zeigen, dass nach 1768 die Zahl der Katholiken mit deutschem Namen

---

[14]   Das Gesetz des Landtags von 1722/23 über die Wiederbesiedlung des Landes in TAFFERNER: Quellenbuch zur Donauschwäbischen Geschichte, Bd. 4, Stuttgart 1982, S. 154-157.

[15]   ELEMÉR MÁLYUSZ: A türelmi rendelet. II. József és a magyar protestantizmus [Das Toleranzpatent. Josef II. und der ungarische Protestantismus]. Budapest 1939, S. 22-23.

[16]   Magyar Országos Levéltár (MOL) Festetics Levéltár P 245 24. d.

[17]   NÁNDOR BOHONY: Német falvak Komárom megyében (1737-1828) [Deutsche Dörfer im Komitat Komorn 1737-1828]. In: SÁNDOR KÁVÁSSY (Hrsg): Agrárnépesség, agrártársadalom Magyarországon a Mária Terézia-kori úrbérrendezés és 1945 között [Agrarbevölkerung, Agrargesellschaft in Ungarn zwischen der Urbarialregulierung Maria Theresias und 1945]. Nyíregyháza 1987, S. 95-111, hier S. 99-100.

György Kurucz

dort tatsächlich stark anstieg.[18] Der Wunsch nach größerem Einkommen und die wohl bedachten wirtschaftlichen Interessen brachten auch die protestantischen Mitglieder des Hochadels – z. B. die reformierten Grafen Ráday – dazu, deutsche Siedler auf ihren Grundherrschaften anzusiedeln.[19]

Ab den 1740er Jahren übernahm die Regierung – im Einklang mit den Interessen der ungarischen Grundherren – immer mehr die Koordinierung der Ansiedlung. Um diese attraktiver zu machen, initiierte die Regierung von Zeit zu Zeit die Einführung bestimmter Fördermaßnahmen.[20] Das folgende Beispiel verweist geradewegs auf diese Bestrebungen: Als am 21. Juni 1766 die Staatskanzlei die Königin darüber informierte, dass ein Angebot aus Homburg über die Ansiedlung einer größeren Gruppe von Deutschen in Ungarn eingetroffen sei, äußerte der Staatsrat Borié seine Überzeugung, dass keine Kosten gescheut werden sollten, um diese Siedler nach Ungarn, insbesondere ins Banat zu bringen. Seine Worte widerspiegelten die gängige staatspolitische Auffassung der Zeit, dass nämlich das Macht- und Wirtschaftspotential des Staates von der Zahl der aktiven, Steuer zahlenden Bewohner abhängig sei.[21] Es sei hier ebenfalls vermerkt, dass in den letzten Jahren der Herrschaft Maria Theresias, als ein Teil der Kammergüter im Banat an einzelne Grundherren verkauft wurde, noch immer enorme Gebiete brach lagen und keiner Bewirtschaftung unterlagen.[22] Die Steigerung der

[18] LÁSZLÓ BALÁZS, ALAJOS DEGRÉ: Bicske. In: Fejér Megyei Történeti Évkönyv 14 (1980), S. 207-208.
[19] Siehe den Vertrag des Grafen Pál Ráday vom 9. Juni 1724 mit den in Harta im Komitat Pest angesiedelten Deutschen in TAFFERNER: Quellenbuch zur Donauschwäbischen Geschichte, Bd. 1, München 1974; S. 112.
[20] EMBER: Magyarország lakossága a XVIII. században, S. 129-130; vgl. die Denkschrift des Grafen Sándor Károlyi über die politischen und wirtschaftlichen Regierungsmaßnahmen mit Rücksicht auf die Impopulation in TAFFERNER: Quellenbuch zur Donauschwäbischen Geschichte, Bd 2, Stuttgart 1977, S. 229-231.
[21] EMBER: A magyar katonai határőrvidék, S. 483.
[22] Als Ausgangspunkt für spätere historische Forschungen diente die zusammmfassende Beschreibung der Region von FRANCESCO GRISELINI: Versuch einer politischen und natürlichen Geschichte des Temeswarer Banats in Briefen an Standespersonen und Gelehrte. Wien 1780; JOHANN JAKOB EHRLER: Das Banat vom Ursprung bis jetzt 1774. Budapest, Egyetemi Könyvtár, Kézirattár G 189/4; ferner CALINCOF: Streiflichter zum Siedlungsbild des Banats, S. 128-137; GÉZA KOVÁCH: A Bánság településhálózatáról és mezőgazdaságáról az 1780-as úrbérrendezés és az 1828-as általános összeírás alapján [Über das Siedlungsnetz und die Landwirtschaft des Ba-

Bevölkerungszahl in der Region mit Hilfe von Maßnahmen der Zentralverwaltung wurde während der Regierungszeit von Joseph II. abgeschlossen,
als nämlich bereits eine Vielzahl protestantischer deutscher Familien sich in
Ungarn niederlassen durfte.[23]

Die offiziellen statistischen Daten der Epoche dürfen zwar nur mit Vorsicht übernommen werden, dennoch ist es vielsagend, dass im Vergleich zu
den 1720 in Ungarn registrierten 8.438 Ortschaften ihre Anzahl 1787, also
während der Herrschaft von Josef II., bereits auf 9.654 angestiegen war. Die
Bevölkerungszahl, die zu Beginn des Jahrhunderts 4,3 Millionen erreicht hatte, stieg bis 1787 auf 9,9 Millionen an.[24]

Tabelle 2: Größe und Verteilung der bewirtschafteten Bodenfläche Ungarns 1787[25]

Gebiete	Fläche (in km²)	Ackerland (in ha)	Weideland (in ha)	Weinbau (in ha)
Von den Türken nicht besetzte Gebiete	83.915	760.693	173.286	22.919
Gebiet der Militärgrenze	45.385	358.699	114.177	19.848
Zurückeroberte Gebiete	61.440	639.244	190.989	23.929
Insgesamt	190.740	1.758.636	478.452	66.696

nats von der Urbarialregulierung von 1790 bis zur allgemeinen Volkszählung von 1828]. In: Korunk 2 (1994), S. 94-100, hier S. 95-98.

[23] JOHANN EIMANN: Der deutsche Kolonist oder die deutsche Ansiedlung unter Kaiser Joseph dem Zweyten in den Jahren 1783 bis 1787, absonderlich im Königreich Ungarn in dem Bácser Comitat. Hrsg. von FRIEDRICH LOTZ. München 1965;
Originalausgabe Pesth 1822; MIKLÓS HUTTERER: A magyarországi német népcso-
port [Die ungarländische deutsche Volksgruppe]. In: Népi kultúra – népi társadalom (1973), 93-117, hier 97-98; FELDTÄNZER: Josef II., S. 36-39; GYÖRGY KURUCZ: Religion und ethnische Vielfalt: Das evangelische Seniorat im Banat 1836 [Im Druck].

[24] EMBER: Magyarország lakossága a XVIII. században, S. 115; IMRE WELLMANN: Magyarország népességének fejlődése a 18. században [Ungarns Bevölkerungsentwicklung im 18. Jahrhundert]. In: Magyarország története (1686-1790). Bd. 1, Budapest 1989, S. 41 und 73.

[25] IMRE WELLMANN: Mezőgazdaság a felvilágosult abszolutizmus korában [Land-
wirtschaft in der Zeit des aufgeklärten Absolutismus]. In: Magyarország története
(1686-1790). Bd. 2, Budapest 1989, S. 950-952.

Im Einklang mit dem demographischen Wandel, aufgezeigt in Tabelle 1, ist bis Ende des 18. Jahrhunderts eine eindeutige Zunahme der bewirtschafteten Bodenfläche zu registrieren. Die Daten in Tabelle 2 zeigen, dass im Königreich Ungarn vor 1683, also in den nicht von Türken besetzten Gebieten, verglichen mit den Ausgangsdaten die Größe der Ackerfläche bis zum Ende des Jahrhunderts um das 4,3fache angewachsen war. In den zurückeroberten Gebieten dagegen haben die Ackerflächen um das 6,5fache zugenommen. Das Weideland betreffend lassen sich noch größere Unterschiede ablesen, was darauf zurückzuführen ist, dass die Gebiete zwischen Donau und Theiß bzw. die Tiefebene in dieser Zeit als eine Region galt, die vor allem für Großtierhaltung geeignet war. Während im ersten Fall bei dem als Weideland genutzten Flächen die Wachstumsrate lediglich das 3,9fache betrug, stieg in den unter türkischer Herrschaft gelegenen Gebieten die Ausdehnung des Weidelandes um das 9,1fache an. Die wachsende Bevölkerungszahl führte mit der Zeit zur weiteren Ausdehnung der für die Pflanzenproduktion verwendeten Ackerflächen, aber auch das Urbarium von Maria Theresia, das die Felder der Frondienst leistenden Bauernschaft und jene der Steuerfreiheit genießenden Adeligen voneinander trennte und zur wachsenden Bedeutung der einzelnen Getreidesorten bzw. zur stärkeren Differenzierung der Agrargesellschaft beitrug.[26]

Am auffälligsten ist die eindeutige Zunahme der Bodenfläche, auf der Weinbau betrieben wurde, wobei in den früher von den Türken besetzten Gebieten solche Flächen um das 4.1- bzw. 3.5fache zunahmen. Die Gründe hierfür sind sowohl in der Konjunktur dieses Produktionszweiges zu suchen, als auch im geltenden feudalen Rechtssystem. Danach hatten die verschiedenen sozialen Schichten der Bauernschaft (Fronbauern und Häusler), entsprechend dem Urbarium Maria Theresias, für den Weinanbau weder Robot noch Zensus zu leisten, sondern lediglich den zehnten Teil, an an manchen Orten des fünften Teiles der Ernte an den Grundherren zu entrichten.[27]

---

[26] ÁGNES KOVÁCS: Az úrbéres viszonyok alakulása a csongrád-vásárhelyi uradalom mezővárosaiban (1722-1848) [Die Entwicklung der Urbarialverhältnisse in den Landstädten der Herrschaft Csongrád-Vásárhely]. In: Agrártörténeti Szemle 21 (1979) 3-4, S. 414-431, hier S. 424.

[27] ISTVÁN SZABÓ: A jobbágybirtok problémái 1848-49-ben [Die Probleme der Bauerngüter 1848/49]. In: ISTVÁN SZABÓ: Tanulmányok a magyar parasztság törté-

Beachtenswert ist ferner, dass weinbaukundige Deutsche weitere Vergünstigungen erhielten. Nach Abklingen der Pestseuche, die zwischen 1738 und 1740 wütete, machte beispielsweise Baron Ferenc Harruckern den Siedlern, die als Winzer bewandert waren, ein Angebot, wonach sie nicht nur drei, sondern vier Jahre lang keine Dienstleistungen zu erbringen hatten.[28]

Das Anwachsen der landwirtschaftlich genutzten Bodenflächen korreliert ebenfalls mit den zeitgenössischen Tendenzen des Exportwarenhandels in Ungarn. Abgesehen von den Kriegen, die Karl III. und Joseph II. gegen die Türken führten, und unter denen in erster Linie die im Banat liegenden Gebiete zu leiden hatten, behinderten keine weiteren Kriegszüge den Neuaufbau des Landes. Die Kriege der Habsburger wirkten sich eher positiv auf die Vermarktbarkeit der ungarischen Agrarprodukte aus, und dies traf vor allem auf Produkte wie Rinder, Wein, Getreide und Schafwolle zu.[29]

Es kann nicht bestritten werden, dass die Dominanz der Landwirtschaft und die Förderung von Rohstoffen sowie die Reduktion der verarbeitenden Industrie langfristig das Land wirtschaftlich von den Erbländern des Habs-

---

téből [Studien zur Geschichte der ungarischen Bauern]. Budapest 1948, S. 368-370; GYÖRGY SZABAD: A tatai és gesztesi Esterházy uradalom áttérése a robotrendszerről a tőkés gazdálkodásra [Der Übergang vom Robotsystem zur Kapitalwirtschaft in der Esterházy Herrschaft von Tata und Gesztes]. Budapest 1957, S. 32-33.

[28]   ZOLTÁN ÁCS: Magyar- és Német-Gyula gazdálkodásához a XVIII. században [Die Bewirtschaftung von Ungarisch- und Deutsch-Gyula im 18. Jahrhundert]. In: Agrártörténeti Szemle 24 (1982) 1-2, S. 87-111, hier S. 88.

[29]   MIKLÓS SZILÁGYI: Egy alföldi mezőváros külső kapcsolatai a 18. század második felében [Die Außenbeziehungen einer Landstadt in der zweiten Hälfte des 18. Jahrhunderts]. In: Népi kultúra, népi társadalom (1993), S. 201-220, hier S. 207-210. Als eine wichtige Ergänzung sei hier vermerkt, dass zur Zeit der österreichischen Erbfolgekriege Wien mit London jahrelang über einen ausschließlich mit dem Königreich Ungarn zu schließendem Handelsvertrag verhandelte. Die ungarischen Weine hätten bei ihrer Ausfuhr über Hamburg auf den britischen Inseln unter vorteilhaften Bedingungen vermarktet werden können. Der Wiener Hof befürchtete jedoch, dass die Produkte der böhmischen und österreichischen Textilindustrie im Wettbewerb mit den hochwertigen englischen Textilwaren auf dem ungarischen Markt unterliegen könnten. Dies war der Grund, warum der Handelsvertrag letztendlich scheiterte. FRANZ ANTON PRIBRAM: Austria-Hungary and Great Britain 1908-1914. London/New York/Toronto 1951, S. 14-21. Über den britischen Standpunkt zum Handel mit Ungarn vgl. GYÖRGY KURUCZ: Hungary and British-Austrian Trade Relations in the Mid-18th Century. In: Südost-Forschungen 59/60 (2000/2001), S. 218-228.

György Kurucz

burgerreiches abhängig machte. Dennoch konnten bis in die 1770er Jahren bedeutende Gewinne im Exporthandel verbucht werden. Die Zahlen sprechen für sich selbst: der Wert der exportierten Waren aus Ungarn betrug 1733 4,1 Millionen Forint, 1752 5,6 Millionen Forint, 1767 8,5 Millionen Forint und 1770 bereits 9,8 Millionen Forint, während der Wert der Importe niemals höher war.[30]

Tabelle 3: Verteilung der ungarischen Exportwaren 1770[31]

Exportwaren	Anteil in %
Rinder	26,0
Wein	7,7
Getreide	15,3
Schafwolle	11,5
Sonstige Rohprodukte	39,5

Die Daten in Tabelle 3 zeigen, dass 1770 Agrarprodukte mehr als 60 Prozent des Warenexports ausmachten, wobei den größten Anteil noch immer der Export von Rindern verbuchen konnte. Somit lässt sich feststellen, dass bis 1775 die Erbländer den auf den Einöden der Tiefebene durch extensive Tierhaltung gezüchteten Rinder, die ein Durchschnittsgewicht von 631 kg hatten, einen sicheren Absatz gewährleisteten.[32]

Der als günstig geltende Durchschnittspreis von 35 Forint verhalf den Tierhaltern der Marktflecken auf der Tiefebene zu bedeutenden Einnahmen, wobei der Handelsverlauf jedoch enorme Risiken in sich barg und nur auf

---

[30] GYŐZŐ EMBER: Magyarország külkereskedelmi áruforgalma a XVIII. század második harmadában [Der Warenverkehr im Außenhandel Ungarns im zweiten Drittel des 18. Jahrhunderts]. In: Századok 109 (1975) 4, S. 796-903.

[31] ISTVÁN N. KISS: Az agrár monokultúrák és Magyarország aktív külkereskedelmi mérlege, 16-18. század [Die Agrarmonokulturen und die aktive Außenhandelsbilanz Ungarns, 16.-18. Jahrhundert]. In: A Magyar Mezőgazdasági Múzeum Közleményei (1981/83), S. 220-223.

[32] KISS: Az agrár monokultúrák és Magyarország aktív külkereskedelmi mérlege, S. 216.

Vertrauen basierte. Die Zahlung erfolgte nämlich über die Vermittlung der Agenten der Kaufleute nachdem diese die Tiere außerhalb des Landes vermarkten konnten. Eine der bedeutendsten Handelsgesellschaften gehörte den Brüdern Habermayer in Győr, die Societas Habermayeriana, die ganz Wien mit Rindfleisch belieferte. Es soll hier ebenfalls vermerkt werden, dass 15 Prozent ihrer Agenten in Ungarn lebende Deutsche waren.[33]

Trotz der steigenden Exporte ungarischer Agrarprodukte lag das Niveau der Ackerpflanzenproduktion in vielerlei Hinsicht weit hinter dem Stand der Agrartechnik in den westeuropäischen Gebieten zurück. Dieser Rückstand zeigte sich insbesondere bei den Ertragswerten der Ernteproduktion. Die höchsten relativen Ernteerträge, das heißt die nach jedem einzelnen Saatgut geerntete Getreidemenge, wurden im 18. Jahrhundert in England registriert. Zwischen 1700 und 1749 betrug die Proportion der Ernteerträge in England 1:7, in Frankreich 1:5,9, in Ungarn lediglich 1:3,5. In der zweiten Hälfte des Jahrhunderts stiegen die Ertragswerte in England noch weiter an und erreichten ein Verhältnis von 1:9,7, in Frankreich 1:7,0, während es in Ungarn weiter stagnierte.[34] In der ersten Hälfte des Jahrhunderts, vor allem als noch reichlich fruchtbarer Boden zu Verfügung stand, wurde in den Gebieten des südlichen Transdanubien und der Tiefebene, wo die Bevölkerungsdichte kleiner war, eine Zweifelderwirtschaft betrieben, wobei die Ackerfelder und Weideflächen von Zeit zu Zeit neu aufgeteilt wurden. Ab der zweiten Hälfte des Jahrhunderts wurde auf immer größeren Gebieten die Dreifelderwirtschaft eingeführt, wobei vor allem Herbst- und Frühjahresgetreide, darunter auch Roggen angepflanzt wurde. Die durch die einseitige Erzeugnisstruktur geschwächte Produktionskraft des einst fruchtbaren Bodens konnte sich, weil die Weidetiere nach der Ernte auf den Stoppelacker getrieben wurden, kaum regenerieren. Mit Ausnahme der Eigenwirtschaft des Großgrundbesitzes wurde der Erhaltung der Produktionskraft des Bodens wenig Beachtung geschenkt, denn um den Boden düngen zu können, hätte eine intensi-

---

[33] ISTVÁN N. KISS: A paraszti kereskedők szerepe a Magyar Királyság külkereskedelmében (XVI-XVIII. század) [Die Rolle der bäuerlichen Händler im Außenhandel des ungarischen Königreiches, 16.-18. Jahrhundert]. In: Agrártörténeti Szemle 29 (1987) 3-4, S. 261.

[34] CHARLES WILSON, G. PARKER (Hrsg.): An Introduction to the Sources of European Economic History, 1500-1800. New York 1977, S. 121.

ve Stalltierhaltung betrieben werden müssen. Aber diese Art der Tierhaltung war vor allem unter den deutschen Siedlern verbreitet, da z. B. die Siedler in den Komitaten Tolna und Komorn lediglich kleine gemeinschaftlich genutzte Wald- und Weideflächen erhielten.[35] Auch die Dörfer im Banat, die zu einem späteren Zeitpunkt gegründet wurden, verfügten nicht immer über eigene Weideflächen.[36] Im Komitat Pest dagegen bekamen die auf der Gutsherrschaft des Bischofs von Vác angesiedelten Deutschen auf Grund seines Urbariums von 1763 das Recht zur Nutzung einer Weidefläche, die für die Haltung von 15 Rindern geeignet war.[37]

Zwei Dekrete trugen indirekt dazu bei, dass die Brachfelder nutzbar gemacht und wieder in die Bewirtschaftung einbezogen wurden: Das Urbarium von 1767 zur Regelung des Verhältnisses zwischen Grundherren und Bauern und das Dekret der Königin von 1771, das besagte, dass für Produkte, die auf Brachfeldern geerntet wurden, weder Neuntelabgaben an die Grundherren noch ein Kirchenzehent zu leisten waren.[38] Bei der Dreifelderwirtschaft verbreitete sich dadurch die Bewirtschaftung der Brachfelder und führte zwangsläufig zur regelmäßigen Düngung.[39] Die Nutzung der Brachfelder fand auch auf den Feldern der Meiereien verbreitet Anwendung und es wurden Mais, Kartoffeln und ab 1775 auf einzelnen Grundherrschaften im westlichen Transdanubien sogar Futtergetreide, Klee und Luzerne ange-

---

[35] Siehe zum Beispiel den Urbarialkontrakt der fürstlich Esterházyschen Herrschaft Ozora in TAFFERNER: Quellenbuch zur Donauschwäbischen Geschichte, Bd 2, Stuttgart 1977, S. 233-234; BOHONY: Német falvak, S. 102-103.

[36] ATTILA PALÁDI-KOVÁCS: Az anyagi kultúra alakulása néhány dél-alföldi (bánsági) magyar faluban. In: Népi kultúra – népi társadalom (1973), S. 291-326, hier S. 309-310.

[37] TAFFERNER: Quellenbuch zur Donauschwäbischen Geschichte, Bd. 4, Stuttgart 1982, S. 220-222; ELŐD VASS, LAJOS MOLNÁR, VILMOS SÁPI: Vác a késői feudalizmus idején és a reformkorban [Die Stadt Waitzen in der Epoche des Spätfeudalismus und der Reformzeit] In: VILMOS SÁPI (Hrsg.): Vác története [Geschichte der Stadt Waitzen] I. Szentendre 1983, S. 137-138.

[38] IMRE WELLMANN: Földművelési rendszerek Magyarországon a XVIII. században [Bodenbearbeitungssysteme in Ungarn im 18. Jahrhundert]. In: TAMÁS CSÍKI, TIBOR RÉMIÁS (Hrsg.): Válogatás Wellmann Imre agrár- és társadalomtörténeti tanulmányaiból [Auswahl aus den agrar- und sozialgeschichtlichen Studien von Imre Wellmann]. Miskolc 1999, S. 188-211, hier S. 209.

[39] WELLMANN: A mezőgazdaság a felvilágosult abszolutizmus korában, S. 940-941.

pflanzt.[40] In diesem Zusammenhang ist beachtenswert, dass in der am Ende des 18. Jahrhunderts veröffentlichten Landesbeschreibung des Professors der Pester Universität, András Vályi, nicht nur Angaben über die Bodenqualität der einzelnen Ortschaften enthalten sind, wie dies im Urbarium Maria Theresias vorgeschrieben war, sondern auch vermerkt wurde, ob in den Dörfern eine Dreifelderwirtschaft betrieben wurde oder die Felder gedüngt wurden.[41]

Zu dieser Zeit wurde beinahe überall mit der Sichel geerntet und für das Dreschen von Getreide wurde entweder der Dreschflegel verwendet oder Tiere, die die Körner aus der Pflanze stampften. Auf größeren Domänen erfolgte das Dreschen in überdachten Dreschhäusern mit gestampftem Boden und die große Menge an Getreide wurde bereits zu dieser Zeit in Getreidespeichern gelagert.[42] Selbstverständlich konnten es sich die meisten Dorfgemeinschaften bzw. die weniger wohlhabenden Bauern nicht leisten, in der Nähe der abgeernteten Felder Dreschscheunen zu errichten. Die abgeschnittenen Getreidepflanzen wurden sofort unter freiem Himmel gestampft und gedroschen, was zu Körnerverlust führte.[43] Hier ist zu erwähnen, dass im Komitat Tolna die „Deutschen, die sich für die Erntearbeit von Getreide" anheuern ließen, einen Dreschflegel verwendeten. Das gedroschene Getreide wurde in Gruben gelagert, deren Wände festgestampft und mit Strohbündeln ausgebrannt wurden, wobei das auf diese Weise gelagerte Getreide oft verschimmelte und nach Erde roch.[44] Verfügbare Daten bezeugen, dass

---

[40] Graf György Festetics ließ auf seinen Grundherrschaften im Komitat Sopron bereits in den 1780er Jahren Luzerne, Esparsette und Klee anbauen. MOL Festetics Lt P 246 5. cs. 8. fol.3v.

[41] ANDRÁS VÁLYI: Magyarországnak leírása [Beschreibung von Ungarn]. Bd. 1-3. Buda 1796-1799. Vgl. auch die Beschreibung von Tiszapalkonya in Bd. 3, S. 10.

[42] Als Beispiel dienen die im Inventarium der Grundherschaften des reichsten Gemeinadeligen im Komitat Zala, Boldizsár Inkey, angeführten Wirtschaftsgebäude. Zala Megyei Levéltár, Inkey Boldizsár árvái javainak inventáriuma, 1792. fol. 1v., 52-52v.

[43] BERTALAN ANDRÁSFALVY: A sárköziek gazdálkodása a XVIII. és a XIX. században [Die Wirtschaftsmethoden der Bauern von Sárközi im 18. und 19. Jahrhundert]. Pécs 1965, S. 10-11; LAJOS TAKÁCS: Tanulmányok a gabonatermesztés és az erdőgazdálkodás köréből a XVII-XIX. században [Studien zur Getreideproduktion und zur Forstwirtschaft vom 17.-19. Jahrhundert]. Budapest 1991, S. 33 und 67.

[44] KLÁRA T. MÉREY: A mezőgazdaság helyzete a Dunántúlon 1810-1812-ben egy katonai jelentés alapján [Die Lage der Landwirtschaft in Transdanubien 1810-1812

im Banat und in den Dörfern der deutschen Kolonisten bereits in den 1770er Jahren Kornspeicher verwendet wurden, die auf Schleifkufen standen und aus Gertengeflecht und gestampftem Lehm tropfenförmig gebogen waren.[45] Die Lagerung von Getreide war ein allgemeines Problem, für das zu dieser Zeit keine angemessene Lösung gefunden wurde. Die Grundherren, die über größere Domänen verfügten, begannen im letzten Drittel des Jahrhunderts feste Getreidespeicher und Wirtschaftsgebäude aus Stein oder Ziegeln zu errichteten, wodurch die Haltbarkeit und die Qualität des gespeicherten Getreides wesentlich verbessert werden konnte.[46] Aufgrund der Beobachtungen von Johann von Foith hatten die Ansiedler, die sogenannten „Reichs-Colonisten", die ihre Felder mit großem Fleiß bewirtschafteten, zumindest in den Dörfern Transdanubiens einen eindeutig positiven Einfluss auf die Ackerbestellung, insbesondere was die Tiefe und Qualität der Pflugarbeit betraf.[47]

Allerdings verfügten die deutschen Ansiedler in der ersten Hälfte des Jahrhunderts über keine spezifischen Arbeitsgeräte. Der am meisten belastende Frondienst, somit der für den Grundherren zu entrichtende Hand- und Gespanndienst, also die Robot, führte zur Abnutzung der von den Bauern verwendeten Arbeitsgeräte. Daher war es nicht in ihrem Interesse, die Geräte vor Ableistung des Frondienstes zu reparieren. Erst mit der Einführung des Urbariums von Maria Theresia erfolgte in dieser Frage ein langsamer Wandel, als der wachsende Bargeldbedarf der Grundherren in immer mehr Ortschaften mit dem Wunsch der Bauern nach Geldablösung der Robot zusammentraf.[48] Das teuerste Arbeitsgerät, das für den Pflanzenanbau verwendet wurde, war der Pflug und der Ersatz seiner Eisen- und Holzteile konnte zur ernsthaften finanziellen Belastung werden. Sowohl die Pflugschar als auch andere Arbeitsgeräte wurden bereits aus Eisen hergestellt. Darauf weisen die

---

aufgrund eines Militärberichts]. In: Agrártörténeti Szemle 42 (2000) 1-2, S. 173-184, hier S. 175.

[45] PALÁDI-KOVÁCS: Az anyagi kultúra alakulása néhány dél-alföldi (bánsági) magyar faluban, S. 308.

[46] Zala Megyei Levéltár, Inkey Boldizsár árvái javainak inventáriuma, 1792. fol. 52.

[47] MÉREY: A mezőgazdaság helyzete a Dunántúlon 1810-1812-ben egy katonai jelentés alapján, S. 175.

[48] Als Beispiel sei hier die im Besitz der Grafenfamilie Károlyi befindliche Ortschaft Kisar in Szatmár genannt: 1785 betrug die Ablösesumme der Robot 46 Gulden, 1787 bereits 57 Gulden, 42 Kreuzer. MOL Károlyi Lt. P 397 60.k.

uns überlieferten Dorfsiegel hin, auf denen die häufigste ikonographische Darstellung die Pflugschar ist.[49]

Wie aus Tabelle 2 ersichtlich, fiel im letzten Drittel des 18. Jahrhunderts das Volumen des Weinexports hinter das des Wollexports zurück, was der heimisch gewordenen Zucht von Merinoschafen zu verdanken war, die die Regierung initiiert hatte. Im Vergleich mit dem Weinexport, der durch die Einführung von zentralen Zollverordnungen eingeschränkt wurde, galt der Export von Wolle als eine weit verlässlichere Einnahmequelle, vor allem nachdem der frühere Absatzmarkt infolge der Aufteilung Polens verschwunden war.[50] Bestimmte Regionen verdankten allerdings gerade der Verbreitung der Weinbau- und Weinkultur ihr Aufblühen bzw. ihre Entwicklung, auch wenn dieser für viele Bauern nur einen Nebenerwerb war. Es ist der wachsenden Rolle des Weinbaus zu verdanken, dass in kleineren Ortschaften und sogar in ganzen Regionen ein Profilwandel erfolgte, wie dies in der überwiegend von Deutschen besiedelten Region um Villány geschah.[51] Die Weinbau- und Weinkultur erforderte von den Tagelöhnern, unabhängig von ihrer ethnischen Zugehörigkeit, ausgedehnte praktische Kenntnisse und im renommiertesten ungarischen Weingebiet, in Hegyalja, erhielten die Hauer höhere Löhne als die saisonalen Arbeiter, die aus anderen Komitaten kamen.[52] Es ist ebenfalls beachtenswert, dass der Weinbau nicht ausschließlich in den traditionellen und renommierten Weinbaugebieten betrieben wurde, sondern auch in solchen Regionen, die sich mehr für den Ackerbau eigneten. Deshalb gab es z. B. in der zweiten Hälfte des 18. Jahrhunderts in der Umgebung von Szeged zahlreiche Weingärten, deren Ernteerträge zwar in ihrer Qualität weit hinter jenen aus Transdanubien und Hegyalja stammenden exportierbaren Weinen zurückblieben, aber den lokalen Weinbedarf deckten

[49] GYŐZŐ BEZERÉDY: Somogy megye mezővárosi és községi pecsétjei 1768-1856. (Hatodik rész: Kadarkút-Magyarlukafa) [Die Landstädte- und Gemeindesiegel im Komitat Somogy 1768-1856]. In: Somogy megye múltjából 28 (1997), S. 111-144, hier S. 131-144.
[50] WELLMANN: A mezőgazdaság a felvilágosult abszolutizmus korában, S. 975.
[51] KRAUSS: Deutsche Auswanderer in Ungarn, S. 297.
[52] IVÁN BALASSA: A tokaj-hegyaljai szőlőművelés munkaszervezetének néhány vonása a XVI-XX. században [Einige Grundzüge in der Arbeitsorganisation der Winzer von Tokaj-Hegyalja im 16.-20. Jahrhundert]. In: Agrártörténeti Szemle 30 (1988) 3-4, S. 271-305, hier S. 280-281.

György Kurucz

und für die Besitzer der Weingärten eine wichtige Einnahmequelle bedeuteten.[53]

Die Verordnungen des Urbariums von Maria Theresia und Joseph II.
können als die wichtigsten Elemente einer zentralen Agrarpolitik betrachtet
werden, die dem Schutz der steuerzahlenden Bauernschaft dienten – einer
Bevölkerungsschicht, der aus der Sicht des Staates wegen ihres Steuerpoten-
tials eine wichtige Rolle zukam. Dennoch war die ungarische Agrarwirtschaft
langfristig zur Stagnation verurteilt, da die Voraussetzungen für den freien
Bodenverkauf und für die Anwendung westeuropäischer fortschrittlicher
Agrartechniken fehlten und die gegen den Export gerichteten protektionis-
tischen Bestrebungen der Regierung eine Entwicklung verhinderten. Es darf
aber ebenfalls nicht außer Acht gelassen werden, dass neben der Publikation
von leicht zugänglichen, in einer einfachen Sprache verfassten Aufklärungsliteratur, die praktische Kenntnisse zur Verbesserung der Bewirtschaftungs-
techniken vermittelte,[54] auch konkrete Schritte für die Gewährleistung der
Agrarausbildung auf der Ebene von Hochschulinstitutionen unternommen
wurden. Im Collegium Theresianum, einer von Maria Theresia 1746 gegründeten Hochschulinstitution für junge Adelige, wurden bereits praktische
Kenntnisse über die Agrarwirtschaft vermittelt. Die Ausarbeitung der Grund-
prinzipien der agrarwirtschaftlichen Fachausbildung am Theresianum ist mit
dem Namen des Jesuitenlehrers Lajos Mitterpacher verbunden, der der Sohn
des Wirtschaftsverwalters der Domäne von Béllye war. Mitterpacher wurde
als Autor der ersten umfassenden agrarwirtschaftlichen Fachpublikation in
Ungarn bzw. als Lehrer des von Joseph II. an der Pester Universität gegrün-

---

[53] ISTVÁN RÁKOS: Határhasználat és tulajdonviszonyok Szegeden és Hódmezővásár-
helyen a feudalizmus utolsó évszázadában (1750-1848) [Grenznutzung und Eigen-
tumsverhältnisse in Szeged und Hódmezővásárhely im letzten Jahrhundert des
Feudalismus 1750-1848]. In: Agrártörténeti Szemle 30 (1988) 3-4, S. 128-146, hier S.
135-136.
[54] Beispielsweise JÁNOS WIEGAND: Az ausztriai paraszt iffjúságot a jól rendelt mezei
gazdaságra oktató kézi könyvetske. Buda 1774; LUDWIG MITTERPACHER: Abhand-
lung von Leinbau. Wien 1788; LUDWIG MITTERPACHER: Unterricht vom Lein- und
Hanfbau für Landleute. Wien 1788; LUDWIG MITTERPACHER: A len és kender mű-
veléséről való oktatás a mezei emberek hasznára [Die Schulung für die Leinen-
und Tuchproduktion für das Landvolk]. Bécs 1789.

deten kurzlebigen Lehrstuhls für Agrarwirtschaft bekannt.[55] Graf György Festetics war ebenfalls Student am Theresianum. Er gründete 1797 in Keszthely aus eigener Initiative eine Agrarhochschule, an der moderne westeuropäische, vor allem englische Agrartechniken sowohl gelehrt als auch praktisch angewendet wurden.[56] Ein weiterer Student des Theresianums, János Nagyváthy, wurde dadurch bekannt, dass er das erste umfassende ungarischsprachige agrarwirtschaftliche Fachbuch verfasste.[57] Er schrieb bereits in der Einleitung, er wolle mit seinem Werk seinen armen „Landsleuten" helfen.

Die kritischste Darstellung der Lage der Bauernschaft unter Berücksichtigung agrarwirtschaftlicher und sozialer Aspekte wurde von dem Zeitgenossen Sámuel Tessedik, einem evangelischen Pfarrer aus Szarvas, verfasst. Tessedik, der eine Wirtschaftsschule der Unterstufe zur Vermittlung von praktischen Kenntnissen für Jungen und Mädchen gründete, veröffentlichte im 1784 sein Werk unter dem Titel *Der Landmann in Ungarn, was er ist und was er seyn könnte*. Er war es, der den Mut aufbrachte niederzuschreiben, dass die Bauern mit ihrer Arbeit und ihrer Steuerleistung einen bedeutenden Beitrag zum Allgemeinwohl leisteten. Er beschrieb in seinem Buch detailliert, dass eine von Abgabepflichten unbelastete Ackerbautätigkeit sowie die verantwortungsvolle Haltung der Grundherren und ihrer Verwalter die ländliche Bevölkerung dazu bewegen könnte, ihre Felder mit mehr Fleiß und mit größerer Effizienz zu bewirtschaften.

***

Zusammenfassend kann festgestellt werden, dass Ungarn nahezu das gesamte Jahrhundert hindurch über bedeutende Exporteinnahmen verfügte,

---

[55] [LUDWIG MITTERPACHER]: Entwurf der oekonomischen Kentnisse, welche in dem kaiserlichen königlichen Theresianum der adelichen jugend beygebrcht wereden. Wien 1773; LUDOVICUS MITTERPACHER: Elementa rei rusticae in usum academiarum Regni Hungariae conscripta. Bd. 1-3. Budae 1779-1794.

[56] GYÖRGY KURUCZ: Advanced Farming and Professional Training: the First Hungarian College of Farming. In: NADINE VIVIER (Hrsg.):. The State and Rural Societies. Policy and Education in Europe 1750-2000. Turnhout 2008, S. 195-214.

[57] JÁNOS NAGYVÁTI: A szorgalmatos mezei gazda. A Magyar-országban gyakoroltatni szokott gazdaságnak rendjén keresztül [Der fleißige Landmann]. Bd. 1-2. Pest 1791.

die aufgrund einer vorteilhaften Naturgegebenheiten größtenteils durch Ackerbau und Rinderzucht und zu einem kleineren Teil durch Weinbau entstanden sind. Der Wiederaufbau der an die feudalen Rahmenbedingungen angepassten Landwirtschaft verlief erfolgreich, wobei dies in den einzelnen Regionen gerade mit Hilfe der Arbeitsbereitschaft und der Effektivität der dort lebenden Ansiedler erreicht werden konnte. Hierbei ist zu beachten, dass gerade die Kriege der Habsburgermonarchie und die Erbländer als Absatzmärkte eine langfristige Konjunktur auslösten, die zumindest teilweise die Rahmenbedingungen und die angewandten Techniken der zeitgenössischen Bewirtschaftung konservierten. Der Wandel und die Notwendigkeit der Erneuerung setzten sich dennoch durch, und dies betraf sowohl die Besitzverhältnisse als auch die verbreitete Anwendung der neuen Agrartechniken und die rationalisierte Bewirtschaftung. All dies unterstreicht die vom Wiener Hof erfolgreich durchgeführten Maßnahmen, die den Absatz der ungarischen Agrarprodukte auf den ausländischen Märkten ermöglichten.

© Gerhard Seewann, Karl-Peter Krauss, Norbert Spannenberger (Hrsg.):
Die Ansiedlung der Deutschen in Ungarn. München 2010, S. 101-123.

ZOLTÁN KAPOSI

Die wirtschaftlichen Auswirkungen der Ansiedlung in Ungarn

In der vorliegenden Studie geht es um die wirtschaftlichen Auswirkungen der Ansiedlung von Deutschen in Ungarn im 18. Jahrhundert. Angesichts des breiten Themenspektrums können in diesem Rahmen nicht alle Aspekte dieser wirtschaftlichen Prozesse dargelegt werden. Vielmehr werden die wichtigsten ökonomischen Impulse und ihre Folgen für das Königreich aufgezeigt. Der räumliche Schwerpunkt des Beitrags liegt auf Transdanubien mit einem besonderen Fokus auf Südtransdanubien. Die Fallstudien sind im Sinne des pars pro toto ausgewählt und spiegeln bis zu einem gewissen Grad die Entwicklungsprozesse und -tendenzen des gesamten Königreichs wider.

Demographische Faktoren und wirtschaftliche Entwicklung

Eine wichtige Folge der Ansiedlungen war das schnelle Wachstum der Arbeitskraftkapazität, denn in Ungarn vollzog sich im 18. Jahrhundert ein bedeutender Bevölkerungszuwachs. Das entsprach dem gesamteuropäischen Entwicklungsmuster, doch die Bevölkerungszunahme hatte hier noch andere Ursachen als in West- und Mitteleuropa. Zu Beginn dieses Jahrhunderts lebten etwa vier Millionen Menschen in Ungarn.[1] Im 18. Jahrhundert waren hohe Fruchtbarkeits- und Sterblichkeitsraten charakteristisch für die ungarische Bevölkerung. Nach den Ergebnissen der in mehreren Gebieten unabhängig voneinander durchgeführten Untersuchungen könnte die Geburten-

---

[1] IMRE WELLMANN: Magyarország népességének fejlődése a 18. században [Ungarns Bevölkerungsentwicklung im 18. Jahrhundert]. In: GYŐZŐ EMBER, GUSZTÁV HECKENAST (Hrsg.): Magyarország története 1686-1790 [Geschichte Ungarns 1686-1790]. Bd. 1, Budapest 1989, S. 25-81, hier S. 28, 41.

rate die 40-Promille-Grenze etwas überschritten haben, die durchschnittliche Mortalitätsrate lag dagegen bei 35 bis 37 Promille.[2] Angesichts dieser demographischen Konstellation hatten Migrationsprozesse die größte Wirkung sowohl auf das Wachstum der Gesamtpopulation als auch auf die ethnische Zusammensetzung der Bevölkerung im 18. Jahrhundert. Insbesondere in den peripheren Räumen Ungarns entstand ein Mosaik von vielen ethnischen Gruppen und Ethnokonfessionen. So erfolgte eine starke Zuwanderung von Rumänen in Siebenbürgen. Serben, Kroaten und Slowenen zogen in die südlichen und westlichen Gebiete Transdanubiens, Slowaken wanderten nach Süden und schließlich wurden zahlreiche Deutsche aus dem Westen in Ungarn angesiedelt.[3] Im Jahr 1784 war der Anteil der Ungarn innerhalb des Landes auf etwa 40 Prozent gesunken, in einigen Regionen des Landes überwogen andere ethnische Gruppen.[4]

Daneben war die demographische Situation gekennzeichnet von einer – im Vergleich zu Mitteleuropa – hohen Mortalität in Folge von Seuchen. Neben der Pest, die allmählich zurückgedrängt wurde, gab es noch andere ansteckende Krankheiten, wie Typhus, Geschlechtskrankheiten, Lungentuberkulose oder Cholera.[5] Die Epidemien waren meistens lokal begrenzt, oft

---

[2] E. ANTHONY WRIGLEY: Population and History. New York 1969; HILL MCGRAW, FERNAND BRAUDEL: Civilisation matérielle, économie et capitalisme (XVe-XVIIIe siècles). Paris 1979; zu Ungarn JÓZSEF KOVACSICS (Hrsg.): Magyarország történeti demográfiája 896-1995 [Historische Demographie Ungarns 896-1995]. Budapest 1996; zu Süd-Transdanubien ZOLTÁN KOVÁTS: Somogy megye népessége a 17-18. század fordulóján [Die Bevölkerung des Komitats Somogy an der Wende vom 17. zum 18. Jahrhundert]. Kaposvár 1971 (Somogyi Almanach, 4).

[3] Vgl. LÁSZLÓ SZITA: Die Einwanderung der Deutschen nach Ungarn im 18. Jahrhundert, ihre Rolle im Aufbau des Landes. In: GYÖRGY ZIELBAUER (Hrsg.): Beitrag der Ungarndeutschen zum Aufbau der gemeinsamen Heimat. Wissenschaftliche Tagung anlässlich des 50. Jahrestages der Vertreibung. Budapest 1996, S. 33; DERS.: A Dunántúl nemzetiségi struktúrájának átalakulása a XVIII. század végétől a XIX. század közepéig [Die Nationalitätenstruktur Transdanubiens vom Ende des 18. bis zur Mitte des 19. Jahrhunderts]. In: Dunántúl településtörténete [Siedlungsgeschichte Transdanubiens] II/1. 1767-1848. Pécs 1977, S. 221-238.

[4] GUSZTÁV THIRRING: Magyarország népessége II. József korában [Ungarns Bevölkerung zur Zeit Josefs II.]. Budapest 1938; WELLMANN: Magyarország népességének fejlődése, S. 70.

[5] KÁLMÁN BENDA: Népesség és társadalom a 18-19. század fordulóján [Bevölkerung und Gesellschaft an der Wende vom 18. zum 19. Jahrhundert]. In: GYULA

breiteten sie sich nicht einmal auf dem ganzen Gebiet eines Komitats aus. Auf lokaler Ebene jedoch hatten sie eine große zerstörerische Wirkung und konnten das Angebot und die Struktur von Arbeitskräften einer Region erheblich beeinflussen. An der Wende vom 18. zum 19. Jahrhundert wurden auch in Ungarn erste Schritte in Richtung eines planmäßigen Seuchenschutzes unternommen. So erwähnt eine medizinhistorische Arbeit aus dem Jahre 1802 17 Ärzte aus Pest und Buda sowie 26 Ärzte auf dem Lande, die schon Pockenimpfung nach dem englischen Arzt Edward Jenner anwendeten.[6]

Auch die mit den Epidemien eng verbundenen Versorgungskrisen und Hungersnöte verringerten oft die Bevölkerungszahl. Aufeinanderfolgende Missernten führten häufig zu Subsistenzkrisen und konnten kleinere Gebiete ganz entvölkern. Die größten Hungersnöte gab es 1718, 1790 bis 1795 und 1816; betroffen waren vor allem die kargen Berglandschaften. Vielfach führten solche Hungersnöte zu Migrationsbewegungen: Abwanderungen in Regionen, wo die Ernte nicht vernichtet wurde, war eine Überlebensstrategie.[7] Dabei sind die beschriebenen Phänomene keine charakteristisch ungarischen Spezifika, vielmehr handelt es sich um gesamteuropäische Muster dieser Zeit. Insgesamt hatten Kriege im 18. Jahrhundert, abgesehen von dessen erstem Jahrzehnt, eine weniger zerstörende Wirkung, da diese Periode – zumindest für das Königreich Ungarn – ein Jahrhundert des Friedens war.

Im ausgehenden 18. Jahrhundert zeigt sich in der Wirtschaft Ungarns die überragende Bedeutung der Landwirtschaft. Die Volkszählung unter Joseph II. spiegelt die sozioökonomische Situation wider: 93 Prozent der Bevöl-

MÉREI (Hrsg.): Magyarország története 1790-1848 [Geschichte Ungarns 1790-1848]. Budapest 1980, S. 428-429; KATALIN KAPRONCZAY: Orvosi és egészségügyi felvilágosító irodalom a 18. századi Magyarországon [Medizinische Aufklärungsliteratur im Ungarn des 18. Jahrhunderts]. In: Lege Artis Medicinae 10 (2000) 5, S. 458-462; WELLMANN: Magyarország népességének fejlődése, S. 36-39.

6   KÁROLY VÖRÖS: A magyarországi társadalom (1790-1848) [Die Gesellschaft Ungarns (1790-1848)]. In: GYULA MÉREI (Hrsg.): Magyarország története 1790-1848 [Geschichte Ungarns 1790-1848]. Budapest 1980, S. 473-599, hier S. 476; VERA BÁCSKAI: Városok Magyarországon az iparosodás előtt [Städte im vorindustriellen Ungarn]. Budapest 1982, S. 110-122.

7   WILHELM ABEL: Massenarmut und Hungerkrisen im vorindustriellen Europa. Versuch einer Synopsis, Hamburg, Berlin 1974; für Süd-Transdanubien: GYULA BENDA: Somogy megyei adózók termése 1816-ban [Der Steuerertrag des Komitats Somogy im Jahr 1816]. In: Somogy megye múltjából 8 (1977), S. 135-185.

kerung war im Agrarbereich tätig, nur sieben Prozent lebten in der Stadt und verdienten ihren Lebensunterhalt als Handwerker und Händler.[8] Das Urbanisierungsniveau des Landes lag weit unter dem europäischen Durchschnitt.

Tabelle 1: Die größten Städte in den Jahren 1720 und 1787 (Einwohnerzahl)[9]

	1720		1787	
1.	Buda	12.300	Debrecen	29.600
2.	Komárom	8.300	Pozsony	28.500
3.	Debrecen	8.200	Buda	26.500
4.	Pozsony	7.900	Pest	24.200
5.	Győr	7.300	Szeged	21.700
6.	Selmecbánya	6.900	Szabadka	20.700
7.	Sopron	5.400	Selmecbánya	18.900
8.	Körmöcbánya	5.200	Eger	17.000
9.	Szeged	4.900	Zombor	13.000
10.	Szakolca	4.000	Győr	12.900

Dabei handelte es sich vorwiegend um – im europäischen Vergleich – kleinere Städte. Größte Stadt des Landes war im Jahr 1786 Debrecen mit 30.000 Einwohnern, auf dem zweiten Platz stand das als Hauptstadt geltende Pressburg (Pozsony) mit 28.500 Personen. Die durchschnittliche ungarische Stadt verfügte indes über eine Bevölkerung von weniger als 10.000, aber es gab auch Städte mit weniger als 1.000 Einwohnern. 1786/1787 betrug die Gesamtbevölkerung der 16 Städte in der Zips 13.898 Personen, im Durchschnitt entfielen also nicht mehr als 868 Personen auf eine Stadt.[10]

---

[8] THIRRING: Magyarország népessége, S. 19-20.

[9] Quelle: GYŐZŐ EMBER: Magyarország lakossága a 18. században [Ungarns Bevölkerung im 18. Jahrhundert]. In: Somogy megye múltjából 19 (1988), S. 119.

[10] DEZSŐ DANYI, ZOLTÁN DÁVID: Az első magyarországi népszámlálás [Die erste Volkszählung Ungarns]. Budapest 1960; EMBER: Magyarország lakossága a 18. században, S. 118-120.

Die wirtschaftlichen Auswirkungen der Ansiedlung in Ungarn

Das starke Bevölkerungswachstum veränderte das Gefüge von Angebot und Nachfrage bei den Arbeitskräften.[11] Zu Beginn des 18. Jahrhunderts
gab es besonders in den westlichen und nördlichen Gebieten des Landes
(Sopron, Győr, Moson usw.) einen Arbeitskräfteüberschuss, doch im ausgehenden 18. Jahrhundert kam es zu einem gewissen Ausgleich. Dabei spielten
die Räume eine wichtige Rolle, in denen Deutsche angesiedelt wurden. So
ließ Graf Florimund Claudius Mercy als Gouverneur des Banats dort ungefähr 50.000 Deutsche ansiedeln,[12] viele von ihnen auf den Grundherrschaften
ungarischer Magnatenfamilien wie von den Familien Esterházy, Batthyány,
Széchényi oder anderen ungarischen Grundherren.[13] Die regionalen Abweichungen in der Bevölkerungsdichte des Landes waren am Anfang des 18.
Jahrhunderts sehr hoch, bis zum Ende des Jahrhunderts erfolgte aber ein
Ausgleich in der Bevölkerungsverteilung. Um die Wende vom 18. zum 19.
Jahrhundert war eine Bevölkerungsdichte von 20 bis 30 Personen pro Quad-
ratkilometer in den ehemaligen Eroberungsgebieten feststellbar, während sie
in den westlichen Landesteilen 50 bis 80 Personen betrug.[14] Allerdings lag die
Bevölkerungsdichte des Landes noch stark hinter jener der westlichen Staa-
ten zurück, wo sie nicht selten bei über 100 Personen pro km^2 lag.

Gleichwohl waren die Bevölkerungsverluste infolge der türkischen Besetzung bis Ende des 18. Jahrhunderts wieder kompensiert.[15] Charakteristisch war dabei in einigen Regionen die starke Bevölkerungszunahme bis hin
zu einem relativen Bevölkerungsüberschuss; auf der anderen Seite herrsch-
te durch das Vordringen des so genannten Einkindsystems Stagnation. Das
zunehmende Wachstum der Städte konnte einen Teil des Bevölkerungs-

---

[11] ZOLTÁN KAPOSI: Die Entwicklung der Wirtschaft und Gesellschaft in Ungarn. Pas-
      sau 2007, S. 11.
[12] ZOLTÁN ÁCS: Nemzetiségek a történelmi Magyarországon [Nationalitäten im his-
      torischen Ungarn]. Budapest 1996, S. 106.
[13] IRMA STEINSCH: Die Ansiedlung der privaten Grund-Herrschaften der schwäbi-
      schen Türkei in Ungarn im 18. Jahrhundert. Budapest 1942; MARTA FATA: Von der
      Ansiedlung zur Auswanderung. Ein Beitrag zur sozialhistorischen Erforschung
      der Migration der Deutschen in Südosttransdanubien im 18. und 19. Jahrhundert.
      In: DIES. (Hrsg.): Die Schwäbische Türkei. Lebensformen der Ethnien in Südwest-
      ungarn. Sigmaringen 1997, S. 15-42.
[14] WELLMANN: Magyarország népességének fejlődése, S. 72-79.
[15] TIBOR TÓTH: Föld és termelés [Boden und Produktion]. In: Történelmi Szemle 25
      (1982) 1, S. 114-120, hier S. 117.

Zoltán Kaposi

überschusses auf dem Lande auffangen. Der Zuwachs und die weitgehend unveränderte Größe der agrarischen Nutzflächen erzwangen entweder eine Erhöhung der Produktivität oder die Abwanderung eines Teiles der ländlichen Bevölkerung, insbesondere die der landarmen Dorfschichten.[16] Diese Phänomene traten jedoch meist erst im 19. Jahrhundert auf. Im Untersuchungszeitraum kam es zu einer Vermehrung der ländlichen Bevölkerung und einer Erhöhung insbesondere der Gesamtzahl der bäuerlichen Haushalte. Dies führte insbesondere zu einer Zunahme der ländlichen Unterschichten (Kleinhäusler – Inquilini; Inwohner – Subinquilini), da die Bevölkerungsdichte den kritischen Punkt noch nicht erreicht hatte. Die steigende Zahl bäuerlicher Familien[17] verminderte die feudalen Belastungen, konnte aber die Lebensmittelversorgung bei einer gleichbleibenden Produktivität krisenanfällig machen. Gleichwohl blieb die Struktur der ungarischen Gesellschaft weiterhin ländlich geprägt. Im frühen 19. Jahrhundert war das Bevölkerungswachstum das Ergebnis einer natürlichen Bevölkerungszunahme, denn es gab keine derart großen Zuwanderungswellen wie in den Jahrhunderten zuvor.

Zuwanderung und Steueraufkommen

Die schnelle Steigerung des staatlichen und grundherrlichen Steueraufkommens war eine Folge der Ansiedlungen, die sowohl dem Staat, als auch den Grundherrschaften bemerkenswerte Vorteile brachten. Dies galt vor allem

---

[16] Vgl. IMRE WELLMANN: Über Maria Theresias Landwirtschaftspolitik in Ungarn. In: TAMÁS CSÍKI, TIBOR RÉMIÁS (Hrsg.): Válogatás Wellmann Imre agrár-és társadalomtörténeti tanulmányaiból (18. századi agrártörténelem) [Auswahl aus den Schriften Imre Wellmanns zur Agrar- und Gesellschaftsgeschichte (Agrargeschichte des 18. Jahrhunderts)]. Miskolc 1999 (= Officina musei, 9), S. 458-488.

[17] TAMÁS FARAGÓ: Háztartásszerkezet és falusi társadalomfejlődés Magyarországon, 1787-1828 [Haushaltsstruktur und dörfliche Gesellschaftsentwicklung in Ungarn 1787-1828]. In: Történeti Statisztikai Tanulmányok 3 (1977), S. 105-159; ATTILA RÁBAVÖLGYI: Kis- és Nagykanizsa demográfiai változásai (1690-1849) [Die demographischen Veränderungen in Kis- és Nagykanizsa /Klein- und Großkanischa (1690-1849)]. In: ANNA LENDVAI, MIKLÓS RÓZSA (Hrsg.): Nagykanizsa. Városi monográfia II. [Nagykanizsa. Stadtmonographie, Bd. 2]. Nagykanizsa 2006, S. 113-149, hier S. 124.

für eine langfristige Planung, kurzfristig konnte sie hohe Kosten verursachen. Dazu gehörten direkte Ausgaben für die Anwerbung von Kolonisten, Unterstützungsgelder für deren Anreise zu Wasser oder zu Land, die Grundvermessung, Entwässerung der Sümpfe oder Urbarmachung, aber auch indirekte, die durch den Steuerausfall infolge von Steuerfreijahren, die Überwindung der ersten unproduktiven Ansiedlungsphase bis zum Einbringen der ersten Ernte, die Bereitstellung von Saatkorn usw. entstanden. Die Schatzkammer hatte beispielsweise von 1763 bis 1772 wegen der Ansiedlung Ausgaben von jährlich 200.000 fl.[18] Zudem kam es Anfangs zu Überfällen von Räuberbanden auf die Einwanderer, so dass viele von ihnen die Flucht ergriffen.

In der Anfangsphase konnten die Einwanderer oft nur mit Hilfe der Grundherren überleben. Viele brauchten eine gewisse Anpassungszeit, um sich unter den neuen Bedingungen zurecht zu finden. Nicht zufällig verbreitete sich der Spruch: „Der erste hat den Tod, der zweite die Not, und der dritte erst das Brot".[19] Jedenfalls charakterisierte Michael Haas im Jahr 1845 die im Komitat Baranya lebenden Deutschen so: „[...] sie sind unter den Untertanen in der Baranya meist die reichsten."[20] Die Kosten der Ansiedlung für die Kameralgebiete werden in der theresianischen Zeit auf 300 fl. und in der josephinischen Zeit auf 500 fl. pro Kolonist beziffert.[21]

Langfristig war jedoch die Ansiedlung der Deutschen eine lohnende Investition. Die als „Schwaben" bezeichneten Zuwanderer wurden nach Ablauf der Steuerfreiheit, vor allem nach der Urbarialregulierung von 1767, den anderen Untertanen rechtlich und hinsichtlich der Abgaben gleichgestellt.[22]

---

[18] ÁCS: Nemzetiségek a történelmi Magyarországon, S. 108.

[19] KARL-PETER KRAUSS: Deutsche Auswanderer in Ungarn. Ansiedlung in der Herrschaft Bóly im 18. Jahrhundert. Stuttgart 2003, S. 219; LÁSZLÓ SZITA: Somogy megyei nemzetiségek településtörténete a XVIII.-XIX. században [Siedlungsgeschichte der Nationalitätenbevölkerung des Komitats Somogy im 18. und 19. Jahrhundert]. Kaposvár 1993; JÓZSEF HABICH: Boldogasszonyfa. Pécs 1989, S. 53-54.

[20] MIHÁLY HAAS: Baranya: Emlékirat, mellyel a Pécsett MDCCCXLV. aug. elején összegyűlt magyar orvosok és természetvizsgálóknak kedveskedik nagykéri Scitovszky János, pécsi püspök ... [Baranya. Denkschrift, mit welcher sich János Scitovsky, Bischof von Fünfkirchen, den Anfang August des Jahres 1845 zu Fünfkirchen versammelten ungarischen Ärzten und Naturforschern gefällig erweist ...] Pécs 1845, S. 52.

[21] WELLMANN: Magyarország népességének fejlődése, S. 58.

[22] KAPOSI: Die Entwicklung der Wirtschaft und Gesellschaft in Ungarn, S. 17-18.

Ein Bauer mit einer ganzen Session musste dem Staat (Komitat), dem Grundherrn und der Kirche Steuern zahlen. Viele Kolonisten der Kameralgebiete erhielten in Abhängigkeit von dem zur Verfügung stehenden Land eine ganze Session. Angesichts des bei den Kolonisten vorherrschenden Anerbenrechts blieben diese Sessionen lange Zeit ungeteilt, was eine hohe Steuerkraft gewährleistete. Daneben konnte insbesondere auf die Häuser der reicheren Untertanen auch bei militärischen Einquartierungen zurückgegriffen werden, was Kosten für die Quartiernahme sparte. Entsprechendes galt für die Städte. Hier wurden die Offiziere bei den besser gestellten Bürgern einquartiert, die Verteilung der Truppen erfolgte so, dass schließlich die Masse des Heeres in den Häusern der Armen in den Vorstädten untergebracht war.

So ist es kein Zufall, dass die staatlichen Steuereinnahmen nach dem Ausweis der Schatzkammerauflistungen durch die Ansiedlungen im 18. Jahrhundert schnell stiegen.[23] Doch die Ansiedlungen waren für die ungarischen Grundherrschaften gleichermaßen wichtig, denn für sie waren die Kolonisten ebenfalls Steuersubjekte, die das Neuntel entrichteten sowie Frondienste, Lange Fuhren usw. leisten mussten. Die deutschen Einwanderer erreichten mitunter das Zugeständnis, innerhalb ihres Dorfes, separiert von anderen Bevölkerungsgruppen, in Kommunität leben zu dürfen. In vielen Dörfern gelang es deutschen Untertanen, die Ablösung der Robotpflichten und anderer Leistungen durch einen vertraglich mit der Herrschaft festgesetzten jährlichen Geldbetrag zu erreichen, zum Beispiel in Szepetnek im Komitat Zala.[24]

Agrarische Modernisierungsmaßnahmen und Wirtschaftszweige

Ein wichtiges Ergebnis der deutschen Ansiedlung war die Intensivierung der landwirtschaftlichen Produktion. Die Reisenden des 18. Jahrhunderts zeichneten vom damaligen Ungarn ein klägliches Bild, insbesondere von den Gebieten, die während beziehungsweise seit den Befreiungskämpfen verödet

---

[23] GYŐZŐ EMBER: Külkereskedelem [Außenhandel]. In: EMBER, HECKENAST (Hrsg.): Magyarország története 1686-1790, S. 650.

[24] ZOLTÁN KAPOSI: Kanizsa mezőgazdasága a feudalizmus utolsó időszakában (1690-1849) [Die Landwirtschaft von Kanizsa in der letzten Periode des Feudalismus]. In: RÓZSA, LENDVAI (Hrsg.): Nagykanizsa. Városi monográfia II., S. 182.

waren.[25] Im Landesinneren waren jedoch nicht alle Siedlungen zerstört.[26] So existierten vor allem die Marktflecken der Tiefebene mit einer großen Gemarkung weiter, denn sie hatten der Bevölkerung in den stürmischen Zeiten als Schutz- und Sammelplatz gedient. Das Wachstum einzelner großer Marktflecken forcierte aber das Entstehen von Wüstungen; an der Stelle der verlassenen Siedlungen wuchs Gebüsch und Unkraut, zahlreiche Dörfer wurden nicht wiederbesiedelt. Noch im letzten Drittel des 18. Jahrhunderts wurden erst ungefähr 35 bis 40 Prozent der Landesfläche bewirtschaftet.[27] Der größte Teil des Landes bestand damals noch aus Sumpfgebieten, Wald und Ödland. Gleichwohl befand sich auch das unbebaute Land in den Händen von Grundherrschaften, juristisch gesehen gab es kein „herrenloses" Land.

Tabelle 2: Die Größe des Grundbesitzes der bedeutendsten Magnatenfamilien in der Mitte des 18. Jahrhunderts (ungarische Joch)[28]

Name der Familie	Urbarialland	Allodialland	Summe
Fürsten Esterházy	206.821	414.000	620.821
Fürsten Batthyány	54.800	110.000	164.800
Grafen Esterházy	79.355	160.000	239.355
Grafen Festetics	37.176	74.000	111.176
Grafen Hunyady	12.201	70.874	83.075
Grafen Széchényi	33.764	166.326	200.000
Grafen Zichy	23.056	46.000	69.056
Grafen Károlyi	154.000	300.000	454.000

25 Simon Clement 1715-ös utazása Budától Légrádig [Clement Simons Reise 1715 von Ofen nach Légrád]. In: Angol és skót utazók a régi Magyarországon 1542-1757 [Englische und schottische Reisende in Ungarn 1542-1757]. Budapest 1994, S. 19.
26 Ebenda.
27 LÁSZLÓ MAKKAI: Agrarian Landscapes of Historical Hungary in Feudal Times. Budapest 1980 (= Studia Historica, 140); ZOLTÁN KAPOSI: Die Veränderungen des ungarischen Großgrundbesitzsystems (1700-1945). In: Specimina Nova Pars Secunda. Dissertationum ex instituto Historico Universitatis Quinqueecclesiensis. Pécs 2005, S. 142-157.
28 Quelle: ISTVÁN KÁLLAY: A magyarországi nagybirtokok kormányzata 1711-1848 [Die Verwaltung des Großgrundbesitzes in Ungarn]. Budapest 1980, S. 18.

In der zweiten Hälfte des 18. Jahrhunderts wurden 60 Prozent der Agrarnutzfläche von Bauern bearbeitet. Im letzten Viertel des 18. Jahrhunderts erreichte das von Bauern bewirtschaftete Urbarialland den Anteil des Allodiallandes, das direkt vom Grundherrn bewirtschaftet wurde, allerdings nur in den Regionen, in denen die Bevölkerungsdichte den Landesdurchschnitt überstieg; in Regionen mit unterdurchschnittlicher Bevölkerungsdichte blieb das Allodialland das vorherrschende Element der Bodenverteilung.[29]

Die zunehmende Nachfrage nach Getreide führte zu einem Ausbau der Anbauflächen. In Folge dieser Getreidekonjunktur wuchs der Anteil des Ackerlandes an der gesamten landwirtschaftlichen Nutzfläche in den Jahren um 1780 auf 40 bis 50 Prozent.[30] Die zunehmende Nachfrage im eigenen Land und die fortschreitende Urbanisierung in den österreichischen Erbländern sowie der wachsende Bedarf an landwirtschaftlichen Produkten führten zu einer Aufwertung der ungarischen Agrarproduktion. Ähnlich wie in West- und Mitteleuropa war dieser Landesausbau mit einer Zurückdrängung von Wald und Ödland verbunden.[31] Im Ungarn des Reformzeitalters gab es etwa 40 Millionen Joch landwirtschaftliche Nutzfläche, was im Vergleich zu den Katasterangaben von 1789 einen Zuwachs von 35 bis 40 Prozent bedeutete. 1840 nahmen Äcker und Weiden – die zwei bedeutendsten Zweige der Landwirtschaft – 55 Prozent des Landes ein; der Waldanteil betrug nur noch 32 Prozent. Zählt man zu den Äckern und Weiden die anderen Agrarnutzflächen (Wein- und Obstgärten usw.) hinzu, stieg die früher geringe Agrarnutzfläche auf 70 Prozent.[32]

Die extensive agrarische Nutzung der Anbauflächen schöpfte das landwirtschaftliche Ertragspotential des Ackerlandes keineswegs aus, denn noch

---

[29] TIBOR TÓTH: Ellentét vagy kölcsönösség? [Gegensatz oder Gegenseitigkeit]. Budapest 1982, S. 23.

[30] GYULA BENDA: Statisztikai adatok a magyar mezőgazdaság történetéhez 1767-1867 [Statistische Angaben zur Geschichte der ungarischen Landwirtschaft 1767-1867]. Budapest 1973 (= Számok és történelem, 1).

[31] Vgl. BERNARD SLICHER VAN BATH: Agrarian History of Western Europe A. D. 800-1850. London 1963; WILHELM ABEL: Agrarkrisen und Agrarkonjunktur. Berlin 1966; PETER KRIEDTE: Spätfeudalismus und Handelskapital. Göttingen 1980.

[32] Vgl. BENDA: Statisztikai adatok a magyar mezőgazdaság történetéhez; DERS.: Entwicklungstendenzen im 18. Jahrhundert. In: VERA ZIMÁNYI (Hrsg.): Studien zur deutschen und ungarischen Wirtschaftsentwicklung. Budapest 1985, S. 85-88.

1767 dominierte das Zweifeldersystem. Hingegen wirtschafteten die Urbarialbauern im Jahr 1828 mit dem System der Dreifelderwirtschaft.[33] Dennoch waren umfassende Gebiete, die mit Wasser, Wäldern und Röhricht bedeckt waren, noch immer der agrarischen Nutzung entzogen. Denn vor dem 18. Jahrhundert bestand fast ein Drittel Ungarns aus Überschwemmungsgebieten, die nur in beschränktem Umfang für eine extensive Nutzung geeignet waren. Hydromeliorationen wurden erst um die Wende des 18. zum 19. Jahrhunderts in Gang gesetzt, nachdem die Bedeutung landwirtschaftlich nutzbaren Bodens infolge der vorangegangenen Agrarkonjunktur und besser erschlossenen Verkehrswege gestiegen war.[34] Ab etwa 1820 wurde in fast allen Grundherrschaften sowohl des Großgrund- als auch kleinadeligen Besitzes die Agrarnutzfläche auf Kosten des Sumpflandes und der Wälder vergrößert. Der Hochwasserschutz der großen Flüsse (Donau, Theiß, usw.) war finanziell sehr aufwendig, weshalb diesbezügliche Baumaßnahmen verschoben wurden.

Die Bevölkerungszunahme machte eine permanente Ausdehnung landwirtschaftlich genutzter Flächen notwendig. In der ersten Hälfte des 18. Jahrhunderts verbreitete sich in vielen Gebieten das System einer Neuaufteilung des Landes, bei dem die Landparzellen alle zwei bis drei Jahre verlost wurden. Nach diesem archaischen, wenig aufwendigen System, wurden auch die Felder der Grundbesitzer neu aufgeteilt. Sowohl der Verbreitung des bäuerlichen Urbariallandes als auch des herrschaftlichen Eigengutes (Allodium) wurde durch die juristische Trennung im Jahr 1767 eine klare Grenze gesetzt.[35] Die Bauern konnten ihre Felder durch Rodungen, Übernahme der Weingärten und Pachtgut vermehren. Aus Mangel an Quellen ist es schwer, die Gesamtgröße des Bauernlandes statistisch zu beurteilen. Laut einer Erhebung aus dem Jahr 1767 lebten in Ungarn ca. 400.703 Bauern (coloni), 163.113 Kleinhäusler (inquilini) und 37.575 Inwohner (subinquilini). Diese 600.000 Familien besaßen rund 475.000 Pressburger Metzen an innerem Hausgrund (intravillanum), 4,5 Millionen Joch Ackerland und 1,2 Millionen Joch Weideland. In dieser Erhebung wurden als Rodungsland 171.602 Joch Ackerland,

---

[33] ISTVÁN OROSZ: Die landwirtschaftliche Produktion in Ungarn 1790-1848. In: Agrártörténeti Szemle (1971), Supplementum, S. 1-25.
[34] MAKKAI: Agrarian Landscapes of Historical Hungary, S. 7-8.
[35] TÓTH: Föld és termelés, S. 25.

56.792 Weideland und 394.123 Tagewerk Weingarten ausgewiesen. Dieses Land war Eigentum der Grundherrschaften, wurde aber als vererbbarer Lehensbesitz von den Bauern und Kleinhäuslern bewirtschaftet. Damit wurden zur Zeit des Erlasses des Urbarialpatents im Jahr 1767 ca. 6 Millionen Joch Boden von den Untertanen bewirtschaftet.[36]

In den wiedereroberten Gebieten war die Landwirtschaft der wichtigste Sektor. Dabei bestimmte die naturräumliche Ausstattung die Schwerpunkte der Agrarnutzung. Im Flachland verbreiteten sich der Getreidebau und die Großtierhaltung, im Bergland die Waldwirtschaft, die Schaf- und Ziegenzucht, an Flüssen und Seen die Fischerei sowie im Hügelland der Weinbau.[37] Dem niedrigen Niveau der inländischen Urbanisierung entsprechend, war der Binnenabsatzmarkt noch sehr beschränkt. Maßgeblich für die inländische Produktion war anfänglich die Subsistenzwirtschaft, also die Erzeugung dessen, was die Bauern für ihre Selbstversorgung benötigten.[38]

In der zweiten Hälfte des 18. Jahrhundert gab es im traditionellen Agrarsystem große Änderungen, die mehrere Ursachen hatten. Einerseits stieg die Nachfrage deutlich an, was auch eine Folge mehrerer Reichskriege in diesem Jahrhundert war. Nicht selten bestanden damals die Heere aus mehreren hunderttausend Soldaten. Das zwang die Krieg führenden Länder zum Aufkauf großer Getreidemengen und zu einer Bevorratungspolitik um die Versorgung der stehenden Heere sicherzustellen. Aus diesem Grund wuchs der ungarische Agrarexport erheblich. Hinzu kam der zunehmende Urbanisierungsgrad in den österreichischen Erbländern im zweiten Teil des 18. Jahrhunderts. Da sich die agrarische Produktivität nicht in dem erforderlichen Maße erhöhte, bot diese Entwicklung eine Chance für die ungarische Agrarwirtschaft, die einen erheblichen Teil ihrer Überschüsse in den westlichen Reichsteil exportierte.[39] Schließlich schuf auch die inländische Urbanisierung

---

[36] IMRE WELLMANN: A mezőgazdaság a felvilágosult abszolutizmus korában [Die Landwirtschaft in der Zeit des aufgeklärten Absolutismus]. In: EMBER, HECKENAST (Hrsg.): Magyarország története 1686-1790, S. 507-627, 931-984, hier S. 958.

[37] KAPOSI: Die Entwicklung der Wirtschaft und Gesellschaft in Ungarn, S. 33-34.

[38] ALEXANDER TSCHAYANOW: Die Lehre von der bäuerlichen Wirtschaft. Berlin 1923.

[39] Vgl. ROMAN SANDGRUBER: Ungarn und die österreichische Landwirtschaft. In: Demographie, Bevölkerungs- und Agrarstatistik. Budapest 1982, S. 89-107; JOHN KOMLOS: Austro-Hungarian Agricultural Development (1827-1877). In: Journal of European Economic History 8 (1979), 1, S. 37-60; ALOIS BRUSATTI: Österreich am

einen Markt für die ungarische Agrarwirtschaft, die immer mehr nicht in der Landwirtschaft tätige Personen versorgen musste.[40] Die Gesamtentwicklung steht in einem engen Zusammenhang mit den agrarischen Modernisierungsimpulsen, die aus dem Westen kamen. Hierzu gehören der Futterpflanzenanbau im Rahmen der Fruchtwechselwirtschaft, die Stallhaltung und die Verbreitung neuer Nutztierarten.[41] Welche Rolle spielten nun die angesiedelten Deutschen in den hier skizzierten Prozessen?

Die ungarische landwirtschaftliche Produktion wurde durch die Ansiedlung der Deutschen vielseitiger. Ein wichtiges Element war dabei der Tabakanbau. Obwohl Tabak in Ungarn schon seit dem 16. Jahrhundert bekannt war, haben erst die angesiedelten Deutschen die Tabakpflanze in vielen Regionen akklimatisiert und verbreitet. So z. B. im Komitat Somogy in Szulok, Mike, Ecseny, Mocsolád, Kötcse und Bonnya, die sich zu Zentren des Tabakanbaus entwickelten, wobei in diesem Zusammenhang auch andere Komitate und Ortschaften Erwähnung finden könnten.[42] Der Tabakbau setzte als Spezialkultur viele Fachkenntnisse voraus. Angebaut wurde Tabak sowohl in Hausgärten als auch auf dem Ackerland, wobei sich dieser Anbau nur schwer in die traditionelle Dreifelderwirtschaft eingliedern ließ. Dabei befand sich der Tabakanbau in Ungarn insbesondere in der Hand der Grundherren. Innerhalb des Großgrundbesitzes durften die Bauern Tabakwaren nur an die Grundbesitzer verkaufen, waren also dem Marktzwang unterworfen. Nach einer Angabe aus dem Jahre 1846 beschäftigten sich in Ungarn 60.000 Personen mit dem Tabakanbau.[43] Von 1798 stieg die Produktion an Tabak von rund 160.000 Meterzentnern auf 364.000 Meterzentner im Jahr 1874, wobei der Tabakkauf Staatsmonopol war und über einen sicheren Absatzmarkt verfügte.[44]

Vorabend des Industriellen Zeitalters (1792-1848). In: Wirtschaftsgeschichte Österreichs. Wien 1972, S. 135-151; KRISZTINA MARIA FINK: Die österreichisch-ungarische Monarchie als Wirtschaftsgemeinschaft. München, Graz 1968.

[40] VÖRÖS: A magyarországi társadalom, S. 554; VERA BÁCSKAI: Városok és városi társadalom Magyarországon a XIX. század elején [Städte und städtische Gesellschaft in Ungarn am Anfang des 19. Jahrhunderts]. Budapest 1988, S. 198-199.

[41] OROSZ: Die landwirtschaftliche Produktion, S. 12.

[42] SZITA: Somogy megyei nemzetiségek, S. 128.

[43] Budapesti Hírmondó (1846), S. 487.

[44] BENDA: Statisztikai adatok a magyar mezőgazdaság történetéhez, S. 122.

Ein weiterer bedeutsamer Aspekt der von Deutschen in Ungarn be-
triebenen Agrarwirtschaft war die Viehhaltung. Aus der einschlägigen historischen und volkskundlichen Literatur geht hervor, dass die Deutschen
in Ungarn schon im 18. Jahrhundert bei der Arbeit auf dem Feld vor allem
auf das Pferd zurückgriffen, anstatt auf den in diesem Raum eher üblichen
Ochsen. Mit dem Pferd lässt es sich schneller und effizienter pflügen als mit
dem Ochsen, zudem ist ein besserer Einsatz für den Transport möglich.[45] Allerdings hat die Pferdehaltung auch Nachteile, denn Pferde sind hinsichtlich
des Futters und der Haltung wesentlich anspruchsvoller als Ochsen. Insbesondere die aus dem Westen kommenden Züchtungen setzten die Stallhaltung zwingend voraus. Pferdehaltung war besonders in den schwäbischen
Bauerndörfern verbreitet, weniger in der Domänenwirtschaft. Die Stallhaltung von Vieh erzwang den verstärkten Anbau von Grünfutter (Legumi-
nosen wie Klee, Luzerne usw.) und führte schließlich über eine intensivere
Dreifelderwirtschaft zu einer Fruchtwechselwirtschaft, bei der das Brachland
mit Grünfutter bebaut wurde.

In Bezug auf die Haltung von Milchvieh stellte sich die Situation etwas
anders dar, was auch damit zusammenhing, dass die Zuwanderer in der
Regel keine Kühe mitnehmen konnten und sich vorwiegend die Getreide-
wirtschaft durchsetzte. So war das Simmentaler Fleckvieh zunächst vor allem auf den herrschaftlichen Domänen verbreitet. In Transdanubien wurden Milchwirtschaften dieser Art als „Schweizerie" bezeichnet. Simmentaler
Fleckvieh galt als recht wertvoll, selbst in den reichsten Herrschaften gab es
in der Regel nicht mehr als 100 bis 200 Stück. Anlass für die Züchtung dieses Rinds war die wachsende Möglichkeit, die Milch zu vermarkten. Das
erklärt, weshalb entsprechende Betriebe oft im Einzugsgebiet von Städten
bestanden, insbesondere wenn die Städte zugleich Herrschaftszentren waren. Das ermöglichte eine optimale Verquickung der Produktion im Umland mit dem städtischen Markt, wie sich sehr gut am Beispiel von Kanizsa
zeigen lässt. Der Marktflecken, der auch von Deutschen bewohnt war, kam
im Jahr 1743 in die Hand von Graf Lajos Batthyány. Er gliederte die Stadt in
ein Herrschaftsgebiet von mehreren tausend Joch ein, dessen Schwerpunkt

---

[45] PAUL BAIROCH: Die Landwirtschaft und die Industrielle Revolution 1700-1914. In:
CARLO CIPOLLA, KNUT BORCHARDT (Hrsg.): Europäische Wirtschaftsgeschichte. Bd.
3: Die Industrielle Revolution. Stuttgart u. a. 1985, S. 297-333.

in West-Transdanubien lag.[46] Wenige Jahre später, 1748, bestand bereits eine Milchrinderzucht mit 80 „Schweizerkühen".[47] Der Markt hierfür war mit 3.500 bis 4.000 Personen gegeben. Dazu kam gleichzeitig der Fortschritt in der Verarbeitung: italienische Käsemacher wurden als Spezialisten gerufen, um aus einem Teil des Milchertrags ein haltbares Endprodukt herzustellen.[48] In einer späteren Phase, ab der ersten Hälfte des 19. Jahrhunderts, verbreitete sich das Simmentaler Rind auch in den meisten deutschen Dörfern Süd-Transdanubiens. So war der Viehbestand Ende des 19. Jahrhunderts am Rande des Mecsek Gebirges in den kleinen Dörfern mit deutscher Bevölkerung wesentlich höher als in den traditionell von Ungarn bewohnten Siedlungen.[49]

Obwohl in Ungarn die Schafzucht primär in der Domänenwirtschaft Anwendung fand, gab es hierbei ebenfalls Impulse durch die einwandernden Deutschen. Neben dem traditionellen ungarischen grobhaarigen Zackelschaf, auch als Hortobágyer Zackelschaf bezeichnet, verbreitete sich im Zuge der Ansiedlung von Deutschen in theresianischer Zeit zügig das Zaupelschaf, das im süddeutschen Raum und den Alpenländern bevorzugt gehalten wurde. Diese Art hat eine 20 bis 24 cm lange, sehr dünne seidige Wolle, und konnte jährlich zweimal geschoren werden.[50] Die Wolle wurde auf dem Markt verkauft oder in der Hauswirtschaft der inländischen deutschen Bauernfamilien als Rohstoff weiter verarbeitet. Das Zaupelschaf verbreitete sich in vielen Gegenden in Süd-Transdanubien, besonders im Raum des Hügellandes von Zselic. Allerdings spielte die Schafzucht in der bäuerlichen

---

46 ZOLTÁN KAPOSI: Egy Batthyány-mezőváros földbirtokszerkesztének változásai (1690-1811) [Die Veränderungen der Grundbesitzverfassung eines Batthyány-Marktfleckens 1690-1811]. In: ZSUZSANNA J. ÚJVÁRY (Hrsg.): Ezredforduló – századforduló – hetvenedik évforduló. Ünnepi tanulmányok Zimányi Vera tiszteletére. [Jahrtausendwende – Jahrhundertwende – Siebzigster Jahrestag. Festschrift zu Ehren von Vera Zimányi]. Piliscsaba 2001, S. 306-338.

47 Vgl. KAPOSI: Kanizsa mezőgazdasága a feudalizmus utolsó időszakában.

48 JÁNOS NAGYVÁTHY: Magyar Practicus Tenyésztő [Der praktische ungarische Züchter]. Pest 1822, S.126.

49 ZOLTÁN KAPOSI: Baranya történeti lehetőségei (A természeti gazdálkodástól a piacgazdaságig) [Die historischen Möglichkeiten der Baranya. Von der Subsistenzwirtschaft zur Marktwirtschaft]. In: TIBOR KISS (Hrsg.): Projekt Biomassza. Pécs 2006 [Manuskript].

50 JÓZSEF VÁGI: Juhtenyésztés és környezet [Schafzucht und Umwelt]. Gödöllő 2007, S. 20.

Wirtschaft nie eine große Rolle, sondern blieb primär der Domänenwirtschaft vorbehalten.[51]

Schließlich sei noch ein Wirtschaftszweig erwähnt, der für die angesiedelten Deutschen eine bedeutende Rolle spielte: der Weinbau. Dies lässt sich gut am Beispiel von Villány im Komitat Baranya darlegen. Zwar wurde schon vor der deutschen Ansiedlung Weinbau betrieben, aber die Kulturen wurden in den großen Befreiungskriegen gegen die Türken vernichtet. Als in den dreißiger Jahren des 18. Jahrhunderts Deutsche in Villány angesiedelt wurden, brachten sie die Rebsorte „Blauer Portugieser" und nach einigen Angaben auch den „Blaufränkischen" (Burgundischen) mit sich. Das zur Herrschaft Bellye gehörende Villány kam schließlich in den 1880er Jahren in den Besitz von Erzherzogin Maria Christina, einer Tochter Maria Theresias, und ihres Mannes Albrecht von Sachsen. Mitte des 19. Jahrhunderts waren 95 Prozent der Bevölkerung von Villány Deutsche. Die Siedlung erlangte durch den Fleiß, die Fachkenntnisse ihrer Bewohner und deren Fähigkeiten bei der Vermarktung des Weins einen hohen Bekanntheitsgrad. So wurde der Blaue Portugieser schon um 1840 bis nach New York exportiert. Eine Überlieferung berichtet, dass ein solcher für New York bestimmter Wein fünf Jahre wegen einer falschen Adressierung nicht zugestellt werden konnte und schließlich wieder in ausgezeichneter Qualität in Villány ankam.[52] Die Bedeutung des Weinbaus für die schwäbischen Bauernwirtschaften lag insbesondere darin, dass er neben der Sicherstellung des Eigenbedarfs hohe Überschüsse für den Markt produzierte und so neben einem erhöhten Steueraufkommen die Möglichkeit schuf, Ersparnisse für weitere Investitionen anzulegen.[53] Dabei darf natürlich nicht außer Acht gelassen werden, dass sich auch andere ethnische Gruppen in Ungarn mit dem Weinbau befassten; dies erfolgte in Abhängigkeit von der naturräumlichen Ausstattung.

In der Stadt Pécs' selbst war der Weinbau noch am Ende des 19. Jahrhunderts ein wesentlicher Teil der alten, deutschen Kultur; Bürger der Stadt

---

[51] LÁSZLÓ VERESS: A juhászat múltja és jövője a Zselicben [Vergangenheit und Zukunft der Schafzucht in der Region Zselic]. In: Zselici dolgozatok V. Kaposvár 1981, S. 8-15, hier S. 8-9.
[52] ANDRÁS KOVÁCS: Villány község élete a múltban és a jelenben [Das Leben der Gemeinde Villány in Vergangenheit und Gegenwart]. Pécs 1970.
[53] SZITA: Die Einwanderung der Deutschen nach Ungarn im 18. Jahrhundert, S. 80.

konnte nur sein, wer eine Immobilie oder sonstigen Grundbesitz, insbesondere auch einen Weingarten, besaß. Es ist bezeichnend, dass Ende des 19. Jahrhunderts ungefähr 2.600 Weingärten an den Hängen über der Stadt bebaut wurden.[54] In Kanizsa war die Situation etwas anders. Hier gab es im 18. Jahrhundert keine Weingärten in der Stadt selbst, deshalb hatten die mehr als 600 Bewohner von Kanizsa Weingärten in den Ansiedlungen der Umgebung (Homokkomárom, Bagola, Palin).[55]

Handwerk und Handel

Die Auswirkungen deutscher Ansiedlung fanden einen deutlichen Niederschlag im Zunftwesen, den ständischen Körperschaften organisierter Handwerker, aber auch im Handel. In diesem Zusammenhang sind insbesondere die Städte zu nennen, die verfassungsrechtlich, funktionell und in Bezug auf das wirtschaftliche Wirken dem mitteleuropäischen Städtewesen entsprachen. Die meisten ungarischen Städte entstanden nach diesem Muster. Zudem war die Mehrzahl ungarischer Städte bis in das 19. Jahrhundert auch ethnisch von Deutschen geprägt. Doch schon vor dem 18. Jahrhundert dominierten Deutsche in den ungarischen Städten. So kam etwa die Bevölkerung der sächsischen Städte in Oberungarn (der heutigen Slowakei) und in Siebenbürgen im 13. und 14. Jahrhundert aus dem deutschsprachigen Raum. Es handelte sich um die große Phase der ostmitteleuropäischen hoch- und spätmittelalterlichen Stadtgründungen mit deutschen Stadtrechten, wobei in Ungarn das süddeutsche Stadtrecht dominierte, in einigen wenigen Städten aber auch das Magdeburger Stadtrecht Anwendung fand. Die städtische

---

[54] LAJOS RÚZSÁS: Városi fejlődés a Dunántúlon a XVIII-XIX. században [Stadtentwicklung in Transdanubien im 18.-19. Jahrhundert]. In: Értekezések 1961-1962. A Magyar Tudományos Akadémia Dunántúli Tudományos Intézete. Budapest 1963, S. 279-317.

[55] ZOLTÁN KAPOSI: A nagykanizsai társadalom szőlőbirtoklása a feudalizmus utolsó időszakában [Der Weingartenbesitz der Gesellschaft von Nagykanizsa in der letzten Periode des Feudalismus]. In: JÁNOS BÚZA u. a. (Hrsg.): Agrártörténet – agrárpolitika. Tanulmányok Szuhay Miklós emeritus professzor tiszteletére [Agrargeschichte – Agrarpolitik. Studien zu Ehren von Professor emeritus Miklós Szuhay]. Budapest 2006 (= Gazdaság- és társadalomtörténeti kötetek, 4), S. 49-66.

deutsche Bevölkerung verringerte sich zwar in der Zeit der türkischen Besetzung bis zum ausgehenden 17. Jahrhundert sehr stark, dennoch lebten
weiterhin viele Deutsche in den Städten unter türkischer Herrschaft. Die
königlichen Freistädte wurden zu wichtigen Mittelpunkten der Deutschen;
in diesen Städten stieg ihr Anteil während des 18. Jahrhunderts laufend
an. Hierfür bietet die Stadt Ofen (Buda) ein gutes Beispiel, wo der Anteil
der Deutschen im Jahr 1720 ungefähr 50 Prozent betrug und bis Ende des
18. Jahrhunderts 75 bis 80 Prozent erreichte. Noch im Revolutionsjahr 1848
waren fast zwei Drittel der Bevölkerung deutschsprachig.[56] Ähnliches kann
von Pest gesagt werden. In der Revolutionszeit waren rund 70 Prozent der
Bevölkerung deutschsprachig. Doch nicht nur in diesen zentral gelegenen
Städten erfolgte eine starke Ansiedlung von Deutschen. Hatte der Anteil des
Deutschtums in Pécs am Anfang des 18. Jahrhunderts kaum 10 Prozent betra-
gen, so war bis zur Mitte des 19. Jahrhunderts die „Stadt der drei Nationen"
entstanden, wobei der Anteil der „Natio Germanica" bei mehr als 30 Prozent
lag. Die restlichen zwei Drittel verteilten sich recht gleichmäßig auf Ungarn
und Südslawen.[57] Außer in den königlichen Freistädten wandelte sich die
Zusammensetzung der Bevölkerung auch in den größeren Marktflecken; in
Kanizsa war in den vierziger Jahren des 18. Jahrhunderts mehr als die Hälfte
der Bevölkerung – legt man die Namen zugrunde – deutschsprachig.

Der größte Teil der in den Städten Angesiedelten waren Handwerker,
ein kleinerer Teil waren Händler, die mitunter enge Beziehungen untereinander pflegten. Die Ansiedlung war, wenn die Voraussetzungen vorlagen,
oft verknüpft mit der Verleihung des Bürgerrechts. In relativ vielen Städten
Transdanubiens ist zu beobachten, dass der städtische Rat sehr wohlwollend
mit Handwerkern und Händlern umging, die aus deutschen Territorien ka-

---

[56] Vgl. ELEK FÉNYES: Magyarországnak és a hozzá kapcsolt tartományoknak mostani
állapotja statisztikai és geographiai tekintetben [Ungarn und seine Nebenländer in
seinen derzeitigen statistischen und geographischen Verhältnissen]. Band 1, Pest
1841; GYULA ANTALFFY: Reformkori magyar városrajzok [Ungarische Städtebilder
der Reformzeit]. Budapest 1982, S. 246; Das Portal der Ungarndeutschen, Geschichte, unter <http://www.ungarndeutsche.de/de/cms/index.php?page=geschichte>.

[57] MÁRIA ANNA MÓRÓ: Pécs népessége a török alóli felszabadulástól 1848-ig [Die Bevölkerung der Stadt Fünfkirchen von der Befreiung von den Türken bis 1848]. In:
JÓZSEF VONYÓ (Hrsg.): Tanulmányok Pécs történetéből 1 [Studien zur Geschichte
der Stadt Fünfkirchen, 1]. Pécs 1995, S. 31.

men und um eine Niederlassung ersuchten. Verfügten die Bewerber über die notwendige gewerbliche und kommerzielle Kompetenz sowie über die Mittel für eine Niederlassung, wurde ihnen das Bürgerrecht gewährt. Fördernd wirkte sich hier die herrschaftliche Verordnung vom Jahr 1774 aus, die Gewerbetreibende und Meister bei der Verleihung des Bürgerrechts privilegierte.[58] Dies führte wegen Unterschieden in der Berufsstruktur dazu, dass Ungarn und andere ethnische Gruppen größere bürokratische Hindernisse überwinden mussten, um das Bürgerrecht zu erlangen.

Im Fall von Kanizsa lässt sich zeigen, welche Berufe die Einwanderer aus den österreichischen Erbländern und den ungarischen Gebieten zwischen 1755 und 1828 hatten. Nach dem Bürgerregister erhielten in dieser Zeit 782 Personen das Bürgerrecht.[59] Die Personen, die aus dem deutschsprachigen Raum kamen, waren primär Schuster, Kürschner, Schneider, doch es gab auch viele Fleischer, (Fass-)Binder, Maurer, Tischler und Sattler. Die aus den ungarischen Regionen waren vor allem Weber, Schneider, Schuster, Tischler, Binder von Beruf. Auffällig ist, dass aus dem deutschsprachigen Raum sehr viele Händler kamen, was schließlich dazu führte, dass fast die Hälfte aller Händler in der Stadt aus dem Westen stammte. Dabei muss berücksichtigt werden, dass in dieser Auflistung die Söhne der aus dem deutschsprachigen Raum Gekommenen mit einem selbständigen Haushalt schon als Bürger der Stadt Kanizsa geführt wurden. Würden diese auch als Einwanderer betrachtet, wäre das Ergebnis, dass etwa 70 Prozent der Handwerker und Händler dieser Stadt deutschsprachig waren. Hinzu kommt, dass die deutsche Bevölkerung in den Städten über die genannten Zweige hinaus auch in Handwerksberufen wie Bäcker, Schlosser, Müller, Kupferschmied eine Rolle spielte. Auffällig ist die starke Stellung in höherwertigen Berufen wie Buchbinder, Ärzte und Apotheker, deren Mehrheit deutschsprachig war. Daraus ergeben sich die besonderen Impulse der Ansiedlung von Deutschen für die Verbrei-

---

[58] ÁCS: Nemzetiségek a történelmi Magyarországon, S. 108.
[59] Thúry György Múzeum, Nagykanizsa. 72.6.1. Polgárok Lajstroma; EDIT KERECSÉNYI: Adatok Nagykanizsa településtörténetéhez. A „polgárok lajstroma" (1745-1826) [Daten zur Siedlungsgeschichte von Nagykanizsa. „Das Bürgerregister" 1745-1826]. In: Közlemények Zala megye közgyűjteményeinek kutatásaiból. [Aus den Forschungen der öffentlichen Sammlungen des Komitats Zala]. Zalaegerszeg 1978 (Zalai Gyűjtemény, 8.), S. 115-134.

Zoltán Kaposi

tung verschiedener Gewerbe und der damit verbundenen Fertigkeiten. Insgesamt gab es in den Marktflecken in der Regel etwa 30 bis 40 verschiedene Berufe, in den königlichen Freistädten ist mit 60 bis 80 unterschiedlichen gewerblichen Berufen zu rechnen.[60] Das Handwerk blieb der Haupterwerbszweig der Deutschen in der Stadt, hingegen fiel der Handel in der zweiten Hälfte des 18. Jahrhunderts zunehmend in die Hände der anderen ethnischen Gruppen.

Die ungarische Außenwirtschaft entwickelte sich im 18. Jahrhundert sehr dynamisch. Die Ursache lag einerseits in einer gewissen Arbeitsteilung zwischen den beiden Reichsteilen: In den österreichischen Ländern wurden verstärkt gewerbliche Produkte hergestellt, in Ungarn lag der Schwerpunkt auf der Agrarproduktion. Andererseits hatte die Dynamik des Außenhandels mit dem Transitcharakter des Landes zu tun. Die Händler Ungarns kamen aus vielerlei Völkerschaften und ethnischen Gruppen. Die näher erforschten Städte West- und Süd-Transdanubiens betreffend lässt sich feststellen, dass griechische, später jüdische Händler, aber auch Händler anderer ethnischen Gruppen gegen Ende des Jahrhunderts deutsche Händler zunehmend verdrängten. Allerdings blieben besonders die regionalen Märkte und die Produkte des städtischen Handwerks in den Händen deutschsprachiger Händler und Handwerker. Auch in den königlichen Freistädten, die den Juden die Niederlassung verweigerten, blieben die Deutschen bestimmend. So wurden etwa im stark von Deutschen geprägten Fünfkirchen/Pécs die Juden in den 1820er Jahren aus der Stadt ausgewiesen.[61] Denn die betroffenen Händler hatten schon im frühen 19. Jahrhundert Körperschaften gegründet, die es vermochten, ihre Interessen zu schützen, was auch in Pest beobachtet werden konnte.[62]

---

[60] Vgl. GÉZA EPERJESSY: Mezővárosi és falusi céhek az Alföldön és a Dunántúlon 1686-1848 [Die Zünfte der Marktflecken und Dörfer im Tiefland und in Transdanubien 1686-1848]. Budapest 1967; DERS.: A szabad királyi városok kézművesipara a reformkori Magyarországon [Das Handwerk der königlichen Freistädte in Ungarn zur Reformzeit]. Budapest 1988.

[61] Vgl. JOSEPHUS KOLLER: Historia episcopatus Quinqueecclesiarum. T. VII. Posonii 1812; MÓRÓ: Pécs népessege a török alóli felszabadulástól 1848-ig, S. 31.

[62] VERA BÁCSKAI: A vállalkozók előfutárai. Nagykereskedők a reformkori Pesten [Die Vorläufer der Unternehmer. Großhändler in der Reformzeit in Pest]. Budapest 1989.

120

Das Städtewesen in Ungarn

Der deutsche Einfluss äußert sich ebenfalls in der funktionalen Gliederung und verfassungsrechtlichen Organisation der Städte. Die Ansiedlung von Deutschen war durchaus im Sinne der Zentralregierung in Wien.[63] In den von den Türken wiedereroberten Burgen und Städten ließen sich viele Angehörige des deutschsprachigen Militärs nieder, bauten Häuser und wurden sesshaft. In den zunächst der Kammer unterworfenen Städten wurden die ersten Stadtverordnungen in deutscher Sprache erstellt. Im gesellschaftlichen und wirtschaftlichen Leben spielten die deutschen Stadtbewohner lange Zeit eine wichtige Rolle. So kaufte zum Beispiel der Stadtkommandant von Kanizsa Grundbesitz in dieser Stadt und baute ein Haus. Von langfristiger Planung zeugt auch, dass er die sich ansiedelnden Franziskaner finanziell förderte.[64] Die verstärkte Ansiedlung von Ungarn und anderen Ethnien begann erst später. Offensichtlich waren die ersten Jahrzehnte von deutscher Dominanz geprägt.

Dieser Tatbestand zeigt sich in den meisten Marktflecken in Transdanubien anhand der Rechtseinrichtungen und der Verwaltungssprache dieser Orte. Die Ratsprotokolle der Städte wurden jahrzehntelang in deutscher

---

[63] Vgl. JÁNOS J. VARGA: Kísérlet az „Einrichtungswerk des Königreichs Hungarn" címü reformtervezet megvalósítására 1689-1723 [Der Versuch den Reformplan „Einrichtungswerk des Königreichs Hungarn" zu realisieren]. In: Levéltári Szemle 42 (1992) 2, S. 3-17; JOSEPH MAURER: Cardinal Leopold Graf Kollonitsch, Primas von Ungarn. Sein Leben und sein Wirken. Innsbruck 1887; LÁSZLÓ BENCZÉDI: Kollonich Lipót és az „Einrichtungswerk." [Leopold Kollonich und das Einrichtungswerk] In: MIHÁLY PRAZNOVSZKY, ISTVÁNNÉ BAGYINSZKY (Hrsg.): Gazdaság és mentalitás Magyarországon a török kiüzetésének idején. [Wirtschaft und Mentalität in Ungarn zur Zeit der Vertreibung der Türken]. Salgótarján 1987 (= Discussiones Neogradienses, 4.), S. 153-158; JÁNOS J. VARGA: Reformpläne im Interesse der Elitenerhaltung des Adels nach der Türkenzeit. Projekte vom Palatin Pál Esterházy und Boldizsár Patachich an der Wende vom 17. zum 18. Jahrhundert. In: Internationales Kulturhistorisches Symposium Mogersdorf 2005 in Bad-Radkersburg. (Führungsschichten im pannonischen Raum im 18. und 19. Jahrhundert). Graz 2007, S. 40-47.

[64] ZOLTÁN KAPOSI: Kanizsa történeti helyrajza (1690-1849) [Kanizsa. Historische Topographie (1690-1849). In LENDVAI, RÓZSA (Hrsg.): Nagykanizsa. Városi monográfia II., S. 60.

Sprache geführt. Der größte Teil der Stadtbewohner war des Deutschen mächtig, insofern war es durchaus praktikabel, Deutsch auch als Verwaltungssprache zu verwenden. Darüber hinaus wurden Leitung, Buchführung und administrative Abläufe in deutscher Sprache auch auf den riesigen Großgrundbesitztümern üblich.[65] Indes ist es auch eine Tatsache, dass in der zweiten Hälfte des 18. Jahrhunderts die deutsche Sprache in der städtischen Administration zunehmend vom Ungarischen verdrängt wurde. Diesem Phänomen liegen sprachliche und kulturelle Akkulturations- und Adaptionsprozesse zu Grunde. Infolge der starken ungarischen Zuwanderung aus dem Umland nahmen immer mehr Ungarn leitende städtische Funktionen ein. Das ging auch damit einher, dass die sich mehrende ungarische Elite in den Städten zunehmend selbstbewusster wurde. Ihren Niederschlag fand diese Entwicklung darin, dass die Ratsprotokolle, Urteile und Ratsbeschlüsse verstärkt in ungarischer Sprache geführt wurden, was es erleichterte, deren Inhalte der wachsenden ungarischen Bevölkerung zu vermitteln.[66] In vielen Städten wurden wegen der multiethnischen Bevölkerung vorzugsweise solche Richter oder Schöffen gewählt, die mehrere in der Stadt gesprochene Sprachen beherrschten.[67]

Das aus Deutschland mitgebrachte Zunftsystem in den Städten übte eine große Wirkung auf die später aus dem Umland hinzu Gezogenen aus. Es hatte sich nach den Anfängen seiner Verbreitung zu Beginn des 18. Jahrhunderts relativ zügig etabliert, so dass sich spätere städtische Zuwanderer nur im Rahmen dieses Modells niederlassen konnten. Der Eintritt in die Gil-

---

[65] Vgl. VERA ZIMÁNYI: A herceg Batthyány család levéltára [Das Archiv der herzoglichen Familie Batthyány]. Budapest 1962; ZOLTÁN KAPOSI: Die Funktionsänderungen der adeligen Gesellschaft in Südtransdanubien im 18. und 19. Jahrhundert. In: Internationales Kulturhistorisches Symposium Mogersdorf 2005 in Bad-Radkersburg, S. 48-60.

[66] Z. B. in Kőszeg (Güns). Vgl. IMRE SÖPTEI: Németek és/vagy magyarok Kőszegen a 19. század második felétől a 20. század elejéig [Deutsche und/oder Magyaren in Güns von der zweiten Hälfte des 19. bis zum Anfang des 20. Jahrhunderts]. In: LÁSZLÓ MAYER, GYÖRGY TILCSIK (Hrsg.): Előadások Vas megye történetéről IV. [Vorträge zur Geschichte des Komitats Vas, Bd. 4]. Szombathely 2004, S. 211; ANTALFFY: Reformkori magyar városrajzok, S. 31-40.

[67] ZOLTÁN KAPOSI: Kanizsa önkormányzatának működése a 18. században [Die Arbeit der Selbstverwaltung von Kanizsa im 18. Jahrhundert]. In: LENDVAI, RÓZSA (Hrsg.): Nagykanizsa. Városi monográfia II., S. 22-23.

den war dabei beschränkt: Erst nach langen Jahren der Wanderschaft und nach Erlangung des Meistertitels sowie bei gewerblicher und fachlicher Tüchtigkeit, gab es die Möglichkeit, sich als vollwertiges Zunftmitglied niederzulassen. Die Zunftordnungen regelten die Produktion und den Verkauf der Waren, wahrten die wirtschaftlichen Interessen der Zünfte und wirkten bis hinein in die Privatsphäre der Zunftmitglieder, waren aber auch bestimmend für Normen und Werte, mahnten christliche Lebensführung, Ehrlichkeit, die Einhaltung mündlicher Zusagen, sparsame Lebensführung usw. an. Dabei darf nicht vergessen werden, dass der Zunftzwang keine Gewerbe- und Niederlassungsfreiheit akzeptierte.[68] Von den Frauen wurde die fleißige Erledigung der Hausarbeit und unterstützender Tätigkeiten, insbesondere im Textilbereich, im Meisterbetrieb erwartet. Aufgrund der dargelegten rechtlichen Organisationsprinzipien ähnelten die Städte Ungarns immer mehr deutschen Städten.

Zusammenfassend ist festzustellen, dass die Ansiedlung von Deutschen in Ungarn umfassende wirtschaftliche Folgen hatte. Zunächst einmal entstanden durch diese Migration viele neue Wirtschaftszweige und Tätigkeitsfelder. Durch die Zuwanderung erhöhte sich die Steuerkraft im Karpatenbecken beträchtlich. Die größte Wirkung kann indes darin gesehen werden, dass gewerbliche und landwirtschaftliche Impulse auf die einheimische Wirtschaft wirkten und so langfristig einen wichtigen Beitrag zu den Modernisierungsprozessen leisteten. Die zunächst mehrheitlich deutschen Städte wiederum trugen im 18. und 19. Jahrhundert maßgeblich zur Etablierung eines Bürgertums, bürgerlicher Wertvorstellungen und Kultur in Ungarn bei.

---

[68] SZITA: Die Einwanderung der Deutschen nach Ungarn im 18. Jahrhundert, S. 79.

© Gerhard Seewann, Karl-Peter Krauss, Norbert Spannenberger (Hrsg.):
Die Ansiedlung der Deutschen in Ungarn. München 2010, S. 125-172.

KARL-PETER KRAUSS

„Mit einem Bündel sind sie gekommen"?

Geldtransfer aus dem Deutschen Reich nach Ungarn

1. Einleitung, Kontext, Forschungslage

Die Dorfobrigkeit von Benzingen im Fürstentum Hohenzollern-Sigmaringen sah sich in einer hoffnungslosen Situation. 1837 befanden sich in ihrem armen Dorf vier Vagantenfamilien mit 35 Personen. Die ehemalige Kapelle, in der die Leute untergebracht waren, war viel zu klein. Entsetzt berichtete der Pfarrer 1837 über die Wohnverhältnisse der vier Familien:

> „[...] wie aus Mangel an Raum die Betten sogar übereinander geschichtet stehen, u.[nd] groß gewachsene Burschen u.[nd] Dirnen, unmündige Knaben u.[nd] Mädchen, alle neben-, unter- u.[nd] übereinander in der [...] Stube zusammen gedrängt lagen!?..." und dass „[...] die Vagantenkolonie nicht weniger als <u>dreizehn</u> mannbare Mädchen zählt, unter denen <u>acht</u> jedes schon 1, 2 und 3 Kinder geboren hat, u.[nd] ohne Zweifel auch die noch übrigen 5 Kinderlosen nach u.[nd] nach ihre Beiträge liefern werden [...]."

Schließlich wollten die Familien nach Ungarn auswandern. Die Gemeinde war bereit, Geld für deren Ansiedlung zu zahlen. Tatsächlich hatte eine Vorhut der Familien einen Kaufvertrag für ein Haus in Pressburg in Höhe von 4.600 fl. abgeschlossen. Eine Anzahlung wurde auf Kosten der Gemeinde Benzingen getätigt. Der Schriftwechsel zeigt, zu welchen Bedingungen die „Pressburger Schlossherrschaft" bereit war, das Bürgerrecht zu vergeben:

> „Die Entlaßung, eine gute Conduite und hinreichendes Vermögen um die hier eingegangenen Kaufs-Verbindlichkeiten erfüllen und einen ehrbaren Erwerb vertreiben zu können, und selbe von Seite dieser Herrschaft weder

eine Unterstützung noch sonst irgend eine Vergünstigung zu gewärtigen haben."[1]

Doch die fürstliche Landesregierung war nicht bereit, diese Auswanderung „mit so großen Opfern" zu erkaufen, und so fragte sich die Dorfobrigkeit von Benzingen schon am 15. Januar 1839, ob

> „die Auswanderung hiesiger Vaganten Kolonie nach Polen bewirkt werden [könnte], wo die Aufnahme nicht mit so vielen Schwierigkeiten verbunden ist, wie in Ungarn."

Inwiefern ist dieser Fall charakteristisch für die Ansiedlung des 18. und frühen 19. Jahrhunderts? Die Fragestellung leitet zu einem kontrovers geführten Diskurs, der sich schließlich nicht mehr von seinen ideologisch und national geprägten Fesseln lösen konnte. Er gipfelte schließlich in der Aussage des katholischen Pfarrers und Parlamentsabgeordneten Béla Varga, der am 11. November 1942 im ungarischen Parlament den Satz äußerte: „Mit einem Bündel sind sie gekommen, mit einem Bündel sollen sie gehen". Diese Äußerung entsprach einem in weiten Kreisen Ungarns verhafteten Geschichtsbild über die deutsche Einwanderung, dass vornehmlich Bettler und arme Leute nach Ungarn eingewandert wären. Am 7. April 1945 griff dann der Parteiführer der Nationalen Bauernpartei, Imre Kovács, dieses wirkungsmächtige Bild in der aufgeheizten Atmosphäre am Kriegsende auf, um die Vertreibung der Deutschen zu rechtfertigen.[2] So wurde ein Geschichtsbild im Sinne der beabsichtigten Zwangsmigration als Argumentationskonstrukt instrumentalisiert. Die Wirkung in der wissenschaftlichen deutschen Historiographie blieb weitgehend aus. Hingegen zeigte sich in der umfangreichen Literatur der vertriebenen Deutschen, insbesondere in Heimatbüchern, eine Reaktion, die die Aufbauleistung der Kolonisten glorifizierte. Dies führte zu dem Mythos der „heroischen Verherrlichung der Kolonistenzeit [...] als creatio ex nihilo".[3]

---

[1] Staatsarchiv Sigmaringen (StAS), Ho 193 NVA, Nr. 10675.

[2] NORBERT SPANNENBERGER: Der Volksbund der Deutschen in Ungarn 1938-1944 unter Horthy und Hitler. München 2002, S. 313-315.

[3] GERHARD SEEWANN: Siebenbürger Sachse, Ungarndeutscher, Donauschwabe? Überlegungen zur Identitätsproblematik des Deutschtums in Südosteuropa. In: Ders.: Minderheitenfragen in Südosteuropa. München 1992, S. 139-157. Dieses Ar-

Mitunter wurde auf Geschichtsbilder zurückgegriffen, welche die Kolonisten als „Kulturträger" darstellten.[4] Häufig wurde betont, dass die Siedler ein Mindestvermögen mitzubringen hatten, wobei wiederum ein Teil der historischen Wirklichkeit ausgeblendet blieb, da temporär gültige Bestimmungen aus den Kameralgebieten verallgemeinert und die komplexe Differenziertheit der Ansiedlungsanforderungen hinsichtlich Zeit und Raum, Stadt und Land nicht angemessen berücksichtigt wurde.[5] Zweifellos waren die meisten Auswanderer Angehörige der landarmen ländlichen, aber auch städtischen Unterschichten, die in der Migration eine Möglichkeit des sozialen Aufstiegs durch Landerwerb sahen und so an der Agrarkonjunktur partizipieren konnten oder aber gewillt waren, durch ihr Handwerk ein Auskommen zu finden. Damit sei einer erneuten Mythenbildung über die in der Regel nicht wohlhabenden, aber nicht völlig mittellosen Auswanderer vorgebeugt.

Auch im Selbstbild der Donauschwaben zeigen sich Brüche in den Argumentationsmustern, was bei einem Vergleich der Vor- und Nachkriegsliteratur deutlich wird. Dies zeigt sich etwa an den beiden von Friedrich Lotz verfassten Heimatbüchern über Odžaci (Hodschag) von 1929 und Hodschag

---

gumentationsmodell basiert auf der österreichischen Historiographie, insbesondere bei JOHANN H. SCHWICKER: Die Deutschen in Ungarn und Siebenbürgen. Wien 1881 (= Die Völker Österreich-Ungarns, Bd. 3). Charakteristisch für die Darstellung der Kolonistenzeit z. B.: MARTIN SCHNEIDER: Militistsch. Dritte Auflage Freilassing 1989, S. 19: „Der größte Teil der Siedler aber blieb; sie hatten einen schweren Kampf zu bestehen [...] ihr ganzes Leben lang, doch ihr Fleiß und ihre Zähigkeit blieben nicht unbelohnt; sie haben den Grund gelegt zu dem geistigen und materiellen Aufbau unserer Heimat." Im Heimatbuch Batschsentiwan. Geschichte einer donauschwäbischen Großgemeinde in der Batschka zwischen Donau und Theiß. Heidelberg 1980, S. 49 heißt es: „Die gemeinsam erlittenen Nöte der Anfangsjahre erweckten Gemeinsinn [...]".

[4] JOHANN WEIDLEIN: Deutsche Kulturleistungen in Ungarn seit dem 18. Jahrhundert. Stuttgart 1963, S. 7: „Kein zweites Volk der Welt hat aus rein menschlichen Beweggründen im Dienste des westlichen Fortschritts einer fremden völkischen Gemeinschaft eine solche Hilfestellung gewährt [...]." Weniger explizit im Heimatbuch Batschsentiwan, S. 49: „Im Mittelpunkt unserer Betrachtung steht mit Recht der Ansiedler selbst, denn er war Träger der Kolonisation. [...] Er brachte aus seiner Abstammungsheimat Muttersprache, Religion, Sitten, Brauchtum, Liedgut, Tracht usw. mit und führte die Tradition der verlassenen Heimat im Ansiedlungsdorf fort."

[5] JOHANN WEIDLEIN: Die schwäbische Türkei. 1. Beiträge zu ihrer Geschichte und Siedlungsgeographie. München 1967, S. 190-216.

(serb. Odžaci, ung. Hódság) von 1964.[6] Lotz sah 1929 die Ursache für die Auswanderung der Ansiedler von Hodschag in der „wirtschaftlichen Notlage"[7] und schrieb, dass nach der Reise „etliche sogar [...] betteln" mussten. So betonte er folgerichtig umso mehr ihre Aufbauleistung, „denn der unwirtliche Boden konnte nur durch mühsame, jahrzehntelange zähe Arbeit in ein fruchtbares, reichtragendes Ackerland umgewandelt werden."[8] Der gleiche Autor schrieb im Heimatbuch von Hodschag 1964 nach Quellenrecherchen: „[Es] läßt sich kaum verstehen, daß so wohlhabende Leute der Heimat den Rücken kehrten. Denn es waren keine Bettler [...]."[9] Hier widerspiegeln sich die unterschiedlichen Geschichtsbilder, und für beide Auffassungen lassen sich mühelos zahlreiche Quellenbelege heranziehen. Die entscheidende Frage ist indes, ob es gelingt, zu einer Gesamtaussage darüber zu kommen, in welchem Rahmen sich der Vermögenstransfer nach Ungarn bewegte, ohne die zeitliche und räumliche Differenzierung aufzugeben. Fokussiert wird diese Frage auf den Geldtransfer nach Ungarn durch Erbschaften.[10] Allerdings kann dieser Vermögenstransfer nicht isoliert von dem Vermögen betrachtet werden, das bei der Auswanderung mitgebracht wurde. Denn viele Auswanderer ließen einen Teil des Vermögens unter vormundschaftlicher oder privater Verwaltung zurück, um ihn zu einem späteren Zeitpunkt „als

---

[6] FRIEDRICH LOTZ: Aus der Vergangenheit der Gemeinde Odžaci. Historisches Heimatbuch mit besonderer Berücksichtigung der Ansiedlungsgeschichte. Novi Vrbas 1929; DERS.: Hodschag. Geschichte einer deutschen Marktgemeinde in der Batschka. 2. erw. Ausgabe. Freilassing 1964.

[7] LOTZ: Aus der Vergangenheit der Gemeinde Odžaci, S. 38.

[8] Ebenda, S. 42.

[9] LOTZ: Hodschag, S. 52, vgl. auch S. 67: „Sie waren keine Bettler, sondern hatten Vermögen, manche waren sogar reiche Leute." Offensichtlich war Friedrich Lotz beeindruckt von den inzwischen von ihm eingesehenen Verkaufsinventaren von Auswanderern aus Marlen in der Ortenau, von denen sich einige dann in Hodschag niederließen. Diese Inventarisierung wurde sehr exakt durchgeführt. Darunter findet sich bei Johannes Guth, dessen Vermögen nach Berechnung des Abzugs noch über 1.500 fl. betrug, auch eine Liste der für die Reise getätigten Anschaffungen. Dazu gehörte neben Eisengeschirr, einer neuen Truhe, Kleidern unter anderem auch „eine Flind und bistoll" für über neun Gulden. Siehe Generallandesarchiv Karlsruhe (GLAK), 229, Marlen, Mikrofilm 65261.

[10] Der nach der Konsolidierungsphase einsetzende Geldtransfer in umgekehrter Richtung, der jedoch geringer war, oder in Einzelfällen die Rücksendung der Gelder nach dem Tod von Kolonistenfamilien bleibt hier unberücksichtigt.

Erbschaft" anzufordern, abzuholen oder nachschicken zu lassen. Nach dem
Ende der josephinischen Ansiedlungsvergünstigungen erhielten die Kolonisten ihr gesamtes Vermögen erst dann „als Erbschaft", wenn sie die Aufnahme in der neuen Heimat durch entsprechende Atteste nachwiesen; erst dann
wurden sie aus dem Bürgerrecht entlassen. Oft erhielten sie nur das Geld,
das für die Reise und für eine Anzahlung auf den zu erwerbenden Besitz nötig war und mitunter wurde es erst im vorderösterreichischen Donauhafen
Günzburg ausgezahlt. Damit minimierten die Behörden die Gefahr, dass mit-
tellos Gewordene wieder zurückkamen. Jedenfalls lässt sich aus inhaltlichen
und quellenmethodischen Gründen kein scharfer Trennungsstrich zwischen
beiden Tatbeständen ziehen. In Bezug auf die Erbschaften erstaunt es, wie
wenig sich die Wissenschaft hier um eine erhellende und differenzierte Forschung bemüht hat. Dargelegt wurden bislang immer regional und zeitlich
begrenzte Einzelphänomene.[11] Nur der ungarische Wirtschaftshistoriker István N. Kiss wagte sich hier mit quantitativen Schätzungen hinsichtlich des
Kapitaltransfers aus der Deckung.[12] Eine Leitfrage ist, inwiefern der Geldtransfer dem wirtschaftlichen Erfolg der Siedler und der infrastrukturellen
Entwicklung des Raumes Impulse gab. Waren die Siedler das, was den Hu-
genotten in Deutschland zugeschrieben wurde – eine ökonomische Avant-
garde und merkantilistische Experimentalisten?[13]

---

[11] Beispielsweise FERENCZ VÁRADY: Baranya multja és jelenje [Die Baranya in Vergangenheit und Gegenwart], Bd. 2. Pécs 1897, S. 552-554; OTTO HIENERWADEL: Der
Anteil der Baar am Schwabenzug nach Ungarn. In: Deutsch-Ungarische Heimatsblätter (1929), S. 199-205; (1930), S. 42-50, S. 147-153 und 317-327; (1931), S. 271-
293 und insbesondere (1932), 326-337; GEORG STAIL: Auswanderer aus der Grafschaft Friedberg-Scheer. In: Deutsch-Ungarische Heimatsblätter (1930), S. 131-136
und 231-240; WEIDLEIN, Die schwäbische Türkei, S. 117–120; MÁRTA FATA: Deutsche Immigranten im ländlichen Ungarn. Zu Fragen der Erforschung der Integration am Beispiel von Sekundäreinwanderern im Komitat Tolna in der ersten Hälfte des 19. Jahrhunderts. In: MATHIAS BEER, DITTMAR DAHLMANN (Hrsg.): Migration
nach Ost- und Südosteuropa vom 18. bis zum Beginn des 19. Jahrhunderts. Stuttgart 1999, S. 385-404, insbesondere S. 398-404.

[12] ISTVÁN N. KISS: Die deutsche Auswanderung nach Ungarn aus neuer Sicht. Köln
1979.

[13] LUCIAN HÖLSCHER: Geschichte der protestantischen Frömmigkeit in Deutschland.
München 2005, S. 170-180.

2. Quellen

Eine Annäherung an eine Gesamtsicht des Transfers von Erbschaftsgeldern nach Ungarn ist nur möglich, wenn Akten der verschiedenen behördlichen Ebenen sowohl in den Auswanderungs-, als auch den Zielgebieten einbezogen werden, denn solche Quellen können mitunter eine lückenlose Rekonstruktion von Geldtransfers ermöglichen. Dies verdeutlicht, weshalb die bisherigen Forschungen regional oder thematisch eng begrenzt waren und eine systematische Quellenerhebung und -analyse unterblieb.

Fragestellungen in Bezug auf den zwischenstaatlichen Geldverkehr bedürfen zunächst einer Bewertung entsprechender Vertragsregelungen. Der Vermögenstransfer wurde häufig in bilateralen Verträgen geregelt, wobei der Zahlungsverkehr oft auch ohne diese vertragliche Absicherung hinlänglich funktionierte. Innerhalb des Heiligen Römischen Reiches Deutscher Nation gab es eine Vielzahl entsprechender Regelungen zwischen den einzelnen Territorialstaaten. Im Deutschen Bund wurde diese Frage auf Bundesebene geregelt, wobei Ungarn, das nicht zum Deutschen Bund gehörte, eine Sonderrolle hatte. Hinsichtlich vorliegender Fragestellung kommen insbesondere Freizügigkeitsregelungen und Abzugsverträge in Frage, in denen häufig sowohl der Vermögensexport durch Auswanderung als auch durch Erbschaften geregelt wurde. Daneben sind Verordnungen und entsprechende Entwürfe von Bedeutung, weil sie einen Einblick in die Reaktion der jeweiligen Länder auf den Vermögensexport vermitteln. Einen Einblick in die diplomatische Abstimmung des Erbschaftstransfers nach Ungarn auf höchster Ebene geben die Akten der Staatskanzlei.[14] Diese zeigen, dass es sich bei der Übersendung von Erbschaften um ein Massenphänomen handelte, da allein in diesen Beständen viele Hundert entsprechende Noten überliefert sind. Zur Abwicklung von Erbschaftsgeldern über das Universalzahlamt in Wien sind umfangreiche Akten in den Beständen der Galizischen Domänen aus den Jahren nach der Josephinischen Kolonisation bis um 1800 erhalten.[15]

---

[14] Haus-, Hof- und Staatsarchiv Wien (HHStA), StK, Notenwechsel Ungarische und Siebenbürgische Hofkanzlei 1749-1848.

[15] Finanz- und Hofkammerarchiv Wien, Neue Hofkammer (FHKA, NHK), Domänenakten, Galizische Domänen.

Auf ungarischer Seite gibt es ansehnliche Aktenbestände der Statthalterei und der Ungarischen Hofkammer zu Erbschaftszahlungen.[16]

Neben den für den Abwicklungsmodus und für die Abläufe wichtigen zwischengeschalteten Ebenen sind die Akten der untersten administrativen Ebenen der eigentliche Kern der für die Erbschaftsvorgänge bedeutsamen Dokumente. Sie werden der sogenannten „freiwilligen Gerichtsbarkeit" zugeordnet. Dabei geht es um die rechtlich geregelte Fürsorge für geschäftsunfähige, unmündige Personen wie Kinder oder Kranke, aber auch abwesende Personen. Hier kommen im weitesten Sinne vormundschaftliche Akten in Frage. Zum anderen ist die Vermögensverwaltung von Nachlässen verstorbener Personen oder deren Erbschaft von Bedeutung. Die Vielfalt der Benennung dieser Akten und ihre differenzierte Provenienz sind ein Spiegel der komplexen unterschiedlichen Verwaltungsstruktur der einzelnen Territorialstaaten des Alten Reiches. Sie werden bezeichnet als Pflegschafts-, Verlassenschafts-, Vormundschafts-, Waisenschreiberei-, Ausfautei-, Nachlass-, Notariatsakten u. a. Auch die Zuständigkeiten sind entsprechend unterschiedlich und lagen je nach territorialer Zugehörigkeit bei Gemeinden, Ausfauteien, Kastenämtern, Kellereien, Oberämtern, Rentämtern, Obervogteien usw.[17] Zudem erhöht sich die Komplexität der Recherche dadurch, dass infolge der Neuordnung des Reiches Akten in großer Zahl kassiert, zerstört, in Selekten zusammengefasst und zu kleinen Teilen als Vorprovenienzbestände in andere Bestände inkorporiert wurden und weil viele Akten nicht oder nur flach verzeichnet wurden. Verheerende Folgen hatte die staatliche Neuordnung für die Massenakten der Freiwilligen Gerichtsbarkeit bedeutender geistlicher Auswanderungsterritorien wie etwa dem Kurfürstentum Mainz, dem Kurfürstentum Köln, dem Kurfürstentum Trier, dem Hochstift Würzburg u. a.[18]

---

[16] HHStA, StK, Notenwechsel Ungarische und Siebenbürgische Hofkanzlei 1749-1848.

[17] Das bedeutet in der Praxis, dass zum Beispiel im heutigen Zollernalbkreis entsprechende Akten für diese Fragestellung, abhängig von der historischen Zugehörigkeit der Orte bis zum Reichsdeputationshauptschluss 1803 in den Gemeindearchiven, im Kreisarchiv sowie im Hauptstaatsarchiv Stuttgart und in den Staatsarchiven Sigmaringen und Ludwigsburg gefunden werden können.

[18] Aktenbestände kleinerer Auswanderungsgebiete, wie etwa dem Kloster Zwiefalten, dem Kloster Rot an der Rot und dem Kloster Ochsenhausen, sind nach Auswertung der vorhandenen Findbücher kaum mehr vorhanden.

Sind entsprechende Akten überliefert, so spielen Erbschaftsakten in Bezug auf Ungarn natürlich nur eine sehr untergeordnete Rolle. In den Zielgebieten der Deutschen fanden Akten in den staatlichen Ansiedlungsgebieten insbesondere in den Kameralverwaltungen der einzelnen Rentämter und Kameraladministrationen ihren Niederschlag, aber auch in der Aktenüberlieferung privater Grundherrschaften und in der Korrespondenz dieser Ämter und der Komitate mit der Statthalterei.[19] Auch wenn die Akten der Rentämter, Kameraladministrationen und Herrengerichte nicht mehr oder nur in Einzelfällen überliefert sind, zeugen zahlreiche Dokumente in deutschen Archiven von deren Tätigkeit bei der Ausstellung von Quittungen, Attesten und Schreiben zur Unterstützung der Erbforderungen der Ausgewanderten. In vielen Städten besser überliefert sind die Akten der Waisenämter.[20] Insgesamt ist festzustellen, dass nur ein geringer Teil der für die Fragestellung relevanten Akten überliefert sind.

Gleichwohl gibt es noch hinreichende Bestände um das Phänomen zu erforschen, wobei die Bedeutung dieser Akten der freiwilligen Gerichtsbarkeit weit über die hier dargelegte Fragestellung hinausreicht. Neben Quittungen, Nachweisen für abgesandte und erhaltene Schreiben, Dokumenten für den Zahlungsverkehr, Pflegschaftsrechnungen, Nachlassinventaren,

---

[19] Trotz der lückenhaften Überlieferung der Komitatsakten des Komitats Batsch Bodrog gibt es immer wieder vereinzelt Akten zu Erbschaftsvorgängen, Arhiv Vojvodine, Novi Sad [Archiv der Wojwodina; fortan AVN], F 2, Bačko Bodroška Županija [Komitat Batsch-Bodrog; fortan BBŽ]. Häufiger sind entsprechende Akten gemäß der Komitatsprotokolle für das Komitat Baranya, insbesondere in der Zeit Josephs II. Baranya Megyei Levéltár [Komitatsarchiv der Baranya], IV.2, Baranya Vármegye II. József-féle közigazgatásának iratai [Komitat Baranya, Josephinische Verwaltungsakten]. In der Korrespondenz der Kameralämter finden sich öfter Hinweise zu Erbschaften: Magyar Országos Levéltár [Ungarisches Staatsarchiv, fortan MOL], Magyar Kamara Levéltára [Archive der Ungarischen Kammern], Impopulationalia, E 125, 1785-1790, zum Beispiel Mikrofilme 22238, 22244, 22250. Ein Beispiel für einen Erbschaftsvorgang in einer privaten Grundherrschaft findet sich in: BML, VI, A Batthyány-Montenuovo család bólyi levéltára [Das Bólyer Archiv der Familie Batthyány-Montenuovo, fortan BMCsL], Bü. 2.

[20] Vgl. etwa Akten der Militärkommunität Peterwardein. In: AVN. Eine gute Überlieferungslage besteht bei den Akten der Stadt Fünfkirchen (Pécs), BML, Pécs Város Tanácsának Iratai, IV.1003.b. Kurzfassungen der Vorgänge können Protokollen in lateinischer Sprache entnommen werden: BML, Pécs Város Tanácsának Iratai IV.1003.a

Vollmachten, Sterbe- und Geburtsnachweisen, Notariatsurkunden, Verstei-
gerungsprotokollen, enthalten die Akten immer wieder auch Schriftwechsel
mit den zuständigen Behörden, Testamente oder Briefe aus den Ansiedlungs-
und Auswanderungsgebieten.[21] Solche Briefe enthalten oft Informationen
über die persönlichen und familiären Verhältnisse der Schreiber und sind
eine Quelle für wirtschafts-, sozial-, alltagsgeschichtliche und demographische Themen. Der behördlich notwendige Nachweischarakter dieser Briefe
hat sie vor der Zerstörung bewahrt und erklärt, weshalb die überwiegende
Zahl von Selbstzeugnissen der Auswanderer und ihrer Nachkommen in den
Akten der freiwilligen Gerichtsbarkeit zu finden sind. Dabei muss die Provenienz, welcher diese Selbstzeugnisse entnommen sind, bei der Auswertung
und Veröffentlichung berücksichtigt werden.

3. Der Geldtransfer im Spiegel von Staatsverträgen und Verordnungen

In vielen Verordnungen in den Territorien des ausgehenden ancien régime
spiegelt sich die Wirkung der berühmten Populationisten Deutschlands. Philipp Wilhelm von Hörnigk (1640-1714) plädierte wie Johann Joachim Becher
(1635-1682) für den „nackten Merkantilismus".[22] Hierfür stehen Sätze wie
„Dann besser wäre, es komme auch einem übel Berichteten so seltsam vor,
als es wolle, für eine Ware zwei Taler geben, die im Land bleiben, als nur
einen, der aber hinaus gehet."[23] Zu Ungarn meinte derselbe Autor „[...] in
Summa [ist] Ungarn eine wahre Brot-, Schmalz- und Fleischgrube."[24] Auch
im Werk des englischen Nationalökonomen Adam Smith (1723-1790) wurde

---

[21] Besonders wenn sich die Übermittlung der Erbschaft hinzog oder sich Streit über
die Höhe des Erbes entstand, liegen oft ganze Briefserien vor. So enthält beispielsweise die Pflegerechnung von Bartholomäus Keller aus Spaichingen und seiner
Tochter Klara Keller in Bösing bei Pressburg (heute Stadtbezirk Pezinok von Bra-
tislava, Pozsony) 13 Briefe von ihr, ihren Verwandten oder dem Magistrat von Bösing zwischen 1806 und 1823. Stadtarchiv Spaichingen (StASp), A 294.

[22] PHILIPP WILHELM VON HÖRNIGK: Österreich über alles wann es nur will. Nach der
Erstausgabe von 1684 hrsg. von GUSTAV OTRUBA. Wien 1964, S. 7-8.

[23] Ebenda, S. 72.

[24] Ebenda, S. 76.

die Bedeutung der aktiven Handelsbilanz betont,[25] womit Vermögensexport und Verlust von „Humankapital" zum Politikum und Regulierungen zum Ziel wurden. Dabei waren insbesondere die Länder mit einer positiven Einwanderungsbilanz bestrebt, den Vermögensexport vertraglich zu regeln und Hemmnisse zu minimieren. Das galt vor allem den Ländern gegenüber, die bis in das 18. Jahrhundert das „ius albinagii" bzw. „albinagium" anwendeten. Dieses Heimfallrecht[26] bedeutete, dass die Hinterlassenschaft eines Fremden an den Landesherrn fiel, in dessen Land er gestorben war. Wichtigstes Land mit diesem Rechtsverständnis war Frankreich, und die Habsburgermonarchie wendete bei solchen Ländern das „ius reciproci et retorsionis"[27] an, wie es in einem Erlass von Maria Theresia von 1749 heißt.[28] Erst 1766 wurde die Aufhebung des „iuris albinagii" zwischen Frankreich und dem Habsburgerreich verfügt.[29] Vereinbarungen Frankreichs mit anderen deutschen Ländern folgten, zudem gab es zahlreiche Vertragswerke zwischen den Territorien

---

[25] „Die Erwerbstätigkeit des Landes wird mit dem Abzug des Kapitals, das sie stützte, notwendigerweise zurückgehen, und auf den Verfall der Landwirtschaft wird der Ruin von Handel und Gewerbe folgen." ADAM SMITH: Untersuchung über Wesen und Ursachen des Reichtums der Völker. Aus dem Englischen übersetzt von MONIKA STREISSLER. Hrsg. und eingeleitet von ERICH W. STREISSLER. Tübingen 2005.

[26] Französisch aubaine = Heimfall.

[27] Wiedervergeltungsrecht.

[28] Hauptstaatsarchiv Stuttgart (HStAS), B 40, Bü. 620. In diesem Erlass, der den Akten des vorderösterreichischen Oberamtes Rottenburg entnommen sind, heißt es unter anderem: „Als wollen wir zur künftigen Richtschnur, und Behalt hiemit zu wissen gethan haben, daß, gleichwie die Cron Franckreich nicht allein das eines in Franckreich verableibenden fremden Unterthans beyhabende Vermögen aus dem sogenannten Jure Albinagii mitlst deroselben Fisci beziehet, sondern auch eodem Jure jene Erbschaften, welche einem in das Teutschland begebenen Unterthan in Franckreich angefallen, von dorten nicht heraus erfolgen lasset, wobey dagegen man zwischen denen übrigen Frantzösischen, dann Elsaß- und Sundgauischen Unterthanen wegen ebenermeldten Jure Albinagii, einigen Unterschied zu machen, von darumen kein Ursache hat [...]." Damit war die Landesherrin nicht einmal bereit, für die ehemals zu Habsburg gehörigen Länder eine Ausnahme zu machen.

[29] HStAS, B 40, Bü. 620. Der Vertrag zwischen „Ihrer Kaiserl.[ichen] Königl.[ichen] Apostolischen Majestät und Seiner Majestät dem Allerchristlichsten Könige, wegen Aufhebung des Juris Albinagii in Frankreich, in Ansehung der Ungarischen, Böhmischen, Oesterreichischen und Italienischen Erbstaaten, und des Wiedervergeltungsrechts in diesen Staaten, in Ansehung der französischen Unterthanen"

innerhalb des Reiches.[30] Damit war die Auszahlung von Verlassenschaften aus Frankreich möglich, was besonders für Auswanderer aus dem Elsass und Lothringen von Interesse war.

Das Verlassen eines Territoriums und der damit verbundene Vermögensexport war reichsrechtlich nicht geregelt und blieb damit territorialstaatlichen Regelungen vorbehalten. Das „ius emigrandi" stand im Zusammenhang mit den zu versteuernden Erbschaften.[31] Der Abzug (auch Abschoß, Detractus, Nachsteuer, Zehntpfennig, Abfahrtsgeld) lag in der Regel bei zehn Prozent, wobei es nicht einmal Joseph II. gelang, die Abzugsfreiheit bei einem Fortzug aus vorderösterreichischen Herrschaften zu erreichen, weil hier inzwischen niedergerichtliche Rechte berührt wurden.[32] Erst in der Bundesakte vom 8. Juni 1815 wurde die Aufhebung des Abzugs anvisiert; mit Beschluss vom 23. Juni 1817 wurde die Freiheit von allen Nachsteuern, auch als „jus detractus, gabella emigrationis" bezeichnet, garantiert.[33] Ungarn als nicht zum Deutschen Bund gehöriges Königreich war in diese Freizügigkeit nicht einbezogen. Immer wieder angestrebte bilaterale Vereinbarungen scheiterten bei vielen deutschen Bundesstaaten an rechtlichen Fragen. So berichtete die württembergische Gesandtschaft in Wien am 12. Juli 1832 an das Königliche Ministerium der Auswärtigen Angelegenheiten in Stuttgart, dass

> „namentlich in Ungarn, durch hergebrachte Berechtigungen von Grundherrn, Corporationen etc. entgegenstehenden Schwierigkeiten wahrscheinlich den Grund bilden, warum die diesfälligen Anträge bisher unerwidert blieben."[34]

---

wurde am 24. Juni 1766 in Wien abgeschlossen und sollte am 8. September desselben Jahres in Kraft treten.

[30] Akten über die mit allen Reichsständen angestrebte wechselseitige Abschoßfreiheit zum Beispiel der Nassau-Oranischen Regierung in Dillenburg befinden sich im Hessischen Hauptstaatsarchiv Wiesbaden (HHStAW), Abt. 172, Nr. 71, 1774-1776.

[31] Dazu mit weiteren Verweisen siehe JAN ZIEKOW: Über Freizügigkeit und Aufenthalt. Paradigmatische Überlegungen zum grundrechtlichen Freiheitsschutz in historischer und verfassungsrechtlicher Perspektive. Tübingen 1997, S. 103-115.

[32] Neben dem Abzug mussten leibeigene Auswanderer natürlich noch die Manumissionsgebühr entrichten.

[33] HStAS, 706 Bü. 210.

[34] Ebenda.

Der Grund für die Bemühungen lag im „Besten der nach Ungarn ausgewanderten Familien, so wie ihrer zurückgebliebenen Angehörigen [...].“[35] Erst
1853 standen die Verhandlungen vor einem Erfolg, obwohl die Habsburger
Monarchie jahrzehntelang Avancen gemacht hatte.[36] Eine entsprechende Regelung zur Ausdehnung der gegenseitigen Freizügigkeit auf Ungarn erfolgte etwa mit Hohenzollern-Hechingen zum 15. Juni 1847.[37] Doch auch ohne
vertragliche Absicherung konnte der Vermögensexport relativ problemlos
funktionieren, und selbst mit dem Königreich Preußen war dies kurz nach
dem Siebenjährigen Krieg (1756-1763) möglich. Ein von Staatskanzler Kau-
nitz (1711-1794) unterzeichnetes Schreiben vom 1. Juli 1765 äußert sich wegen einer von dem Fleischhacker Joseph Neumann im Temescher Banat aus
Falkenstein in Oberschlesien zu erwartenden Erbschaft in Höhe von 494 fl.,
dass zwar mit Preußen noch „keine Convention zu Stand gekommen, solche
Exportirung des Geldes jedoch in verschiedenen Fällen von beyden Seiten
verstattet worden ist.“[38]

Welche Bedeutung dem Vermögensexport speziell nach Ungarn bei-
gemessen wurde, verdeutlicht eine Anordnung von 1782 an das Waldvog-
teiamt in Waldshut, das dafür sorgen sollte, dass nicht zu viel vermögende
Leute auswandern, denn:

> „[...] obschon die Herrschaft Hauenstein [...] mit Leuten sehr übersetzt ist,
> so zeiget sich doch an dem nur mit 205 fl. herein- gegen das mit 2.848 fl.
> hinaus gezogene Vermögen ein so beträchtlicher Abstand, daß wir aller-
> dings veranlasset sind, das k. k. Waldvogtey Amt zu erinnern, daß dasselbe
> mit dem hierorten auf die auswandung[39] für die Zukunft etwas behutsamer
> zu Werke gehen und trachten solte, zwischen dem herein und hinaus zu

---

[35] Ebenda.

[36] Ebenda.

[37] StAS, Ho 1, T 7, Nr. 733: „Nachdem von der kaiserlich Oesterreichischen und
      der fürstlich Hohenzollern-Hechingen'schen Regierung die Verabredung getrof-
      fen wurde, die zwischen den deutschen Bundesstaaten bestehende Freizügigkeit
      des Vermögens auch auf die nicht zum Deutschen Bunde gehörigen Theile des
      Oesterreichischen Gesamt-Staates auszudehnen [...] so wurde am heutigen Tage
      den 15. Juni 1847 zu Wien im Gebäude der k. k. geheimen Haus-, Hof- und Staats-
      kanzlei die Auswechslung dieser gegenseitigen Erklärungen vorgenommen [...].“

[38] FHKA, NHK, Banater Akten, Bü. 162, Fasz. 39, 1763/1769, fol. 690-724.

[39] Aus der Quelle wird nicht deutlich, ob der Schreiber „Auswanderung“ oder „Aus-
      wendung“ meint.

ziehenden Vermögen wenigstens eine Gleichheit zu erhalten, wenn auch nicht möglich seyn sollte, an dem ersten einen Überschuß zu erobern."[40]

Das Ende der offiziellen spättheresianischen und der josephinischen Kolonisation bedeutete nur ein Nachlassen der Auswanderung, denn natürlich wurden weiterhin Kolonisten angenommen, die auf keine Unterstützung angewiesen waren, wie es in Hofdekreten vom 20. März und 5. April 1771 hieß:

> „[...] daß nemlich in das Temeswarer Banat und in die Königl:[ichen] Hungarische Kammeral Herrschaften die Übersendung keiner deutschen Familie zu gestatten seye, außer die sich ausweisen könnte, daß sie im Stande wäre, sich durch einige Zeit selbst zu erhalten, und sich auf denen ihnen anweisenden Gründen die Häuser und den fundum instructum anzuschaffen."[41]

Im März 1772 sah sich die fürstenbergische Regierungskanzlei genötigt, auf die Resolutionen hinzuweisen, die besagten, dass

> „keine fremde Colonisten in dem Königreich Ungarn mehr angenommen", aber weiterhin „allkünftige Emigranten, wenn selbe nur auf ihre eigenen Kösten sich nacher Hungarn verfügen, und etwan bey denen Privatis oder denen Königlichen Freystätten einen Ansiedlungs Plaz auswohlen[42] wollten, lediglich mit V:[order] Österreichischen R[e]g[ie]r[un]gs Päßen zu versehen wären."[43]

Nach Einstellung der josephinischen Kolonisation beschied die vorderösterreichische Landvogtei Ortenau dem zuständigen Oberamt, dass das „allerhöchste Verboth vom 13ten Jul[i] 1786" nicht diejenigen betraf, die nachwiesen „daselbst eine Besitzung angeschafet zu haben."[44]

Welche Sorge die Behörden deutscher Territorialstaaten vor einem zu großen und ungehemmten Vermögensabzug umtrieb, zeigt sich in einem Vermerk an die Regierung des Stifts Fulda von 1785, in dem nachdrücklich vor einer Abschaffung der Abzugsgelder gewarnt wird:

---

[40] GLAK, 227, Nr. 372
[41] StAS, Ho 172 T2, Bü. 356.
[42] = auswählen.
[43] StAS, Ho 172 T2, Bü. 356.
[44] GLAK 119, 196, o. fol., 01.05.1790.

„[...] zumal die Proportion des Hochstifts gegen die k.[aiserlich] k.[önigliche] Landen allen Vergleich übersteigt, und die Exportation des Vermögens von hier in die Erblande [...] obschon im geringeren Betrag, der aber in der Menge der Fälle nur in einem Jahr immer [...] ungemein größer als die Hoffnung eines dortherigen Einzug oder anhero fällig[en] Erbschaft ist. Wodurch [...] ein beträchtlicher Vortheil alljährlich entgehen dörffte."[45]

In der Einschätzung wurde richtigerweise konstatiert, dass es hier zwar um kleinere Vermögenswerte ging, die aber in der Summe bedeutsam waren. Auch im Kurfürstentum Mainz fürchtete man den laufenden Vermögensabzug, wovon einige Erlasse zeugen. So äußerte sich die kurmainzer Regierung am 18. Oktober 1782:

„Da die Erfahrung bestättiget, daß bey abziehung Kurfürstl[icher] Unterthanen, oder in Fällen wo inländisches Vermögen an Auswärtige vererbt wird, der unterm 30ten März 1776 erlaßenen General Verordnung un geachtet, dem herrschaftlichen Höchsten intresse durch mancherley Verheimlichungen noch immer ein beträchtlicher Schaden zu gehe [...]." Die Nachsteuer sollte sofort „bey ausziehung des Gläubigers" oder „so bald der Fremde die Erbschaft antritt" und „ohne alle Nachsicht zu erheben sein."[46]

Am 9. Juli 1790 wurden die Behörden wiederum ermahnt, „die Vermögens-Verzeichnisse über Abkauf und Nachsteuer „der kurfürstlichen Landesregierung vor Entlassung der Untertanen zur Prüfung" vorzulegen. Es ist bemerkenswert, dass die kurmainzer Verordnungen gerade außerhalb der Privilegierungskorridore der Kolonisation erfolgten. Fast gleichlautende Verordnungen gibt es aus anderen Territorialstaaten, so aus der Kurpfalz. Dort wurden die Ämter 1764 und 1765 angewiesen, „den wahren Vermögens-Betrag" ohne „Unterschleiff und Betrug" festzustellen.[47] Doch auch schon im frühen 18. Jahrhundert wurden diesbezügliche Anweisungen erteilt; beispielsweise wird in einer Landesverordnung des Deutschen Ordens von 1724 beklagt, dass sich viele Untertanen entschlossen hätten,

„dero Vatterland und Hausliches weesen aufzugeben, güetter zu verkaufen, und in das Ungarland abzuziehen; Indeme aber [...] Keines weegs

[45] Hessisches Staatsarchiv Marburg (StAM), 90b, Nr. 1848, o. fol.
[46] Hessisches Staatsarchiv Darmstadt (StAD), Kurmainzische Verordnungen, C 4, Nr. 230/3.
[47] Landesarchiv Speyer (LASp), F 29, Nr. 38.

Verstatten wollen, daß jemandten ein mehrers als 100 fl. nach abzug aller schuldigkeiten gleich bey anderen Herrschaften zugeschehen pfleget, Zu exportiren erlaubt seye, und vom Hundert zehen gulden zur Nachsteuer erlegt werden soll."[48]

All diese Verordnungen und Vermerke waren eine Folge des ungeliebten Vermögensexports und der Tatsache, dass der Wegfall der Nachsteuer als fiskalisch höchst bedenklich eingestuft wurde.

4. Überlegungen zur quantitativen Bedeutung des Vermögenstransfers nach Ungarn

Bei der Einschätzung des Vermögenstransfers ist von einer erheblichen Grauzone auszugehen, denn gerade bei den begüterten Auswanderern wurden Vermögenswerte immer wieder unterschlagen. Das zeigt sich an den angeführten Verordnungen des Kurfürstentums Mainz, aber auch an aufgedeckten Falschangaben. So betrug das Vermögen der Witwe Maria Barbara Kechler aus Rheinhausen im Amt Philippsburg im Hochstift Speyer 1776 „angeblich 348 fl. 7 x.", wurde dann „aber auf 1.065 fl. festgestellt." Philipp Kechler aus dem gleichen Ort besaß angeblich 24 fl. 30 x., sein Vermögen wurde aber auf 145 fl. 30 x berichtigt. Josef Seltzer aus Wiesenthal, ebenfalls Amt Philippsburg, gab 1774 453 fl. an, später wurde jedoch ein Vermögen von 1.000 fl. festgestellt, bei Jakob Stöckel aus dem gleichen Ort war die Differenz noch höher. Angegeben hatte er 346 fl., später wurden 1.182 fl. festgestellt.[49] Die Unterschlagungen wurden mitunter erst Jahre nach der Auswanderung bemerkt. So erfuhr die Kellerei Werneck im Hochstift Würzburg erst lange nach der Auswanderung des Sohnes von Valentin Müller aus Zeuzleben, dass dieser „ohngefähr 300 fl. mitgenommen habe" und „daß der Junge Müller ohne endrichtung der Nachsteuer entlaßen worden seye."[50] Im Falle der

---

[48] Staatsarchiv Ludwigsburg (StAL), B 335, Bü. 46.
[49] Zitiert nach WERNER HACKER: Auswanderungen aus dem früheren Hochstift Speyer nach Südosteuropa und Übersee im 18. Jahrhundert. Kaiserslautern 1969, S. 71, 98, 109.
[50] Staatsarchiv Würzburg (StAWü), Gebrechenamt, VII Werneck 18.

in Bösing bei Pressburg[51] lebenden Klara Keller wurde in der Pflegschafts-rechnung tadelnd vermerkt, dass Ausgaben zwar durch Quittungen nachge-wiesen wurden, aber nicht „mit besonders hierzu erforderlichen obrigkeitli-chen Legitimation zu Absendung der Gelder".[52] Auch vor der behördlichen Inventarisierung des Vermögens gab es viele Möglichkeiten zur Manipulati-on, in anderen Fällen wurde die Fahrende Habe nicht bewertet.[53]

Grundsätzlich ist festzuhalten, dass die Metapher der „Schwabenzü-ge" den Blick darauf verstellt, dass die Ansiedlung von Kolonisten keines-wegs auf die kurzen Phasen der karolinischen, theresianischen und jose-phinischen Ansiedlungspolitik beschränkt war. Diese zeitlich relativ engen Privilegierungskorridore in den Kameralgebieten stellten rechtliche und wirtschaftliche Subventionierungsfenster dar und den Kolonisten wurden Steuerfreijahre von öffentlichen und grundherrlichen Abgaben gewährt. In der spättheresianischen Zeit (1763-1770) gab es eine weitere Unterstützung durch das Antizipationssystem und in der josephinischen Zeit zwischen 1782 bis 1785/1786 eine umfassende Subventionierung der Ansiedler durch Über-lassung von Haus, Hof und Gerätschaften. Hinzu kamen Reisezuschüsse und Verpflegungskosten unterschiedlichen Ausmaßes.

---

[51] Heute der Pressburger Stadtbezirk Pezinok.
[52] StASp, A 294.
[53] Exakte Inventare finden sich beispielsweise für das Fürstentum Hohenzollern-He-chingen in StaS, Ho 1, T 7, Nr. 838; für die Orte Marlen in der Ortenau im GLAK, 229, Marlen, Mikrofilm 65261; für die gräflich naussauische Waisenschreiberei Ott-weiler im Landesarchiv Saarbrücken (LASb), Not. Otw., Nr. 226-229.

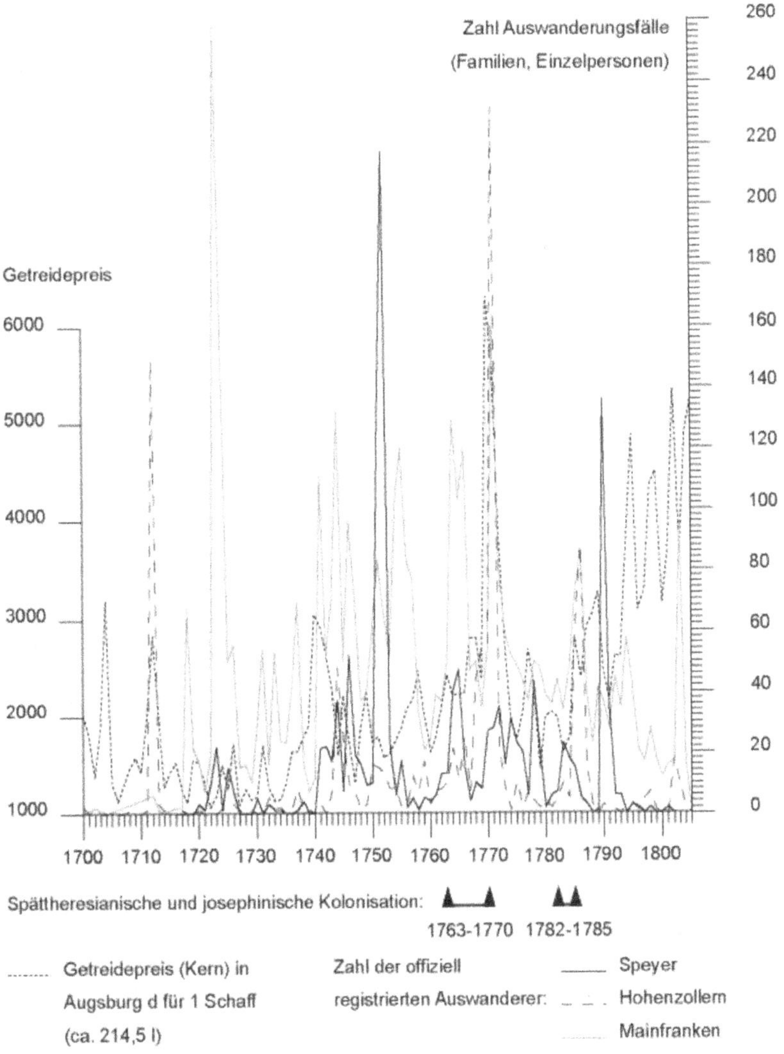

Geldtransfer aus dem Deutschen Reich nach Ungarn

Zahl Auswanderungsfälle
(Familien, Einzelpersonen)

Getreidepreis

Spättheresianische und josephinische Kolonisation: ▲ ▲   ▲▲

1763-1770 1782-1785

.... Getreidepreis (Kern) in   Zahl der offiziell   _____ Speyer
Augsburg d für 1 Schaff   registrierten Auswanderer: _ _ . Hohenzollern
(ca. 214,5 l)   .... Mainfranken

Abbildung 1: Auswanderung aus drei Auswanderungsterritorien: Hoch-
stift Speyer, Hohenzollerische Fürstentümer und Mainfranken.
Quelle: WERNER HACKER: Auswanderung aus dem Raum der späteren
Hohenzollerischen Lande nach Südosteuropa im 17. und 18. Jahrhundert.
Sigmaringen 1969; DERS.: Auswanderungen aus dem früheren Hochstift
Speyer nach Südosteuropa und Übersee im 18. Jahrhundert;
ALFONS PFRENZINGER: Die mainfränkische Auswanderung nach Ungarn
und den österreichischen Erbländern im 18. Jahrhundert. Wien 1941.
Entwurf und Zeichnung: Karl-Peter Krauss.

Indes dokumentiert der Gang der Auswanderung aus verschiedenen deutschen Territorialstaaten eine gewisse Unabhängigkeit von Unterstützungsmaßnahmen (vgl. Abbildung 1). Die Ansiedlung in Privatgrundherrschaften und Städten macht ohnehin abweichende Verlaufsmechanismen deutlich. Manche Herrschaften, wie jene von Bóly, nahmen nur solche Siedler auf, die keine wirtschaftliche Unterstützung brauchten,[54] andere wiederum gewährten finanzielle oder sachliche Hilfen oder Vorschüsse wie etwa die Grafen Károlyi oder die Erzbischöfe von Kalocsa.[55] Erhielten neue Siedler bebautes Land, dann entfielen die grundherrlichen Steuererleichterungen.[56] Damit gab es ein breites regionales, aber auch von der Ansiedlungszeit abhängiges Muster an Bedingungen in der ländlichen Siedlung. In Städten hingegen musste die Verleihung des Bürgerrechts durch den Rat der Stadt genehmigt werden, was finanzielle Mittel voraussetzte.[57] Diese Differenzierung ist eine Voraussetzung für das Verständnis der unterschiedlichen Anforderungen an die wirtschaftliche Ausstattung, wobei jedoch kapitalkräftige Ansiedler bei der Ausstattung mit Land immer bevorzugt wurden.

Angesichts der Quellenlage ist eine zuverlässige Annäherung an die Gesamtsumme des Vermögensexports, insbesondere der Erbschaften, unmöglich, aber einige Quellen geben wichtige Anhaltspunkte. So befinden sich in den Akten der Galizischen Hofdomänen im Hofkammerarchiv in Wien hunderte von Erbschaftsvorgängen mit ungarischem Bezug, die zwischen 1788 und 1800 über das Universal Kameral Zahlamt in Wien und die ungarische Kameralkasse in Ofen abgewickelt wurden.[58] Dabei handelt es sich vornehm-

---

[54] KARL-PETER KRAUSS: Deutsche Auswanderer in Ungarn. Ansiedlung in der Herrschaft Bóly im 18. Jahrhundert. Stuttgart 2003, S. 107-116.

[55] Zur Ansiedlung der Grafen Károlyi siehe STEFAN VONHÁZ: Die deutsche Ansiedlung im Komitat Sathmar. Hrsg. von Stefan Koch. Laupheim 1987, S. 4-30. Zu Kalocsa vgl. den Ansiedlungsvertrag des Erzbischofs mit Hajós in: ANTON TAFFERNER: Quellenbuch zur donauschwäbischen Geschichte, Bd. 5. München 1995, S. 88-89.

[56] BML, VI, BMCsL], Bü. 35, 36, 37, 197.

[57] Vgl. das obige Beispiel des Ansiedlungsversuches der Vagantenfamilien in Pressburg.

[58] FHKA, NHK, Domänenakten, Galizische Domänen. Dass sich Akten über Ungarn in den Galizischen Domänen finden, liegt wohl daran, dass diese Vorgänge administrativ von der gleichen Stelle abgewickelt wurden und eine Trennung der Akten aus Gründen der Provenienz unterblieb.

lich um Akten eines kleinen Teils von Vorderösterreich im Raum Freiburg sowie aus den angrenzenden Territorien der Reichsgrafschaft Falkenstein, wobei nicht alle Erbschaften in der fraglichen Zeit über diesen Weg abgewickelt wurden.[59] Schließlich legen die Zählung der Vorgänge und auffallende Zeitlücken nahe, dass die Akten unvollständig sind. Dennoch wurden so aus dieser kleinen Region allein im Jahr 1792 14.988 fl. Wiener Währung transferiert. Für die Batschka waren es in den Jahren 1795 und 1796 rund 15.000 fl. 1794 und 1795 gingen allein in den Ort Rac-Militsch (serb. Srpski-Miletić, ung. Rácz-Militics) 2.662 fl. Erbschaftsgelder. Auch der bekannte Johann Eimann gelangte 1788 so an sein Erbe. Ein zweites Beispiel: In der räumlich kleinen nassauischen Waisenschreiberei Ottweiler bei Saarbrücken finden sich etwa zwei Dutzend Erbschaftsvorgänge vornehmlich aus dem späten 18. Jahrhundert.[60] Ein weiteres „Überlieferungsfenster" sei mit den Beständen des Oberamts Haigerloch und des Oberamts Glatt angeführt, das 1854 mit dem Oberamt Haigerloch vereinigt wurde. Hier sind zahlreiche Pflegschafts- bzw. Verlassenschaftsakten mit Bezug zu Ungarn zu finden, wobei diese Akten teilweise bis in das 18. Jahrhundert reichen.[61] Alle Akten scheinen die schon in den Banater Akten vom 2. März 1726 überlieferte Äußerung zu bestätigen, dass „durch die deutschen Kolonisten Geld ins Land komme".[62]

Welche prinzipiellen Wirkungen der Vermögenstransfer und die Vermehrung der Bevölkerung in einem sozioökonomisch günstigen konjunkturellen Umfeld hatten, sei am Beispiel der Herrschaft Bóly nördlich von Siklós in Südtransdanubien erläutert. Hier wurden zwischen 1745 und 1767 rund 600 steuerpflichtige deutsche Familien angesiedelt, die mehrheitlich,

[59] Die der vorderösterreichischen Regierung in Freiburg unterstellte Reichsgrafschaft Falkenstein hatte die Aufgabe, Kolonistenvermögen aus den angrenzenden Territorien einzutreiben: dies war nicht immer einfach. Umfangreiche Aktenbestände dazu: LASp, C 14, Nr. 347-387. Dazu auch: WERNER HACKER: Kurpfälzische Auswanderer vom unteren Neckar. Rechtsrheinische Gebiete der Kurpfalz. Stuttgart 1983, S. 61.
[60] LASb, Not. Otw., Nr. 226-229.
[61] Kreisarchiv Zollernalbkreis (KrArchBL), Oberamt Hechingen, Hech2b. Die hohe Dichte macht diese Akten für die Fragestellung wertvoll. Vgl. auch WERNER HACKER: Auswanderung aus dem Raum der späteren Hohenzollerischen Lande nach Südosteuropa im 17. und 18. Jahrhundert, S. 226-230.
[62] JOSEF KALLBRUNNER: Das kaiserliche Banat. 1. Einrichtung und Entwicklung des Banats bis 1739. München 1958, S. 34.

wohl zu zwei Drittel aus dem Deutschen Reich kam. Da sie keine Unterstüt-zung bei der Ansiedlung erhielten, mussten sie ein Vermögen mitgebracht haben.[63] Geht man von 200 fl. pro Familie aus – ein Betrag, der vom kaiserli-chen Kommissar Anton Vogel für das Jahr 1736 als notwendig für eine Bau-erneinrichtung angegeben wurde – entsprach dies 80.000 fl.[64] Zum Vergleich: Der Schätzwert der Herrschaft lag im August 1700 bei 40.219 fl. einschließlich der Fronarbeit.[65] Dass der Wert der Herrschaft Bóly bis 1772 auf 450.750 fl.[66] taxiert wurde, ist – neben anderen Faktoren – auch eine Folge dieses Kapi-taltransfers und der damit verbundenen Investitionen. Dieser Umstand war einst im kollektiven Gedächtnis der Deutschen der Herrschaft Bóly veran-kert, denn in einer Beschwerdeschrift von 1766 hieß es „[...] daß man [so] fast nicht mer Leben kann dies Unseriges Erbgütel so wir aus dem teüschlan ge-bracht ist nun mehr an gewent und Vergehet [...]."[67] Vergleicht man diesen Kapitalfluss mit den Erträgen aus der Herrschaft, zeigt sich seine Bedeutung. 1734 lagen die Einkünfte der Herrschaft Bóly bei 3.227 fl., 1742 bei 7.578 fl., 1746 bei 13.876 fl., 1750 bei 10.905 fl. Erst kurz vor und während des Sieben-jährigen Krieges explodierten die Gewinne aus dem Getreideexport.[68] Hier zeigen sich Parallelen zu einer Bewertung von General Johann Andreas Ha-milton für das Banat, der feststellte, dass die

> „deutschen Kolonisten im Banat in einem Jahr etwa 30.000 fl. an Steuern und Gefällen bezahlten, was ungefähr so viel sei, wie die Hofkammer für die An-siedlung der Einwanderer aus dem Reich überhaupt ausgelegt habe."[69]

Selbst bei der Ansiedlung in Kameralsiedlungen wurden mitunter beträcht-liche Mittel mitgenommen. Von neun aus Marlen in der Ortenau nach Hod-

---

[63] KRAUSS: Deutsche Auswanderer in Ungarn, S. 91-107.
[64] Das Werbepatent von Joseph Anton Vogel ist abgedruckt bei: ANTON TAFFERNER: Quellenbuch zur donauschwäbischen Geschichte. München 1974, S. 136-138.
[65] BML, VI, BMCsL, Bü. 189.
[66] MOL, Batthyány család levéltára [Archiv der Familie Batthyány, fortan BCsL], P 1332, Bü. 14.
[67] BML, Baranya Vármegye Levéltára, Úriszéki iratok [Archiv des Komitates Bara-nya, Herrenstuhl], IV.8.f, Bü. 139.
[68] KRAUSS: Deutsche Auswanderer in Ungarn, S. 116-126.
[69] FHKA, NHK, Banater Akten, 9. Juni 1736, zitiert nach KALLBRUNNER: Das kaiserli-che Banat, S. 35.

schag in der Batschka 1769 ausgewanderten Familien liegen exakte Vermögensverhältnisse vor. Trotz Schuldentilgung und Abzug verblieben diesen Familien über 10.800 fl.[70] Die ebenfalls dorthin ausgewanderte Barbara Fischer aus Kittersburg bekam 1797 eine Erbschaft in Höhe von 1.674 fl. W. W. (2.008 fl. Reichswährung).[71] So befanden sich im früheren Gemeindearchiv von Hodschag zwischen 1760 und 1790 abgefasste Testamente, in denen über die aus Deutschland zu erhoffende Erbschaft verfügt wurde.[72] Allein aus dem Rentamt in Offenburg wurden im Jahr 1791 bis zum Mai 1791 2.343 fl. an die Vorderösterreichische Regierung in Freiburg übersandt, die wegen fehlender Nennung des Wohnortes durch das Oberamt Offenburg zunächst nicht zugeordnet werden konnten.[73] Dass die Abwicklung von Erbschaftsvorgängen für viele Ämter nichts Ungewöhnliches war, zeigt sich etwa an einer Anweisung, die die kriegsbedingt nach Günzburg verlagerte vorderösterreichische Regierung am 6. August 1802 an das Oberamt in Rottenburg richtete, in der es hieß, das Amt solle die Verlagsquittung einsenden, „um diese Gelder gewöhnlichermaßen an gedachte Erben überwechßeln zu können."[74] Offensichtlich war der Geldtransfer im Jahre 1817 immer noch so alltäglich, dass das Kulaer Kameralamt einen Vordruck für Vollmachten in deutscher Sprache drucken ließ, um es den Beziehern von Erbschaften aus Deutschland und dem örtlichen Amt zu vereinfachen, Ansprüche über bevollmächtigte Vertrauenspersonen in der früheren Heimat geltend zu machen (vgl. Abbildung 2). Der letzte Satz des Vordrucks, den Katharina, geborene Joaß, für ihren Bevollmächtigten Gottlieb Brenner ausstellen ließ, hieß:

> „Hingegen wolle Bevollmächtigte ... über alles dieses eine genaue durch das betreffende Gericht hinlänglich bekräftigte schriftliche Abhandlung mitbringen, und den erhobenen Geldbetrag, und zwar in jenen Conventions Münzen als Er empfangen wird, gehörig einhändigen. So geschehen in dem kameral Ort ..."[75]

---

[70] GLAK, 229, Marlen, Mikrofilm 65261.
[71] GLAK 119, 196, o. fol.
[72] LOTZ: Aus der Vergangenheit der Gemeinde Odžaci.
[73] Ebenda.
[74] HStAS, B 38, Bü. 2083.
[75] StAL, F 190 II, Bü. 429. Vermutlich war es ein Vordruck für die ganze Kameraladministration Sombor. Doch auch der Name „Kula" war eingedruckt (!). Die erbberechtigte Anna Katharina Dietrich aus Tscherwenka (serb. Crvenka, ung. Cser-

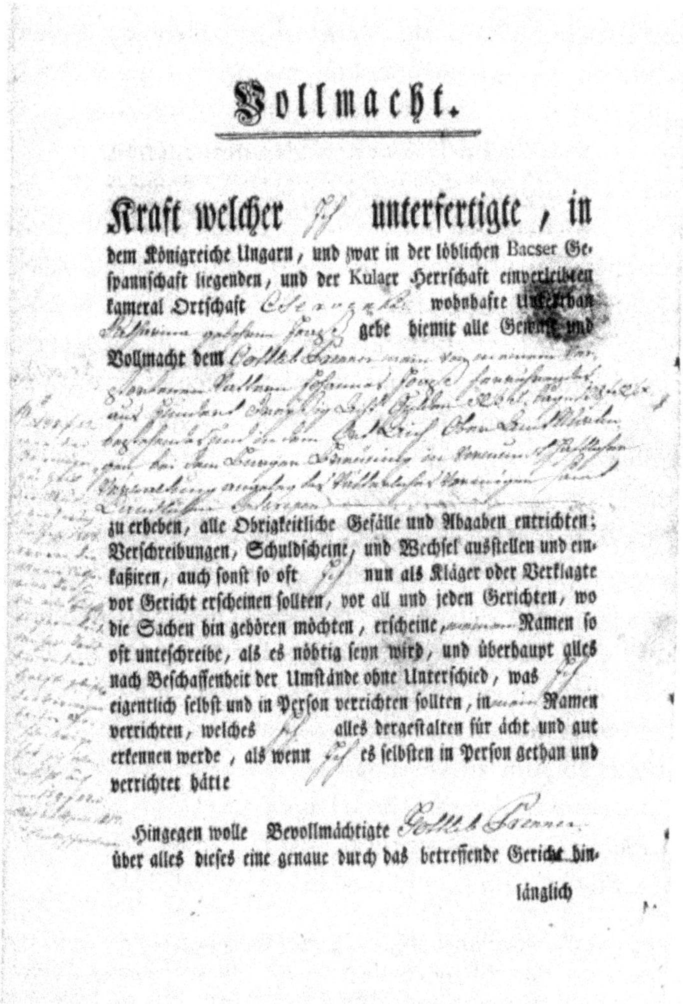

Vollmacht.

Kraft welcher … unterfertigte, in dem Königreiche Ungarn, und zwar in der löblichen Bacser Gespannschaft liegenden, und der Kulaer Herrschaft einverleibten kameral Ortschaft … wohnhafte Unterthan … gebe hiemit alle Gewalt und Vollmacht dem …

zu erheben, alle Obrigkeitliche Gefälle und Abgaben entrichten; Verschreibungen, Schuldscheine, und Wechsel ausstellen und einkaßiren, auch sonst so oft … nun als Kläger oder Verklagte vor Gericht erscheinen sollten, vor all und jeden Gerichten, wo die Sachen hin gehören möchten, erscheine, … Namen so oft unterschreibe, als es nöthig seyn wird, und überhaupt alles nach Beschaffenheit der Umstände ohne Unterschied, was … eigentlich selbst und in Person verrichten sollten, in … Namen verrichten, welches … alles dergestalten für ächt und gut erkennen werde, als wenn … es selbsten in Person gethan und verrichtet hätte

Hingegen wolle Bevollmächtigte … über alles dieses eine genaue durch das betreffende Gericht hin-

länglich

Abbildung 2: Vorderseite eines ausgefüllten Vordrucks für eine Vollmacht zur Erhebung eines Geldbetrages (Rückseite). Hier geht es um ein Erbe aus Aich in Württemberg für Maria Katharina Joaß aus Tscherwenka in der Batschka, 10.01.1817. StAL, F 190 II, Bü. 429. © Landesarchiv BW.

venka) stammte aus Aich, heute Gemeinde Aichtal in Baden-Württemberg. Die umfangreiche Pflegerechnung befindet sich im Gemeindearchiv, allerdings ohne den inzwischen entnommenen Brief; Gemeindearchiv Aichtal, Pflegrechungen, AR 459.

Inwiefern finden die zahlreichen und beliebig erweiterbaren mikrohistorischen Beispiele ihre Bestätigung aus makrohistorischer Perspektive? István N. Kiss hat die Vermögenslage der Auswanderer vom Oberen Neckar entsprechend der Publikation von Werner Hacker statistisch ausgewertet. Das Durchschnittsvermögen pro Familie betrug nach seinen Angaben knapp 150 fl., insgesamt 190.000 fl. Zudem hätten 18,8 Prozent der in Ungarn bereits Angesiedelten noch ein Erbe bekommen, was rund 66.000 fl. entsprach; ein Teil konnte mangels Angabe der Höhe nicht berechnet werden.[76] Legt man die Regesten der im 18. Jahrhundert aus dem Hochstift Speyer nach Ungarn Ausgewanderten zu Grunde, ergibt sich ein Vermögenstransfer von insgesamt über 197.000 fl.[77] Rechnet man dieses Gesamtvermögen auf die Einzelfälle um, bei denen eine Vermögensangabe angegeben ist, ergibt sich ein (offizielles) Durchschnittsvermögen von 167 fl. pro Familie oder Einzelperson, wobei eventuell anfallende Manumissionsgebühren und Abzugsgelder noch abzuziehen sind. Dabei sind natürlich Schwankungen zu erwarten, denn erwartungsgemäß waren die Vermögensverhältnisse der Auswanderer in der josephinischen Kolonisation schlechter. Veranschlagt man unter Berücksichtigung der Regesten von Werner Hacker und Alfons Pfrenzinger[78] eine Gesamtzahl von 100.000 nach Ungarn ausgewanderter Einzelpersonen und Familien und legt ein Durchschnittsvermögen von 130 fl. zu Grunde, ergäbe das einen geschätzten Vermögenstransfer von 13.000.000 fl. auf der Basis

---

[76] KISS: Die deutsche Auswanderung nach Ungarn aus neuer Sicht, insbesondere S. 10-14.

[77] HACKER: Auswanderungen aus dem früheren Hochstift Speyer nach Südosteuropa und Übersee im 18. Jahrhundert, S. 35-120. Die Rückwanderer und die nicht sicher nach Ungarn Ausgezogenen wurden nicht berücksichtigt.

[78] Ebenda; DERS.: Auswanderung aus dem Raum der späteren Hohenzollerischen Lande nach Südosteuropa im 17. und 18. Jahrhundert; DERS.: Auswanderer vom Oberen Neckar nach Südosteuropa im 18. Jahrhundert. München 1970; DERS.: Auswanderungen aus dem südöstlichen Schwarzwald zwischen Hochrhein, Baar und Kinzig insbesondere nach Südosteuropa im 17. und 18. Jahrhundert. München 1975; DERS.: Auswanderungen aus dem nördlichen Bodenseeraum im 17. und 18. Jahrhundert. Singen 1975; DERS.: Auswanderungen aus Oberschwaben im 17. und 18. Jahrhundert. Stuttgart 1977; DERS.: Auswanderungen aus Baden und dem Breisgau. Obere und mittlere rechtsseitige Oberrheinlande im 18. Jahrhundert. Stuttgart 1980; DERS.: Kurpfälzische Auswanderer vom unteren Neckar; ALFONS PFRENZINGER: Die mainfränkische Auswanderung nach Ungarn und den österreichischen Erbländern im 18. Jahrhundert.

des offiziell veranschlagten Vermögens.[79] Welche Bezugswerte sind für die Erbschaften anzusetzen? Für den Raum Mainfranken sind bei nur rund fünf Prozent der Auswanderer Erbschaften aufgelistet, deren Durchschnittsvermögen bei etwa 206 fl. lag.[80] Für Hohenzollern haben knapp 20 Prozent der aufgeführten Fälle ein durchschnittliches Erbe in Höhe von etwa 160 fl. bezogen.[81] In Speyer wiederum sind nach den vorliegenden Regesten Erbschaften wesentlich seltener und liegen bei etwa fünf Prozent, ihr Durchschnittswert ist aber deutlich höher.[82] Insgesamt erscheint die Annahme gerechtfertigt, dass etwa zehn Prozent der Ausgewanderten ein Erbe erhalten haben. Wird der Durchschnittswert gemäß der oben angeführten Erhebungen auf nur 150 fl. angesetzt, ergäbe dies eine Summe von 1.500.000 fl., was im Ungarn der theresianischen Zeit dem Wert von rund 7.500 einfachen Bauernansässigkeiten entsprach. Auch wenn der durchschnittliche Geldtransfer pro Jahr im 18. Jahrhundert als gering anzusetzen ist, so floss dieses Geld doch hauptsächlich in wenige regionale Schwerpunkte wie dem Banat, die Batschka oder Südtransdanubien und setzte zeitliche Akzente. Eine einseitige, auf den Kostenfaktor der Kameralansiedlung verweisende Bewertung der deutschen Ansiedlung, die in der ungarischen Historiographie seit dem ausgehenden

---

[79] Die angeführten Regesten von HACKER und PFRENZINGER führen für das 18. Jahrhundert rund 40.000 nach Ungarn ausgewanderte Familien und Einzelpersonen auf. Unter Berücksichtigung der Tatsache, dass die Auswanderung des frühen 19. Jahrhunderts nur teilweise oder sporadisch erfasst wurde und über große Auswanderungsterritorien wie dem Elsass, Lothringen, Kurtrier, Kurmainz, Fulda oder Luxemburg keine oder unvollständige Regesten vorliegen sowie die heimliche Auswanderung ohnehin nicht berücksichtigt werden kann, scheint die Zahl von 100.000 ihre Berechtigung zu haben.

[80] PFRENZINGER: Die mainfränkische Auswanderung nach Ungarn und den österreichischen Erbländern im 18. Jahrhundert.

[81] HACKER: Auswanderung aus dem Raum der späteren Hohenzollerischen Lande nach Südosteuropa im 17. und 18. Jahrhundert. Auffallend sind zahlreiche Erbschaften von Bagatellbeträgen, während immer wieder stattliche Erbschaften von mehreren hundert Gulden anfielen. Ermittelt wurde die Gesamtzahl der angefallenen Erbschaften in Prozent der Zahl der nach Ungarn Ausgewanderten. Zur Ermittlung des Durchschnittserbes wurden Abzug und Manumission, sofern dies aus den Regesten von Hacker hervorgeht, abgezogen.

[82] Ebenda. Hier wurde nur ein Teil der Erbschaftsvorgänge in den Regesten, nämlich die Namen mit den Anfangsbuchstaben A-E, ausgewertet. Es ergibt sich ein Durchschnittswert der Erbschaften von etwa 300 fl.

19. Jahrhundert vorgenommen und bisweilen bis heute festzustellen ist, wird der Gesamtsachlage nicht gerecht.[83] Dass handfeste merkantilistisch motivierte, sozioökonomische Gründe bei der Ansiedlung von Kolonisten im Vordergrund standen, zeigte das Verhalten ungarischer Adliger, die häufig die Ansiedlung von Deutschen initiierten.

Zwei Aspekte bedürfen noch einer grundsätzlichen Erörterung: Zum einen sind es die enormen Kaufkraftunterschiede in den deutschen Territorien und Ungarn, wobei auch innerhalb Ungarns ein Gefälle bestand. Dies wussten sogar potentiell an einer Auswanderung Interessierte. So wird in einem Bericht an die Regierung des Deutschen Ordens in Bad Mergentheim 1790 dargelegt, dass viele in das Königreich Ungarn gehen wollen, um sich „in Serbien niederzulassen, und die Liegenschaften in sehr wohlfeilen Preiß stehen."[84] Ein Jahr später schrieb der aus der Ortenau nach Apatin ausgewanderte Joseph Schäfer einen Brief mit dem aufschlußreichen Satz: „[...] wan Man aber auf die Raatzen[85] orth fahren thut so bekomt Man Noch alles Wohl feiler als in abathin [Apatin]."[86] Vergleicht man die Immobilienpreise Süddeutschlands im 18. Jahrhundert mit den entsprechenden Preisen in Ungarn, so zeigt sich eine erhebliche Diskrepanz. Stattliche Bauerngüter wurden im Süden Deutschlands oft mit mehreren tausend Gulden inventarisiert[87] und

---

[83] So bedauerte JÁNOS BARTA JUN. anlässlich des Vortrags „Pflüg' mir den Boden, wackre Schwabenfaust. Die deutsche Einwanderung im 18. Jahrhundert und ihre Bedeutung für Staat und Gesellschaft" auf der Tagung „Migration im Gedächtnis" vom 13.-15. November 2008 in Tübingen, die hohen Kosten, die dem Staat durch die Ansiedlung entstanden. Er stützte sich dabei auf die offizielle ungarische Historiographie. Zur Bewertung der deutschen Ansiedlung in der ungarischen Historiographie siehe NORBERT SPANNENBERGER: Die Ansiedlung der Deutschen in der ungarischen Historiographie. In: Deutsch revital. Pädagogische Zeitschrift für das ungarndeutsche Bildungswesen 5 (2008) 5, S. 15-25 mit weiteren Quellenbelegen; GERHARD SEEWANN: Ethnokonfessionelle Aspekte der Reformen des aufgeklärten Absolutismus in der Habsburgermonarchie. In: KARL-PETER KRAUSS (Hrsg.): Agrarreformen und ethnodemographische Veränderungen. Südosteuropa vom ausgehenden 18. Jahrhundert bis in die Gegenwart, S. 51-67.

[84] StAL, B 284, Bü. 75, ohne fol.

[85] Raitzen, orthodoxe Serben.

[86] GLAK, 119, Nr. 196, ohne fol.

[87] HANS-JOACHIM SCHUSTER: Agrarverfassung, Wirtschaft und Sozialstruktur der nellenburgischen Kamerallandschaft im 17., 18. und frühen 19. Jahrhundert. Untersuchungen zum Wandel einer ländlichen Gesellschaft in der frühen Neuzeit. Singen

selbst kleinere Häuser oder Hausteile sowie Landbesitz von Auswanderern, wurden bei Versteigerungen oder Inventarisierungen oft mit einigen hundert Gulden veranschlagt.[88] Im Ungarn der theresianischen Zeit konnte hingegen eine Bauerneinrichtung mit ca. 200 fl. übernommen werden.[89] Ein weiterer Aspekt muss jedoch berücksichtigt werden, der in der Forschung in diesem Zusammenhang kaum hinreichend beachtet wurde: Schon seit dem 16. Jahrhundert wurden in Süddeutschland selbst die Falllehen (feudum mobile) beziehungsweise Schupflehen[90] immer öfter faktischen Erblehen annähert und bei der Auswanderung verkauft – obwohl die Bauern natürlich nicht die Eigentümer waren.[91] In Ungarn jedoch wurde das Urbarialland an die zukünftigen Bauern als Erblehen ohne Entgelt zur Nutznießung übergeben. De iure waren die Bauern hier wie dort Besitzer, aber nicht Eigentümer des bewirtschafteten Landes. De facto jedoch bestand für Einwanderer aus dem Reich ein beachtlicher Wettbewerbsvorteil, denn sie konnten auch aus überschuldeten Gütern Erlöse erzielen, die sie nicht mehr in den Kauf von Urbarialland reinvestieren mussten, womit Kapital für andere Investitionen zur Verfügung stand.

5. Die Rolle der Behörden

Noch vor der offiziellen Eröffnung des Testaments ihres verstorbenen Mannes ließ sich die zweite Frau und hinterlassene Witwe des Johannes Fromm aus Bischofsheim im Hochstift Würzburg untersuchen. Sie wollte sich ihre

---

1990, S. 211-212. Eine Bauernwirtschaft in Mahlspüren in der Herrschaft Nellenburg mit Haus, Scheuer und Land ohne Vieh und Ausstattung wurde 1758 mit 3.867 fl. inventarisiert.

[88] Zum Beispiel: GLAK, 229, Marlen, Mikrofilm 65261.

[89] Überlieferte Abzugsprotokolle aus der Herrschaft Bóly geben einen Einblick in die Immobilienpreise Mitte des 18. Jahrhunderts. BML, VI, BMCsL, Bü. 37.

[90] Lehen, die auf Lebenszeit verliehen wurden, von denen der Besitzer jederzeit, insbesondere wegen Misswirtschaft „geschupft", also geschubst oder weggestoßen oder abgestiftet werden konnte. Im weiteren Sinne auch Lehen, die auf unbestimmte Zeit überlassen wurden, aber jederzeit wieder eingezogen werden konnten.

[91] Vgl. etwa ANDRÉ HOLENSTEIN: Bauern zwischen Bauernkrieg und Dreißigjährigem Krieg. München 1996, S. 32.

Schwangerschaft durch ein ärztliches Attest bestätigen lassen. Doch der Bericht des Arztes vom 26. Februar 1792 war für die Frau ernüchternd, die sich darauf berief, dass „ihr Mann vor seinem Ende noch ganz sicher behauptet hat", sie sei schwanger. Der Untersuchungsbericht stellte fest, dass „alle äußerliche Merkmale, Brüste und Unterleib, andre Umstände so beschafen seynd, daß gar keine Wahrscheinlichkeit einer Schwangerschaft sich äußert." Schließlich riet der Untersuchende der zuständigen Amtskellerei, mit der Vollziehung des Testaments so lange abzuwarten, „bis alle Zweifel" über eine mögliche Schwangerschaft ausgeräumt seien. Was war der Anlass für diese Untersuchung?

Die Frau war in Sorge um das ihr zugesprochene Resterbe, denn ihr Mann ging im Testament von 1792 davon aus, dass er mit seiner zweiten Frau „einen lieben Erben gezeügt" habe, legte aber fest, dass seine in Ungarn lebenden Kinder seine „einzige wahre Haupt Erben seyn". Es ist bezeichnend, dass die würzburgische Amtskellerei im Sinne der rechtlichen Vorgaben agierte, auch wenn die Erben schon vor Jahren ausgewandert waren. Die auch im Auftrag der anderen Kinder aus Erlau (ung. Eger) eingetroffenen Söhne Hans Jörg und Michel Fromm erhielten schließlich das ihnen Zustehende nach Abzug der Nachsteuer, wobei sich die Bedenken der Witwe, ganz aus dem Erbe herausgedrängt zu werden, nicht bestätigt hatten. Die Akten enthalten einen charakteristischen Satz für die Auffassung der vormundschaftlichen Vermögensverwaltung:

> „[...] um sich sowohl bei der gnädigen Landesherrschaft in Hinsicht der Nachsteuer von dem außer Land verbringenden Vermögen, als auch bei den übrigen abwesenden Erben hindurch rechtfertigen zu können, da ohnehin das Amt die Stelle der Abwesenden in derlei Vorfällen vertreten muß."[92]

Wenn sich die das Vermögen verwaltenden Stellen weigerten, Erbschaften nach Ungarn auszuzahlen, weil Bedenken vorlagen oder weil Attestate (Taufzeugnisse, Sterbeurkunden, Abstammungsbescheinigung, Ansiedlungsnachweis, Beglaubigung von Briefen oder Testamenten) oder Nachweise für die Erbschaft (angeblich) fehlten, baten die potentiellen Erben in Ungarn

---

[92] StAWü, Würzburger Archivalien, Nr. 77, ohne fol.

ganz gezielt um grundherrliche und behördliche Hilfe.[93] Diese wurde ihnen in aller Regel durch beglaubigte Schreiben, Begleitschreiben, Attestate und Pässe bis hin zu diplomatischem Druck gewährt. In einzelnen Fällen waren die Grundherrschaft, das Komitat, die Statthalterei und die Ungarische Hof-kanzlei in einzelne Erbschaftsangelegenheiten involviert. Letztere wandte sich an die Staatskanzlei, die das Anliegen auf diplomatischem Wege wie-derum an die deutschen Territorialstaaten weiterreichte. Ein Beispiel ist der Fall der Erben Stemmler aus Oroszlo im Komitat Baranya, der archivarische Spuren im Komitatsarchiv der Baranya, im Landesarchiv Speyer in zwei ver-schiedenen Aktenbeständen und in den Galizischen Domänenakten hinter-lassen hat.[94] Dass der Geldtransfer den ungarischen Behörden ein wichtiges Anliegen war, geht aus solchenen Äußerungen:

> „Man giebt sich die Ehre, das hieher gelangte Gesuch der in Ungarn [...] angesiedelten Kolonisten [...] der geneigten Unterstützung Einer Löbl[ichen] Kais[erlich] Königl[ichen] Geheimen Hof- und Staatskanzley anzuempfehlen."[95]

Häufig verwendeten die Statthalterei und die Ungarische Hofkanzlei Formu-lierungen wie

> „In der Beylage begleitet die königl[iche] Hung[arische] Statthalterey an-her das Ansuchen einiger in Hungarn angesiedelten Colonisten um die

---

[93]   MOL, Magyar Kamara Levéltára [Archiv der Ungarischen Kammer], Impopulatio-nalia, E 125, 1785-1790, Mikrofilm 22244. Eintrag vom 02.12.1785: „Braun Peter zu Hodschack [Hodschag, Batschka] [...] bittet um herrschaftlichen Beistand zu sei-ner in Deutschland annoch habenden Forderung laut anschließigen Urkunde zu gelangen." Die Antwort lautete: „Mit Zurücksendung der Urkunde dem Gespan Paumann aufzutragen, daß Er Supplicanten verständige, er [der Bittsteller] müsse diese Urkunde mittels der Post [...] befördern, und Nachricht einziehen, ob Ihme seine Forderung nach Ungarn ausgefolget werden wolle, wo man sonach besorgt sein werde, daß Er seine Anforderung erhalte."

[94]   BML, IV 1 a, Közgyűlési jegyzőkönyvek [Generalversammlungsprotokolle], Bd. 37; 1786; BML IV 2 b Baranya Vármegye II József féle közigazgatásának iratai [Ko-mitat Baranya, Josephinische Verwaltungsakten]; LASp, F 29, Nr. 16 II; F 29, Nr. 38; LASp, C 14, Nr. 378; FHKA, NHK, Domänenakten, Galizische Domänen, Bü. 185, 1790, fol. 896-898.

[95]   HHStA, StK, Notenwechsel Ungarische und Siebenbürgische Hofkanzlei, 33, ohne fol.

Erlangung ihrer in dem deütschen Reich rückständig verbliebenen Erb-For-
derungen" und forderte dazu auf, „von dem Erfolg seiner Zeit gegen sich
erbittende Zurük sendung der mitfolgenden Akten die freündschaftliche
Nachricht anhero zu ertheilen."[96]

Dass trotz mancher Unterstützungsschreiben Erbschaftsauszahlungen nicht
erfolgten, zeigt das Beispiel von Fidel Marmon aus Haigerloch. Mehrmals
hatte er um eine Teilauszahlung seines Erbes in Höhe von etwa 500 fl. ge-
beten. Schließlich verfassten Stadtrichter und Rat von Peterwardein (serb.
Petrovaradin), wo er sich niedergelassen hatte, am 12. November 1765 ein
Schreiben. Am 7. Januar 1766 intendierte der Rat erneut und berichtete, dass
Marmon wegen „der erlittenen schwehren Krankheit" das Geld „zu Anschaffung einiger Leibs-Nothdurfften höchst nöthig hätte". Doch offensichtlich
fehlten notwendige Dokumente des Antragstellers. An der Sachlage änderte
auch ein weiteres Schreiben vom 20. April 1772 des nach Baja verzogenen Erben nichts. Inzwischen bat er um 200 fl., wovon man 100 fl. seiner verwitwe-
ten und Not leidenden Schwester Anna Maria und ihren kleinen Kindern in
Apatin zukommen lassen sollte. Aus einem amtlichen Vermerk vom 6. Juni
1772 geht hervor, dass man im Oberamt wünschte, Marmon solle sein Erbe
persönlich abholen und sich „in sein Vatterland" begeben. So geschah es und
er erhielt schließlich nach dem Verzicht auf das Bürgerrecht 607 fl., wovon
das Abzugsgeld abgezogen wurde.[97]

Selbst bei zivilrechtlichen Streitigkeiten hatten die Auswanderer gute
Chancen, an ihr Erbe zu gelangen. So verklagte der Tischlermeister Johann
Heinrich Günther aus Sajtoskál östlich von Güns (ung. Kőszeg) seinen Bru-
der Johann Andreas Günther beim Landgericht Wolfenbüttel im Herzog-
tum Braunschweig, der das Erbe des im Russlandfeldzug gefallenen dritten
Bruders an sich gebracht hatte und erzwang nach jahrelangen gerichtlichen
Auseinandersetzungen 1835 die Herausgabe der Summe von 442 Reichsta-
lern.[98] Auch in komplizierten Fällen unterstützten die Behörden die Erben.

---

[96] HHStA, StK, Notenwechsel Ungarische und Siebenbürgische Hofkanzlei, 32, 1785-
1787, ohne fol., 16. März 1786.

[97] StAS, Ho 177, T 1, Nr. 71; vgl. HACKER: Auswanderung aus dem Raum der späteren Hohenzollerischen Lande nach Südosteuropa im 17. und 18. Jahrhundert, S.
176.

[98] Niedersächsisches Landesarchiv-Staatsarchiv Wolfenbüttel, 30 Neu, Nr. 1657.

So wandte sich das Vogteiamt Bludenz in Vorarlberg 1756 wegen eines Erbes an den Magistrat von Gran (Esztergom). Doch der Haupterbe und der größte Teil der Familie waren während der Pestepidemie 1739 verstorben, die Witwe sowie die Tochter und Erbin verzogen. Daneben gab es potentielle Erben in Deutschland, welche die Identität der Haupterbin in Zweifel zogen, was aber durch die vorgelegten Attestate widerlegt werden konnte. Schließlich korrespondierte das Vogteiamt mit Behörden in Gran, Pest, Szeged und Augsburg, was ebenfalls umfangreiche Akten produzierte, bis das Erbe 1760 an die Halbwaise Eva Katharina Neyer in Pest ausgezahlt wurde.[99]

Es gab zahlreiche Möglichkeiten, wie Erbschaftsvorgänge angestoßen werden konnten. Oft wandten sich die Erben aus Ungarn an ihre Verwandtschaft oder die Vermögensverwalter. Häufig wurden sie vom angefallenen Erbe informiert oder auch, vor allem im 19. Jahrhundert, über Annoncen gesucht. Mitunter hörten sie von Dritten vom anstehenden Erbe. Dabei barg das ausschließliche Anschreiben der Verwandtschaft ohne Einschalten der Behörden die Gefahr in sich, dass keine Reaktion erfolgte. Andererseits schloss der Verfahrensweg über die Behörden heimliche Auszahlungen von Vermögen aus.

6. Transaktionsformen

Die überlieferten Akten geben einen Einblick in das breite Spektrum der Zahlungsabwicklung. Oft erfolgte die Übersendung der Erbgelder durch Wechsel, wofür das Geld zu geeigneten Wechselplätzen gebracht werden musste. Solche Abwicklungsplätze waren Finanzplätze wie Frankfurt, Nürnberg, Ulm oder Strassburg. Ausgezahlt wurde das Bargeld wiederum an Wechselplätzen der größeren Städte Ungarns bei Bankiers, die als „Wechselherrn" bezeichnet wurden und auf entsprechende Netzwerke für den Zahlungsverkehr zurückgreifen konnten. Häufig werden Ofen, Fünfkirchen, Peterwardein oder Temeschwar genannt. Aber auch die Abwicklung über das Universal-Zahlamt verlief so, dass Bargeld aus vorderösterreichischen

---

[99] Vorarlberger Landesarchiv Bregenz, Vogteiamt Bludenz, 64/817. Der Vorgang um die Erbschaft hinterließ Akten im Umfang von rund 80 Seiten.

Herrschaftsgebieten in die verschiedenen Rentkassen eingezahlt wurde, die das Geld zu den Oberämtern brachten, das dann schließlich per „Verlags-Quittung" über die vorderösterreichische Hauptstadt Freiburg verrechnet und im Zielgebiet von den Kameraladministrationen bar ausgezahlt wurde. Immer wieder wurden Gelder durch die Diligence oder Schnellpost versandt und Empfänger oder Bevollmächtigte holten das Geld an den Poststationen ab. Nicht selten wurden Gelder an die Vertreter der Grundherrschaften in Wien gesandt, die den Betrag dann an die herrschaftlichen Kassen zur Auszahlung an die Untertanen weiterleiteten. In diesen Transfersystemen wurde der Geldtransfer, aber auch der Versand von wichtigen Briefen seinem Nachweis, den sogenannten Rezepissen abgesichert. Der Betrag wurde schließlich gegen eine Quittung mit Unterschrift ausgehändigt.

Erbschaften wurden persönlich oder durch Bevollmächtigte, die eine behördlich legitimierte Vollmacht benötigten, abgeholt. Die persönliche Abholung von Erbschaften ist schon früh bezeugt.[100] Nicht selten gab es dabei Auseinandersetzungen mit den Behörden über die Höhe des Nachlasses. So wurde Barbara Koch aus Jahrmarkt (rum. Giarmata) im Banat, als sie in der kurmainzischen Amtsvogtei Orb um eine höhere Auszahlung feilschte, als „Impetrantische Kochin" bezeichnet. Nach Monaten des Streits kam es Anfang 1776 zum Prozess und sie wollte ins Banat zurückgehen, wenn sie 110 fl. bekäme, meinte aber: „[...] zu dem hiesigen Amtsvogten dahingegen gehe sie nicht [...], dieses wäre ebensoguth als wann man sie auff die Tortur thäte, sie wolle lieber kein Geldt haben und sterben [...]."[101]

Um die Zahlungsabwicklung zu beschleunigen, zeigten die Zahlungsempfänger oft die Transaktionsmöglichkeiten für den Geldtransfer auf. Entsprechende Schreiben zum Beispiel von der Kameraladministration der Batschka in Sombor finden sich in mehreren deutschen Archiven. Selbst der Richter und die Geschworenen von Ortschaften machten hierzu Vorgaben.[102] Im frühen 19. Jahrhundert erfolgte die Kontaktaufnahme häufig mit den k. k. Gesandten an den deutschen Höfen oder deren Gesandtschaften in Wien. So äußerte der österreichische Gesandte in Kassel 1826 den Wunsch, Erbschaf-

---

[100] Ein Beispiel aus dem Jahr 1709 findet sich im Stadtarchiv Isny, Gerichtswesen, Erbschaften, A 1505.

[101] StAM, 105c Nr. 755.

[102] Bspw. KrArchBL, Oberamt Hechingen, Hech2b, Trillfingen, Nr. 42, 1782-1854.

ten nicht mehr auf dem kostspieligen und unsicheren Postweg, sondern über die k. k. Gesandtschaft transferieren zu lassen.[103] Mitunter gab es Probleme mit der Identifizierung der Empfänger. So wurde ein für „Ratzenpeter", damals Ráczpetre in der Baranya bestimmtes Erbe zunächst nach Rácz-Szent-Petre im Banat geschickt.[104] In anderen Fällen wurde zu spät bemerkt, dass nicht berechtigte Personen das Erbe übernommen hatten und dann zur Rückzahlung verpflichtet wurden – wie zum Beispiel der sich im Distrikt von Werschetz (serb. Vršac, ung. Versec) aufhaltende Sebastian Mayer im Jahre 1760.[105] Tragisch waren Geldverluste wie im Fall von Kilian Horn aus Pécs (Fünfkirchen), dem 1817 ein Teil des stattlichen Erbes von 1.500 fl. auf dem Postweg zwischen Wien und Fünfkirchen entwendet wurde.[106]

Immer wieder wurde auch die Dauer der Transaktion beklagt. Eine geradezu dramatisch lange Laufzeit hatte ein Erbe in Höhe von 77 fl., das von Salmünster im Stift Fulda nach Bátaszék im Komitat Tolna gehen sollte. Die ursprüngliche Erbin war Anna Margaretha Dehmer, geborene Noll, die vor 1770 ausgewandert war. Da ihr Mann Christoph Dehmer drei Ehen hatte, bestanden Zweifel an der Rechtmäßigkeit der Erben nach ihrem Tod. Von 1776 bis 1796 hatten sich die Töchter vergeblich beim Justizamt und beim Kurator um das Erbe bemüht. Erneute Anfragen in Bátaszék 1820 und 1821 blieben ohne Antwort. Der Fall hinterließ beim kurhessischen Justiz- und Außenministerium Akten von knapp 100 Seiten ohne Beilagen und führte schließlich dazu, dass sich 1838 der k. k. österreichische Geschäftsträger Ritter von Stahl bereit erklärte, „das Erbe zur Ersparung weiterer Kosten und sonstiger Weitläufigkeiten" transferieren zu lassen. Endlich traf 1845 der Empfangsvermerk ein. Inzwischen war das Erbe, das ein „Descendent" erhalten hatte, auf 337 fl. angewachsen. Der Vorgang dauerte damit über 75 Jahre.[107]

[103] StAM, 250, Nr. 598.
[104] FHKA, NHK, Domänenakten, Galizische Domänen, Bü. 182, 1789, fol. 639-646.
[105] FHKA, NHK, Banater Akten, Bü. 162, Fasz. 39, 1763/1769, fol. 244.
[106] StAS, Ho 202, T 3, Nr. 197.
[107] StAM, 250, Nr. 598.

7. Wirkungen: Investition, wirtschaftlicher und sozialer Aufstieg?

Erbschaften wurden häufig zur Linderung großer Not verwendet und halfen oft bei Schicksalsschlägen und Krankheiten. Doch meistens wurde das Geld gezielt zur Investition in Land, zur Erlangung des Bürgerrechts, zum Kauf von Häusern oder zur Investition in Handwerksbetrieben verwendet. Stellvertretend für viele solche Beispiele seien hier wenige Fälle benannt. So bat Agatha Pfeffer aus Weprowatz (serb. Veprovac, ung. Veprőd) um das Erbe ihrer Tochter mit dem Argument:

> „[...] wenn Du von der Theresia ihrem Erbtheil etwas schicken kannst, so schicke wie viel es immer ist. Denn es ist hier in Ungarn itzt öfters sehr Wohlfeihl, und besonders [...] Grundstücker [...] so möchten sie sich noch etwelche Grundstücke kaufen."[108]

Erbschaften führten in vielen Fällen zum wirtschaftlichen und sozialen Aufstieg. So kam Magdalena Schmidtler, geborene Metzger, im heutigen Újpetre aus einer armen Beisitzerfamilie.[109] Doch ihr Mann wurde Besitzer einer ganzen Session und gehörte damit zu den wohlhabenden Bauern. Ein enger Zusammenhang zu ihrem kurz zuvor, 1789, erhaltenen Erbe in Höhe von über 1.200 Reichsgulden liegt nahe.[110] Drei Jahre später bekam Maria Anna Metzger aus dem gleichen Ort 833 fl. W. W., wahrscheinlich handelt es sich um die Schwester der Erstgenannten.[111] Wirtschaftliche Argumente brachte der nach Parád in das Komitat Heves ausgewanderte Braumeister Michael Kohler gegenüber seinem Vater vor: „[...] den so Gescheud bin ich Schon, das ich nicht von Euner Wirthschaft heraus gehe und mich ihn Bettel Stab setze."[112]

Bemerkenswert sind Fallbeispiele dann, wenn sich anhand der Aktenlage eine Verbindung zwischen mitgebrachtem Geld und der Investition in Immobilien im Zielland ermöglichen. Als Albrecht Wendel Maisch aus Böblingen mit seiner Frau und vier Kindern am 3. September 1817 das württem-

---

[108] Gemeindearchiv Starzach-Bierlingen, VII, Pflegrechnungen, Nr. 134a.
[109] BML, BMCsL, Bü. 199, Urbarialkonskriptionen 1791, 1794, 1801.
[110] FHKA, NHK, Domänenakten, Galizische Domänen, Bü. 182, 1789, fol. 639-646.
[111] FHKA, NHK, Domänenakten, Galizische Domänen, Bü. 190, 1792.
[112] KrArchBL, Oberamt Hechingen, Hech2b, Glatt, Nr. 24, 1841.

bergische Territorium bei Ulm verließ, hatten sie nach einem Protokoll des württembergischen Oberamtsgerichts Böblingen nach Abzug aller Schulden ein Vermögen von 3.000 fl. bei sich. Laut seinem Pass wollte der Auswanderer in das Banat ziehen. Doch am 11. Februar 1818 schloss Maisch mit Ignatz Petruschitz aus Bikal im Komitat Baranya einen Contract ab, aus dem hervorgeht, dass er dessen Anwesen, Haus, Grundstücke, zwei Pferde, zwei Ochsen, Heu, Stroh, einen Wagen, Arbeitsgeräte, einen Weingarten sowie Pressgeräte und anderes für 3.500 fl. gekauft und sich dort niedergelassen hatte.[113] Einen kleinen Teil des Geldes (850 fl.) hatte er über verwandtschaftliche Beziehungen von der Familie Johann Georg und Magdalena Wirth, ebenfalls aus Böblingen, bekommen. Die Spur von Magdalena Wirth lässt sich dabei weiter verfolgen. Im Juni 1819 reichte die inzwischen verwitwete Magdalena Wirth aus Böblingen ein Gesuch „um Wiederaufnahme in das württembergische Staatsbürgerrecht zwecks bürgerlicher Niederlassung daselbst" ein. Ihre Geschichte ist mit ihren eigenen Worten schnell dargelegt:

> „Im ferndigen[114] Sommer bin ich mit meinem Ehemann, Johann Georg Wirth, Bürger und Bauer von hier, nach Ungarn ausgewandert. Wider meinen Willen hat mein Mann die Auswanderung unternommen; äusserst ungern und nur durch das Verhältnis gezwungen, folgte ich ihm. Zu spät bereuete auch mein Mann seine Auswanderung; bald auf unsere Ansässigmachung faßte er den Entschluß, wieder in das Vaterland zurück zu kehren. Aber er unterlag dem ungesunden Clima und der ungewöhnten Lebensart und starb ehe er sein Vorhaben bewerkstelligen konnte."[115]

Da die Witwe noch 1.300 fl. zurückbrachte und „auch zum Arbeiten und Verdienen noch tauglich" war, wurde ihrem Wunsch nach dem Beschluss des Ministeriums des Innern vom 19. Juni 1819 entsprochen. Woher die Witwe zurückgekommen war, geht aus diesen Akten nicht hervor, wohl aber aus den Dokumenten von Bikal im Komitat Baranya.

Wieder andere Fälle lassen nur Hypothesen zu, ob Erbschaften aus der alten Heimat wichtige Impulse für den späteren Wohlstand gegeben haben. Dazu gehört die beachtliche Erbschaft für Elisabeth Fehrenbach, geborene

---

[113] Pfarrarchiv Bikal, 1822. Hinweise und freundliche Überlassung von Abschriften durch Herrn Dr. Norbert Spannenberger.
[114] Vorjährigen.
[115] StAL, E 173 III, Bü. 1625.

Schiebli (17.09.1763 bis 27.08.1828), Apatin, in Höhe von 1.013 fl. W. W. im Jahre 1796.[116] Die 1892 geadelte Familie Fernbach/Fehrenbach hatte sich zu den reichsten Familien Apatins entwickelt.

8. Genoveva Sailer: Eine mikrogeschichtliche Rekonstruktion

1778 erbat Genoveva Sailer aus Neu-Palanka das Erbe ihres Vaters in Höfendorf im Oberamt Haigerloch, Hohenzollern-Sigmaringen. Das Schreiben war am 9. Juni 1778 vom Richter und den Geschworenen von Palanka ausgestellt worden.[117] Als Waise war Genoveva in einer Pflegefamilie aufgewachsen; nach dem frühen Tod der Eltern und der zwei Geschwister war sie schließlich die einzige Überlebende der Familie. Erst als sich abzeichnete, dass sie ein Erbe zu erwarten hatte, wurde sie von ihrem Schwager Johan Klery aufgenommen. Aus einem Schreiben dieses Verwandten ergeben sich weitere Lebensdetails:

> „Und ich Johan Klery habe sie Zu mir genomen in Mein Hauß [...] wegen Verfrihrung ihrer Fießen doch aber hat sich Ein witman Befunden der [sie] Heirathen will Ein schneider seines Hantwerkhs doch aber nit biß eß sein Erb Thaill bekombt [...]".

Genoveva hatte somit vermutlich aufgrund mangelnder Betreuung erfrorene Füße und war behindert. Doch ein Schneider wollte sie trotzdem heiraten – aber uneigennützig mit der Hochzeit warten, bis das Geld da war. Zwar wurden im Januar 1780 etwas über 290 fl. vom Hofrat und Obervogt von Haigerloch, in die k. k. Rentkasse in Rottenburg eingezahlt, doch bis Mitte Mai 1781 lag das Erbe immer noch dort. Offensichtlich gab es Unstimmigkeiten und Kompetenzgerangel zwischen dem vorderösterreichischen Amt in Rottenburg und dem Fürstentum Hohenzollern. Auch der Versuch von Genoveva Sailer, das Geld per Wechsel zu erhalten, den sie in Peterwardein einlösen wollte, misslang.

---

[116] FHKA, NHK, Domänenakten, Galizische Domänen, Bü. 197, 1796, fol. 846-847; 1113-1115.

[117] Zugrunde liegen folgende Akten: KrArchBL, Oberamt Hechingen, Hech2b, Höfendorf, Nr.36, 1780-1851.

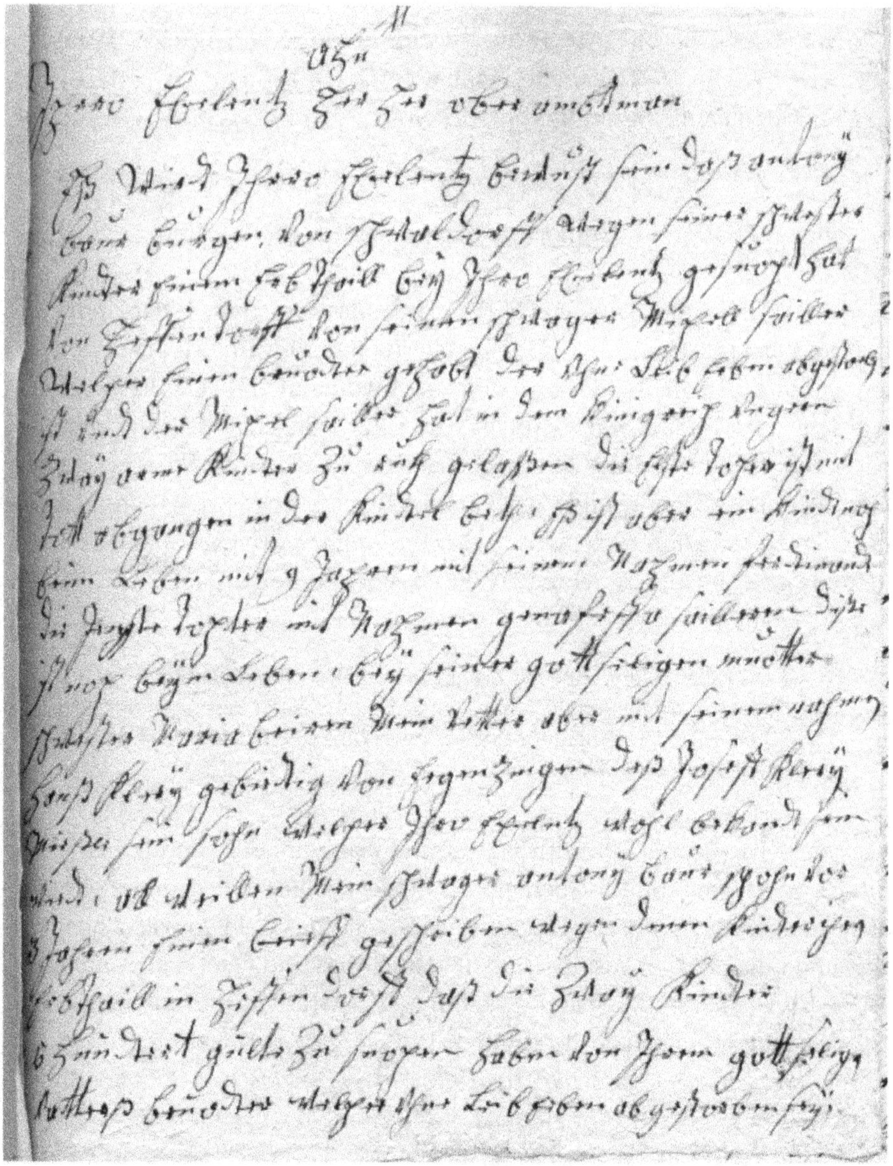

Karl-Peter Krauss

Abbildung 3: Erste Seite eines Briefes von Johan Klery an den Oberamtmann des Oberamtes Haigerloch im Fürstentum Hohenzollern-Sigmaringen wegen des Erbes von Genoveva Sailer, deren verstorbener Vater aus Höfendorf stammte. Sie unterzeichnete mit einem Kreuz, 19.04.1779. KrArchBL, Oberamt Hechingen, Hech2b, Höfendorf, Nr.36, 1780-1851.

160

Dramatisch wurde ihre Situation im Herbst 1780; Genoveva Sailer stand vor dem Ruin, denn sie hatte, wie viele Ansiedler, in Erwartung ihres Erbes investiert und die Gläubiger darauf vertröstet, das Geld werde bald eintreffen. Am Freitag, den 13. Oktober 1780 schrieb sie einen verzweifelten Brief, der folgende Textpassagen enthält:

> „[...] ich habe schon mein Leben auf diser Welt sadt, dan eine gesätze Petlerin
> bin ich schon, und habe mich auf mein Erbtheil gäntzlich verlassen, Hauß
> und Fich[118] angeschafet, und habe denen Leüthen versprochen, Lengstens
> biß Monath 7bris[119] zu bezahlen, und jezt ist die Zeit verfloßen, seyndt mir
> die Schultner [gemeint ist: Gläubiger] altäglich vor die Thier gelofen, und
> nicht nur das allein dieses!, sontern Mein Mann ist auch vor Scham von Mir
> geloffen [...] Brodt muß ich ohnehin Petlen, mein Hab und Gut ist mir weg
> genohmen worden. [...] ich will mich ein Monath getulten, ich schwere aber
> zu Gott und allen Heilligen wan ich biß dahin Mein erbtheil nicht bekome,
> so will ich Mich auf den wech machen, werde Nicht Nur vor meiner Herr-
> schaft sontern solte ich gar zu Meiner Kayserlichen Maystöt zöhen [...] es
> begreftiget Richter, und Geschworene, und die gantze Gemeinte mit ihren
> in Sigl [...]."

Vermutlich hat Genoveva Sailer Palanka aus Scham verlassen (müssen); jedenfalls finden sich in den Matrikeln auf sie keine Hinweise mehr.

9. Zusammenfassung

Unter Berücksichtigung der heterogenen Ansiedlungsbedingungen zeigt sich, dass, neben dem bei der Auswanderung mitgenommenen Vermögen, ein in der Summe nicht unerheblicher Geldtransfer durch Erbschaften erfolgt ist. Einen solchen Schluss legen neben Verordnungen und Akten verschiedener Territorialstaaten die einschlägigen Dokumente der freiwilligen Gerichtsbarkeit nahe. Abgesehen davon war insbesondere außerhalb der Zeitphasen der spättheresianischen (1763-1770) und der josephinischen Kolonisation (1782-1785) in den Kameralgebieten und bei der Ansiedlung in Privatherrschaften und Städten ein Startkapital für eine erfolgreiche Existenzgründung

---

[118] Vieh.
[119] Septembris, September.

erforderlich. Auch die wegen fehlender geeigneter Quellen auf Fallstudien basierende Berechnung des gesamten Vermögenstransfers stützt diese Erkenntnis. So wurde aus den Herkunftsgebieten stammendes Kapital zu einem Katalysator für soziale Mobilität und ökonomischem Aufschwung. Insofern war es nur konsequent und im Sinne der Theorien der Populationisten und zeitgenössischen Nationalökonomen, wenn die Erben von der Habsburgermonarchie und privaten Grundherrschaften unterstützt wurden. Gleichwohl ist der Kapitaltransfer nur eine von vielen Ursachen für die forcierte Entwicklung kolonisierter Räume. Indes bieten sich angesichts unerforschter Quellenbestände noch weitere Möglichkeiten für die Forschung.

10. Das Erbe des Jakob Stemmler – eine Quellendokumentation

Dem Erbschaftsvorgang liegen Akten vor allem aus der Zeit zwischen 1786 und 1790 aus dem Landesarchiv Speyer, dem Finanz- und Hofkammerarchiv Wien und dem Komitatsarchiv der Baranya (Baranya Megyei Levéltár) zugrunde. Es handelt sich um ein Erbe aus Glan-Münchweiler in der Herrschaft Blieskastel der Reichsgrafen von der Leyen, das von den Enkeln aus Oroszlo in der Herrschaft Petrovszky im Komitat Baranya angefordert wurde. Die einzelnen Dokumente sind chronologisch als Regesten aufgeführt, einzelne sind transkribiert. Der Vorgang enthält einige, aber nicht alle möglichen Akten für den Ablauf der Transferierung von Erbschaftsgeldern. Insbesondere die Briefe enthalten neben familiären auch wertvolle demographische, sozial- und alltagsgeschichtlich interessante Informationen.

1. Glan-Münchweiler, 02.04.1776; um 1787. Vormundschaftsrechnungen vom 26.11.1772 bis 16.3.1776 und vom 16.3.1780 bis 16.3.1787 des weiland Nikolaus Stemmler[120] durch den Vormund Nikolaus Klein. LASp, F 29, Nr. 15 III

2. Fünfkirchen (Pécs), 15.04.1786. Eintrag in das Protokollbuch, dass Peter Stemmler aus Oroszlo sein Erbe und geschuldete 30 fl. im Ort Glan-Münchweiler in der Herrschaft Blieskastel erbittet. BML, IV 1 a, Közgyűlési jegyzőkönyvek [Generalversammlungsprotokolle], Bd. 37; 1786

---

[120] Es handelt sich um den Vater von Jakob Stemmler und Großvater von Peter Stemmler, der das Erbe aus Oroszlo in Ungarn erbat.

15. Apr[ilis] 1786, Petrus Stemler Possessionis Oroszlo Incola haereditatem suam una cum debito 30 f[lore]nos in Dominio Blies Kaselisk Loco Glan Münchn Veillen exhaerentem transponi ordinari petit.

3. Fünfkirchen (Pécs), 15.04.1786. Schreiben des Vize Stuhlrichters des Komitats Baranya an die Statthalterei mit dem Gesuch des Peter Stemmler aus Oroszlo „demütigst zum Zweck der Ausführung des Erbes des Antragstellers". BML IV 2 b Baranya Vármegye II József féle közigazgatásának iratai [Komitat Baranya, Josephinische Verwaltungsakten]

Excelsum Consilium Regium Locument[a]le. Gremialis Possessionis Oroszlo Incola Petrus Stemler haereditatem suam una cum debito 30 f[lore]nos in Dominio Blies Kaselh Loco Glan Münchn Veillen exhaerentem transponi ordinari Tenore Instantiae suae petit. Hanc antelati supplicantis Instantiam Gratioso Excelsi Consilii Regii obtutui finem in illum demisse substerno, quo p[er]attactam Ejusdem haereditatem suam via exoperari dignetur. Altis in reliquo Gratiis devotus persisto humillimus.

Comitatus Baranya V:[ice] Comes sub 9 Aug[ustus] 1786 Instantiam Petri Stemler Incolae Oroszloiensis fine exoperandae haereditatis Instantem Concernantis humillime p[rae]sentat.[121]

4. Gödre, 21.04.1786. Geburtsurkunde für den am 11.7.1764 in der Kirche zu Gödre getauften Peter Stemmler, Sohn von Jakob Stemmler und Elisabeth, geb. Borndreher. LASp, F 29, Nr. 15 III

Lecturis salutem a D[omi]no!
Infrascriptus praesentibus testor Petrum Stemler e legitimo Thoro natum Patre nempe Jacobo Stemler matre vero Elisabetha Borntreher, A a me, die 11mo July Anno 1764to Baptizatum esse in Ecclesia mea Gödrensi, Levantibus Petro Birkl & Margaretha uxore ejus in cujus majorem fidem has ei dedi manu propria scriptas

---

[121] Für die kompetente Hilfe bei der Transkription und Übersetzung der lateinischen Texte dankt der Verfasser Frau Andrea Hauff, Tübingen. Für die Recherche im Komitatsarchiv der Baranya Herrn Dr. Zoltán Gözsy, Pécs. Übersetzung: Hochstehende Königliche Statthalterei. Peter Stemmler, Einwohner der Besitzung Oroszlo aus dem Komitat ersucht, nach dem Wortlaut seiner Bitte, dass sein Erbe zusammen mit geschuldeten 30 fl. in der Herrschaft Blieskastel im Ort Glan Münchweiler angewiesen wird, an ihn zu überführen. Diese Bitte des vorgenannten Antragstellers unterwerfe ich demütig der gnädigen Prüfung der erhabenen königlichen Kanzlei zu jenem Zweck, dass diese sich gnädig erweist, die betreffende Erbschaft desselben auszuführen. Im Übrigen verbleibe ich Ihre Gnaden demütigst ergeben. Der Vize Comes des Komitats Baranya legt am 9. August 1786 das Gesuch des Peter Stemmler, Einwohner von Oroszlo demütigst vor zum Zweck der Ausführung des Erbes des Antragstellers.

& usuali meo Sigillo munitas Gödre die 21ma Aprilis A[nn]o 1767. [L.S.] Joannes Inda Parochus Loci.[122]

5. Oroszlo, 10.12.1786. Attestat von Richter und Geschworenen von Oroszlo, dass Peter Stemmler ein Kind Jakob Stemmlers ist. LASp, F 29, Nr. 15 III

Ades Tatum
An Zeyger dessen Petter Stemeler welcher uns um ein Ates Tatum er suchet welches wier wägen seines Wohl Ver Haltens wegen nicht Haben ab schlagen können Von wägen Seynem Vätterlichen erb deil im reich und weil sie hier herr geschriben haben in dem 82-tem Jar. Er solle in Adestiere daß er ein Kint ist von dem Jacob Stemeler nun mero Adesdiren wier Richter und Geschworne daß der Petter Stemler Ein Kint ist von dem Jacob Stemeler und Ver Heirat ist bey uns in Oreßlo zu deßen glauben haben wier daß gemeine Sigel unter setzt und Eigen Händig under schriben
Geben Oreslo d[en] 10den Dezem[b]er 1786 [L.S.]. Hanß Jörg Hauch als Richter, Jacob Haißer, Johannes Rauch, [Vornamen unles.] Glische, Geschworne.

6. Oroszlo, 27.12.1786. Schreiben von Peter Stemmler aus Oroszlo, Komitat Baranya, mit der Bitte um Auszahlung der Erbschaft über die Bankiers Wettmann in Frankfurt und Punick in Fünfkirchen (Pécs). LASp, F 29, Nr. 15 III

Löbliches Amt
Gnädigst-Hochzuverehrende Herrn Herrn.
Folgende Verhältniß veranlasset mich, unterthänigst vorzubringen daß nach Absterben meines Vaters Jacob Stemler vor ohngefehr 14. Jahren aus Glan-Münchweiller ein Schreiben eingegangen daß sein Vater gestorben seye, es solle also mein Vater hinaus kommen, und seinen Erbtheil abholen. Meine verwittibte Mutter Elisabeth hat auf den Brief geantwortet, ihr Mann Jacob Stemmler seye gestorben, und habe sie mit zwey Söhnen benamtlich Peter und Friedrich, dann einer Tochter Eva hinterlassen, weilen sie also in bedürftigen Stande wäre, so bat sie, daß ihr jene 30 fl welche ihr Mann seinem Vater geliehen hat, überschickt werden möchten, auf welches sie die Antwort erhielt, daß weilen die Kinder unmündig wären, seye ihr Erbgut ins Geld[123] *geschlagen, und auf Inte[ress]e*[124] *geleget worden, die 30 fl. aber und einiges Inte[ress]e, wenn sie sichere Gelegenheit verschaffen würde, wolte ihr die Vormundschaft erfolgen lassen.*

---

[122] Übersetzung: Den Lesenden einen Gruß vom Herrn! Der Unterzeichnende bezeugt den Anwesenden, dass Peter Stemmler ehelicher Geburt ist, dessen Vater nämlich Jakob Stemmler und dessen Mutter Elisabeth Borndreher ist, und am 11. Juli 1764 von mir getauft worden ist, in meiner Kirche zu Gödre mit den Taufpaten Peter Birkl und seine Frau Margaretha. Diese Bescheinigung, die ich eigenhändig mit meinem gewöhnlichen Siegel verfasst habe, habe ich ihm anvertraut. Gödre, den 21. April im Jahr 1767. [L.S.] Joannes Inda, Ortspfarrer.
[123] Transkription beider letzten Wörter unsicher, da das Dokument beschädigt ist.
[124] Das Geld wurde gegen Zinszahlung angelegt.

Als meine Mutter das anderte mal nicht nur um die 30 fl, sondern um die ganze Erbschaft geschrieben hätte, empfing sie A[nn]o [1]782 ein Schreiben von Vormunder meinem Vetter Johann Stemler aus Glan-Münchweiler, daß solche ehe als die Kinder die majorennen Jahren erreicht haben würden, und sich gehörig legitimireten, daß sie Jacob Stemlerische Kinder seyen, nicht ausgefolget werden könnte; die Erbschaft seye übrigens angelegt, und wenn die Kinder als majorenn selbe ersehen wolten, müsten sie vorläufig ein Jahr die Aufkündung[125] ergehen lassen.

Daß ich ein Jacob Stemlerischer Sohn und bereits verehelicht seye, auch schon das 22te Jahr zurück gelegte habe, ist aus bey beygeschlossenen Documenten A: B: C: gnädigst zu ersehen, obschon ich aber und meine Geschwistrige die Majorennen Jahren nicht erreichet haben, wenn hierinnfalls die höchste Verordnungen dispensireten, so wäre mein und für meine Geschwistrige das unterthänigste Bitten: Ein Löbliches Amt geruhe gnädigst zu vermitteln, daß ich welcher mich mit der Lorenz-Kliberischen Tochter in 22te Jahr meines Alters verehelichet habe, und mit meinem Schwiegervater in Oroszlo seßhaft die Wirtschaft treibe, folglich zu größerem Triebe derselben meines Erbtheils nothbedürftig bin, meinen Antheil, so wie auch meine Geschwistrige, für welche es hier unter Herrschaftlicher Versorgung vortheilhafter angeleget werden könnte, überkommen mögen, welche Erbs Gelder ohnmaßgeblich am sichersten mittels der H[erren] Gebrüderr Wettmann in Frankfurth, bey denen solche gegen Recepisse zu erlegen wären, nacher Fünfkirchen an H.[errn] Paul Punickh bürgerl[ichen] Kaufmann könnten überwechßlet werden; in welcher Vertröstung oder wenigstens Anhofung einer gnädigen Rückantwort, die an erst gedachten H.[errn] Paul Punickh zu addressieren bitte, mich zu hoher Hulden gehorsamst empfehle und in tiefester Ehrfurcht ersterbe.

Eines löblichen Amts. Oroszlo nächst Fünfkirchen in Nieder Hungarn den 27. Xber [Dezember] [1]786. Demüthigster Diener Peter Stemler behauster Inwohner allda.

7. Oroszlo, 27.12.1786. Brief von Peter Stemmler an seinen Vetter und Vermögensverwalter Johannes Stemmler mit dem Vermerk auf der Außenseite, wenn Johannes Stemmler nicht mehr leben sollte, der Brief an die Herrschaft Blieskastel zu leiten wäre. LASp, F 29, Nr. 15 III

Insonders Hochzuehrender He[rr] Vetter
Nebst Anerwünschung eines von Gott gesegneten neuen Jahres kan ich nicht unterlassen zu berichten, daß wir dero werthes Schreiben von 6ten 8ber [Oktober] [1]782. rechtens erhalten und daraus ersehend haben, daß uns unseres seel[igen] Vaters Jacob Stemler Erbantheil nicht ehender ausgefolget werde, bis wir nicht majorem sind; weil ich mich aber inzwischen verehelicht habe, und den auf mich trefenden Antheil in meiner Wirtschaft nützlich anwenden könnte, so bitte inständigst, der He[rr] Vetter wolle gegenwärten Anschluß dem Löbl[ichen] Amte gütigst überreichen und das Beste beytragen, womit meiner darinnen enthaltenen Bitte gnädigst gewähret werden möchte,

---

[125] Ein Jahr Kündigungsfrist für die angelegten Gelder.

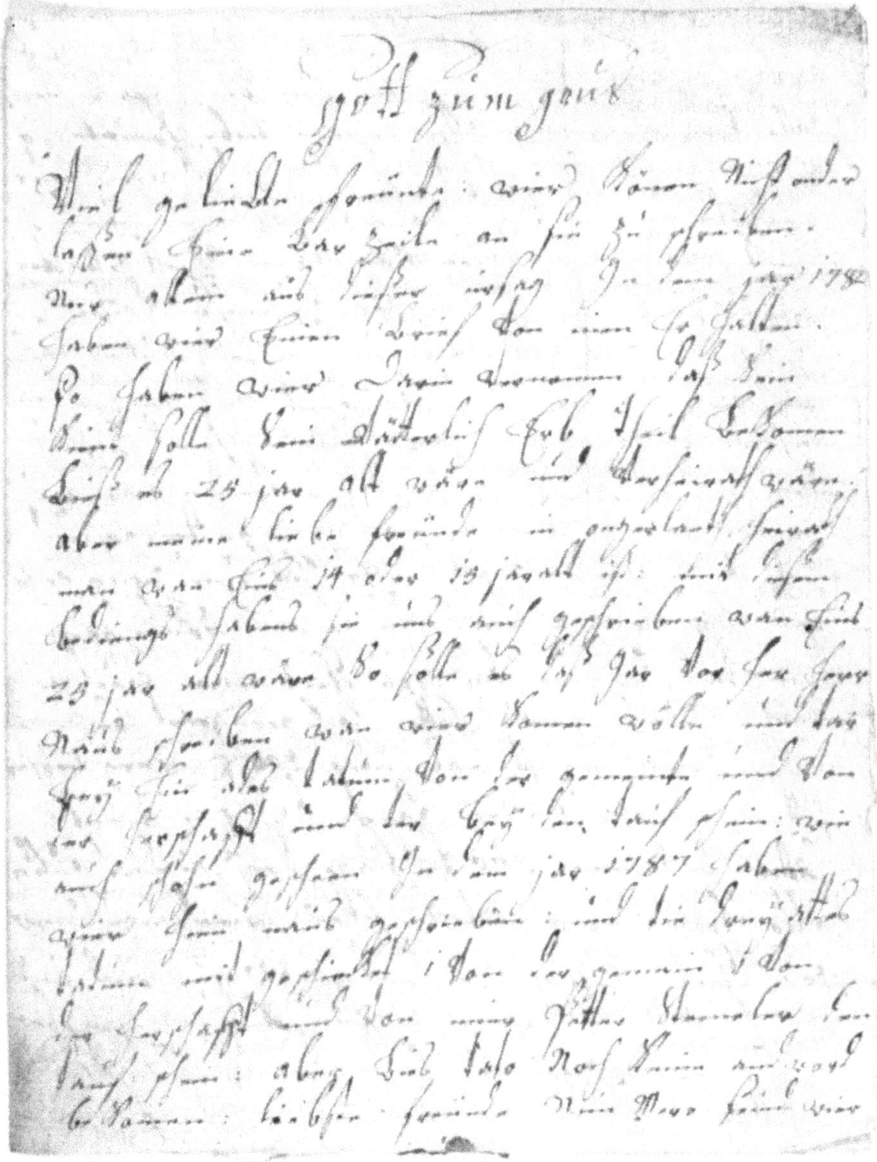

Abbildung 4: Brief von Peter Stemmler aus Oroszlo im Komitat Baranya
an den Vormund Johannes Stemmler, 14.02.1788. LASp, F 29, Nr. 16 II.
(Vgl. Quelle Nr. 8)

der ich übrigens die Ehre habe, mich samt meiner alten Mutter und zweyen Geschwistrigen in dero fürdaurende Freundschaftliche Gewogenheit schönstens zu empfehlen, und allstäts zu beharren. Meines Hochzuehrenden He[rrn] Vetters.

Oroszlo den 27ten Xber [Dezember] [1]786.

Gehorsamster Vetter Peter Stemler behaußter Einwohner allda.

A[n]z[eige] Wenn mich der Herr Vetter einer Antwort würdigen wolte, welches ich sehnlich wünsche, so bitte solche auf He[rrn] Paul Punickh bürgerlichen Kaufmann in Fünfkirchen zu addressiren

8. Oroszlo, 14.02.1788. Brief von Peter Stemmler an den Vormund Johannes Stemmler. Der Brief wurde nicht, wie die vorhergehenden in guter Kanzleischrift, sondern wohl von den Erben selbst, jedenfalls nicht von einem professionellen Schreiber geschrieben. LASp, F 29, Nr. 16 II

Gott zum Grus

Viel geliebte Freünte: Wier könen Nicht onder laßen Eine Bar Zeile[n] an Sie zu schreiben. Nur allein aus dießer Ursag In dem jar 1782 haben wier Einen Brief von inen Er Halten. So haben wier Darin vernomen daß kein Kient solle sein Vätterlich Erb Theil Bekomen bieß es 25 jar alt wäre und verheirath wäre. Aber meine liebe Freünde in ongerlanth heirath man wen Eins 14 oder 15 jar alt ist: mit diesen Bedings habens sie uns auch geschrieben wan Eins 25 jar alt wäre so solle es daß jar vor her herr naus schreiben wan wier komen wölle[n] und tar pey ein ades tatum von der gemeinte und von der Herschaft und tar bey den tauf schein: wie auch schohn gescheen in dem jar 1787 haben wier hien naus geschrieben: und tie drey attes tatum mit geschicket 1 von der gemein 1 von der Herschaft und von mier Petter Stemeler den Tauf schein: aber bies dato noch keine andword bekomen: liebste Freünde nun mero seind wier 3 geschwiester verheirath zum 1ten Petter Stemeler zum 2ten Frietterich Stemeler zum 3ten Efa Stemlerin alle trey verheirath: also meine liebe Freündte so könen Sie sich leicht Ein Bielden daß wier onser vätterliches Erb Theil noth wänig brauchen und nicht merlänger stehen können laßen: Viell geliebter Herr Fetter Johannes Stemeler als unser Vatter Brutter: wier 3 Kienter und onsere Mutter laßen in viell huntert und Taußent Mahl grüßen wen onsere barzeilen in bey gutter gesund heit an trefen so wierd es uns sehr erfreüen was uns an belangt seint wier noch bey gutter gesund heit: Viell geliebter fetter Er hat uns zwar geschrieben daß er uns nicht so genaus könde sagen wie viel daß es daß Erb Theil wäre weil er noch nicht so genau hätte nach gerägenet[126] bey läfisch wäre es Et was über 300 fl. wäre liebster Fetter unser Mutter saget daß Ein Kient hättet Be komen 300 fl. sage drey hundert gulden also hofen wier onser Fetter wierd uns unser Erb Theil Richtich zu Stellen waß Bäst und Braf ist uns arme wäßen Kiender: jetz aber mein lieber Fetter ich als das äldichste Kiend Petter Stemeler ich habe meinen Tauf schein geschicket und ein ateßtatum von der Herschaft und von der gemein: schond über ein jar und bieß dato noch kein andwort bekomen mit dießem ist es nicht genuch wan wier nicht balt andword werten

---

[126] Gerechnet.

bekomen so werden wier bey dem Hochlöblichen Kometath unsere Hülf müßen suchen: Bey der K[öniglichen] Keißerlichen Kamer als arme Waßen Kinder: also könen sie es aus machen durch Ein nander[127] ob sie es auf der wächsel wohlen schicken oder wie sie es haben wöhlen: Mein lieber Fetter wier hofen Balte Beantwordung zu erhofen.

Oroszlo 4 Stunt von 5Kirchen Petter oszgier [Petrovsky] Herrschaft ades tieret wie auch schon geschehen und daß gleiche die gemein in Oroszlo.

D[en] 14ten Feberwary 1788

Balt hetten wier waß ver geßen unser Vatter hatt seinen Vatter gelehnet[128] seinem Vatter 30 fl. allso hofen wier Sie werden es uns auch schicken.

Dießen Brief zu komen in daß Reich auf Rägen Spurg[129] Keysers Lautter[130] in der Blies Kaßlischer Herrschaft auf Kla Münchweiler[131] dem Herr Par[132] ab zu geben.

9. Bikal, 06.07.1788. Attestat des herrschaftlichen Hofrichters, dass sich Friedrich Stemmler in der Herrschaft Bikal im Haus Nr. 41 in Oroszlo befinde und dort sesshaft ist. LASp, F 29, Nr. 38

Ends unter schriebener wird hie mit Attestieret das in Unserer Hoch Petrovszkischer Herrschaft Bikal: und zwar in Dorf Oroszlo befindlichen unterthanen, als Friderich Stämler, welcher sich Ehelichen wird 4 Jahre hin durch in diesem Orth Fromm und zichtig Auf geführt hat, An jezo aber in nehmlichen Orth sich ver Ehlichet und in das Haus No. 41 Seshaft gemacht, als dann werde auf ersuchen des Friderich Stäm[l]er ein solches Glaubwier-diges Attestat Gnädigst ertheilet, und heraus gegeben. Sig[natus] Bikal den 6t[en] July [1]788. St. Treiber, Hofrichter [L.S.]

10. Oroszlo, 08.07.1788. Weiteres Attestat von Richter und Geschworenen des Ortes Oroszlo über Friedrich Stemmler. LASp, F 29, Nr. 38

Wier Ende Benand Richter und Geschworene Näbst ganzer Gemein von oroszlo bezeügen, daß dießer gegenwerdiger Mit nahmen: Frieterich Stemeler welcher sich Erlicher[133] wiert 4 Jahre hien durch in tiesem Orth fromm und züchtig auf geführt hat, an jetzo aber sich ver heirattet hat in daß No 41 Seshaft[134] gemacht als dan werden auf ersuchen deß Friederich Stemler Ein solches: Glaubwürdiges Attestat güdigst ertheilet und herauß gegeben. Sig[natus] oroszlo d[en] 8ten july [1]788.

---

[127] Gemeint ist: Untereinander ausmachen.
[128] Ausgeliehen.
[129] Regensburg.
[130] Kaiserslautern.
[131] Glan-Münchweiler, 25 km westlich von Kaiserslautern.
[132] Pfarrer.
[133] Hier handelt es sich wohl um einen Verständnis- oder Lesefehler, denn im herrschaftlichen Attestat ist von „verehelichen" die Rede.
[134] Das Wort wurde falsch – als „Serhaft" geschrieben.

Adam Fuchs als Richter, Lebold Schmelzer, Petter Bießner, Hennrich Grob, Lako-tisch Ischwan[135], Samenglichen[136] Geschworene.

11. Oroszlo, 08.07.1788. Attestat von Richter und Geschworenen des Ortes Liget, dass sich Eva Stemmler mit Josef Theil in Liget verheiratet und niedergelassen hat. LASp, F 29, Nr. 38

Wier Ende Benande Richter und Geschworne Nebst ganzer Gemein von Liget Be-kenen und Bezeugen: Daß Tießer gegen werdiger der Sohn mit Nahmen Josef Theil von Liget in der Bolater[137] Herrschaft also mit hien bezeugen wier Richter und Ge-schworne von Liget daß dieser Bursche: Dem Jacob Stemeler seine Togter geheirattet hat. Dießes Attestiren Wier Richter und Geschworne und mit unseren gemeinen in Sigel. Siglnary[138] Liget d[en] 13ten July [1]788. Bekräftigen Michel Bläsel als Rich-ter, Adam Mensel, Christian Rausch, Samentligen Geschworne.

12. Magyarszék, 13.07.1788. Heiratsnachweis für Eva Stemmler, die am 27.11.1787 Josef Theil aus Liget geheiratet hat, ausgestellt in der Pfarrei Szék. LASp, F 29, Nr. 38

13. Oroszlo, 13.08.1788. Unter anderem gibt Peter Stemmler in diesem Brief Hinweise, in welcher Weise die Erbschaft nach Ungarn zu transferieren ist. LASp, F 29, Nr. 38

Insonders vielgeehrtester Herr Vetter[139]
Dero werthes Schreiben ohne untergesetzten Dato habe ich rechtens erhalten und da-raus ersehen, daß unsere Erbschaft nun 500 fl. betrage, und daß sich der Herr Vetter unsrethalber sehr viele Mühe gegeben habe, wofür wir herzlich danken, und Gott täglich bitten, daß er den Herrn Vetter dafür reichlich belohnen wolle.
Wie ich weiter aus dero Schreiben entnehme, so sehete der Herr Vetter gerne, daß eines von uns hinaus käme, und das Geld selbst abholete, wir können uns aber keines auf eine so weite Reiß entschliessen, weil jedes schon ihre eigene Wirtschaft hat: Denn wie aus beiliegenden Attestaten zu ersehen, so ist meine Schwester Eva Stämlerin eben auch schon wie mein Bruder Fridrich Stämler verehelicht, und jedes hat ein eigenes Hauß: denn es ist zu wissen, daß hier zu Lande die Mägdlein meistens noch jung und vor 20. Jahren heurathen, und so bald sie verheurathet sind, so wer-den sie für majorenn erkennet, und wird ihnen sogleich auch ihr Erbgut ausgefolget.
Der Herr Vetter verlangt zu wissen, wie uns das Geld soll überschickt werden! Hierauf diene zur Nachricht, daß es am sichersten durch den Wechsel geschehen könne, es darf also nur, wie dieses kleine Billiet zeiget, nach Franckfurth geschickt und daselbst bei den Herrn Gebrüdern Wettmann gegen Schein erleget werden, so sind wir versicheret, daß wir es hier nächst in Fünfkirchen bei dem Wechßlherrn

---

[135] István.
[136] Allesamt.
[137] Liget bei Magyarszék gehörte zur Herrschaft der Familie Lengyel von Lengyeltóti. Die Begrifflichkeit „Bolater Herrschaft" ist unklar.
[138] Sigillum.
[139] Die Überschrift ist wegen Beschädigung des Dokuments nur schwer zu entziffern.

Karl-Peter Krauss

Paul Punickh richtig Empfangen werden. Nur habe hiebei zu erinnern, daß hier Landes ein französischer neuer Thaller 2 fl. 16 xr. und ein Conventions Thaller gerade 2 fl. gelde[140], daß also bei einem französischen neuen Thaller um 5 x. mehr Einbuß ware als bei einem Conventions Thaller.

> *Wenn der He[rr] Vatter erkennet, daß die Rothischen Erben an unserer Erb-schaft 6 fl. zu fordern haben, so können ihnen die 6 fl. gegeben werden.*

> *Wegen die 30 fl. welche unser Vater des He[rrn] Vetters seinem Vater dem Erzählen nach geliehen hat, lassen wir zu, daß keines dero Geschwistrigen etwas davon wissen will, es kann auch nicht seyn, daß keines nichts davon weiß, doch sagt unsere Mutter: Sie haben unter einstens hin[aus][141] geschrieben, und diese 30 fl. angesucht, wäre ihr aber rückantworthlich nur 15 fl. eingestanden worden und nun[142] will man von gar nichts wissen; deme seye aber wie immer wolle, so wollen wir weiter nicht so sehr darauf dringen und nur allein gebetten haben, der Herr Vetter wolle uns unser Erbtheil so bald es nur immer möglich ist, obverstandner-maßen hieher nacher Fünfkirchen überwechßlen: denn es sind schwere zeiten, und alle Victualien sind so theuer, daß es kein Mensch gedenket, zudeme weiß der Herr Vetter ja, daß es Anfängern sehr wohl zustattenkomme, wenn sie zu Betreibung ihrer Wirthschaft einen Vorschub haben. Wie gut es also meinen zwey Geschwistri-gen wäre, wenn sie ihr Geld bald zu Handen bekommeten, kan der Herr Vätter sich leicht vorstellen, weil sie eben bei dieser klammen Zeit anfangen zu wirthschaften. Ich habe inzwischen die Ehre, mich samt ihnen höfl.[ichst] zu empfehlen und für die bishero geleistete Vormundschaft schuldigsten Dank abzustatten, womit verharre. Meines vielgeliebten Herrn Vetters. Oroszlo nächst Fünfkirchen in Nieder Hun-garn den 13ten Aug[ust] [1]788. Getreuer Vetter Peter Stämler Unterthan allda.*

14. Glan-Münchweiler, 14.03.1789. Amtliches Dokument mit der Angabe aller Nach-weisdokumente aus Ungarn (Attestaten, Tauf- und Hochzeitsscheine, offizieller Doku-mente der Herrschaft) für die Erben Peter, Friedrich und Eva Stemmler von Oroszlo sowie Abschlussrechnung der Vormundschaftsrechnung über ein Vermögen von 448 fl. 10 xr. 5 d. mit einer Auflistung der Personen, die Geld aus der Verlassenschaft gegen Zins ausgeliehen hatten. LASp, F 29, Nr. 16 II

15. Oroszlo, 16.06.1789. Brief des Peter Stemmler an den Vormund Johannes Stemm-ler, aus dem die zunehmende Ungeduld über den schleppenden Fortgang zum Aus-druck kommt. LASp, F 29, Nr. 16 II

Gott zum grus
Viel geliebte Freunde In dem Jar [1]788 den 24ten Julius haben wier Einen Brief von Eüch erhalten und darin vernohmen ob wier es selver wöhlten holen oder

---

[140] Gelte.
[141] Text wurde ergänzt, da das Dokument beschädigt ist.
[142] Wort eingefügt.

obsie es durch Ein Keißerlichen werwer[143] solte schicken oder auf die Kanzeley auf Wien: Viel geliebte Freünt ihr hat unß zwar geschrieben das Eüch lieber wer wen wier unser vätterliches Erb deil selver holen tätten Liebste Freünte bey uns kan es unmöglich sein dan warum dieses wer[d] ich Eüch erglären daß es bey uns nicht kan sein von wegen der keißerlicher arweit[144] viel gelibte Freünte wier könen uns nicht genuch ver wondern weil wier so graußam auf gehalten werden von onserem Vätterlichen an theil: Viele arweit[145] haben wier schon gehat[146] und schon viele un Kösten dan warum wier schicken den zweiten Brief schont wiederum zu Euch Einen durch den Wächsel Herrn in 5 Kirchen und jetz wiederum diesen also könt ihr Eüch leicht ein bielten das es uns schon viel gekostet hat: also Mit hien betrachtet Eüer gewiesen und besinnet eüch kortz und guth und tuhet Eüch Ein Mahl Mühen da Mit wier ein Mahl unser Vätterliches bekomen den wier brauchen es sehr nothwendich. Wer schuld daran ist das es uns Solang auf gehalden wierd: und uns so viele un Kösten Macht und schon gemacht hat der tuhet ganz unrecht: und wie ich eüch schon wie oben gemeltet hab: Bitte ich Eüch noch Ein Mahl Betrachtet Eüer gewiesen da Mit wier unser Vätterliches Richtich bekomen. Dan unser Vatter Mit toth ab gangen ist von dieser welt Sohate er unser Mutter anbefohlen daß Sie solle die 30 fl. auch anmelten die er Seinem Vatter gelent[147] hat Mit hien betrachtet Eüer gewiesen guth da Mit wier arme wäßen nicht zu kortz komen Lieb wertester Vetter Johannes Stemler Gott werde im den Lohn geben weß er an ons dient daß weil Gott der Vatter Gott der Sohn und Gott der heilichge Geist und wier verbleiwe Eüer getreüeste Freünt bies in Toth Petter Stemler und Friederich Stemler und die schwester Efa Stemelerin aber jetz ist sieh ver heirath ist der Nahm Thailin alle 3 verheirath.

Oroßlo 4 Stunt von 5 Kirchen in Better ozgyscher Herrschaft[148] d[en] 16ten junywarius[149] [1]789.[150]

Etwaß ist vergäßen worden daß wier Melden daß dem Frittrich sein adestatum von der geme[in][151] und von der Herrschaft hien naus geschicket hat und die schwester von irem Par[152] als [unles. Wort] auch ihr Adestatum und von der gemein: Mit hien meine liebe Freünd der schwester ir Adestatum von dem Par koß[t]et nur aleins 1 fl. und 30 x könen sich leicht Ein Bilten Daß es uns schon viel gekostet hat Mit dem wächsel hern seinem Brief seint sie hienaus geschicket worden diese Adestatum Also dieses ist unser In Stendiges Bitten Bey unserem Herrn Fetter Johannes

---

[143] Werber.
[144] Arbeit.
[145] Arbeit.
[146] Gehabt.
[147] Ausgeliehen.
[148] Herrschaft Petrovszky.
[149] Juniarius.
[150] Die offensichtlich versehentlich geschriebene Jahreszahl [1]788 ist durchgestrichen.
[151] Dokument beschädigt. Wortergänzung wurde eingefügt.
[152] Pfarrer.

*Stemeler Er Mögte doch die güdich keit und die barmherzichkeit haben und diesen
Rufen an als Ein Vetter daß er uns Mögte ein Mahl zu unserem Vätterlichen Hülfen
ich als Mutter Elisabeta Einen Tausent välldichen Grus an inen Mein lieber schwager ich Biete inen daß er auf daß baldichste Meinen Kiender Ir Vätterliches Mögte
herein schiken wier verhofen das es Ein Mahl Mögte geschen und Nicht Mer auf
schieben.*

16. Münchweiler, 09.09.1790. Vermerk des Gräflich-Leyischen Beamten Schlemmer,
dass das für die Stemmlerischen Erben in Ungarn bestimmte Erbgeld in Höhe von 399
fl. 56. rheinischer Währung nun an das Oberamt Winnweiler in der Reichgrafschaft
Falkenstein transferiert wird. Es war Aufgabe des Oberamtes Winnweiler, Erbschaften aus Vorderösterreich und den angrenzenden Territorien über die vorderösterreichische Regierung in Freiburg weiter zu transferieren. LASp, C 14, Nr. 378, fol. 7.

17. Winnweiler, 13.09.1790. Bericht des Oberamts Winnweiler an die „hohe [vorderös-
terreichische] Regierung zu Freiburg", dass die Erbschaft eingegangen ist und der Betrag sogleich dem hiesigen Rentamt gutgeschrieben wurde. LASp, C 14, Nr. 378, fol. 8.

18. Wien, 04.11.1790. Note an die Ungarisch-Siebenbürgische Hofkanzlei in Bezug auf
das jetzt auszuzahlende Erbe von Peter, Fridrich und Eva Stemmler (Auszug). Die 326
fl. sind jetzt in Wiener Währung angegeben. FHKA, Domänenakten, Galizische Domänen, Bü. 185, 1790, fol. 896-898.

*An die k.[önigliche] Hungarische Siebenbürgische Hofkanzlei die Forderungen der
Hungarischen Ansiedler Peter, Friedrich und Eva Stemmler [...] betreffend.*
  *Note. Beigebogene auf das k. Kammeral Hauptzahlamt zu Wien lautende zwey
Amtsquittungen, die eine pr. 326 fl. 11 ¾ xr. für die zu Oroszlo bey Fünfkirchen
angesiedelten Kinder des Jakob Stemler, benanntlich Peter, Fridrich, und Eva Stemler [...] hat man die Ehre Einer Löbl.[ichen] mit dem freündschaftlichen Ersuchen
mitzutheilen, die darin enthaltenen Forderungsbeträge gedachten Theilnehmern
durch die gewöhnlichen Weege gefällig zukommen machen zu wollen. Wien am 3ten
Novemb:[er] [1]790.*

© Gerhard Seewann, Karl-Peter Krauss, Norbert Spannenberger (Hrsg.):
Die Ansiedlung der Deutschen in Ungarn. München 2010, S. 173-194.

ZOLTÁN CSEPREGI

Der Pietismus in Ungarn und das Luthertum in der Tolnau

Evangelische Kolonistenprediger in Transdanubien (1718-1775)

Herkunft und Sprachkenntnisse der ersten Prediger[1]

Nach den Schuljahren in Raab/Győr, Pressburg/Bratislava und Eperies/Prešov
hatte György Bárány,[2] der spätere lutherische Senior in der Tolnau (Komi-

---

[1] Nachstehender Beitrag basiert auf dem Buch des Autors: Magyar pietizmus 1700-
   1756. Tanulmány és forrásgyűjtemény a dunántúli pietizmus történetéhez [Un-
   garischer Pietismus 1700-1756. Untersuchung und Quellensammlung zur Geschichte des Pietismus in Transdanubien]. Budapest 2000 (= Adattár XVI-XVIII.
   századi szellemi mozgalmaink történetéhez, 36). Im Quellenteil dieser Publikation
   sind rund hundert – vorwiegend deutsch- und lateinischsprachige Quellen – abgedruckt. Auf dieses Quellenmaterial wird im Folgenden unter der Sigle MP verwiesen. Bei den übrigen Quellenverweisen stehen folgende Abkürzungen für den
   jeweiligen Fundort: EOL = Evangélikus Országos Levéltár [Evangelisch-Lutheri-
   sches Zentralarchiv], Budapest; OSzK = Országos Széchényi Könyvtár [Széchényi
   Nationalbibliothek Budapest]. Handschriftenabteilung.

[2] György Bárány von Szenicze (1682-1757): geb. in Beled, 1705 Besuch des Gymnasiums in Pressburg, 1706 in Eperies/Prešov. Am 25.06.1708 an der Universität Jena
   und im Juni 1710 an der Universität Halle immatrikuliert. 1711 Konrektor in Raab,
   1714 Pfarrer in Nagyvázsony, 1718 in Jink/Gyönk, 1719 in Jerking/Györköny, 1722
   in Sárszentlőrinc, 1726 in Dörgicse, 1729 wieder in Sárszentlőrinc. Bibelübersetzter.
   Vgl. IOANNES SAMUEL KLEIN: Nachrichten von den Lebensumständen und Schriften evangelischer Prediger in allen Gemeinden des Königreichs Ungarn. Bd. 1-3.
   Leipzig, Ofen, Pest 1789-1873, hier Bd. 3, S. 43-46; JÁNOS SCHMIDT: Szenicei Bárány
   György ... élete és munkássága 1682-1757 [Leben und Werk des György Bárány
   von Szenice ... 1682-1757]. Paks 1940, Sárszentlőrinc ²2007; ZOLTÁN CSEPREGI:
   György Bárány von Szenicze (1682-1757) und sein Bibelwerk. In: Lutherische Kir-
   che in der Welt 41 (1994), S. 129-135. Báránys Senioratsgeschichte: OSzK Quart.
   Lat. 1136 (1739): Quart. Lat. 1115:164-174 (1739); ebd. Fol. 178-182 (1742); „Episto-

173

tat Tolna), in Jena und Halle studiert. In Ungarn wurde er 1714 Prediger der Gemeinde zu Nagyvázsony, vertauschte aber diese gute Stelle mit dem Pfarramt der noch zu formierenden Missionsgemeinden im Süden des Landes. Die Anregung hierzu könnte ihm August Hermann Franke (1663-1727), sein früherer Professor in Halle, gegeben haben, der in einem Pastoralbrief unter anderem über die indische Missionsarbeit und die Kriegsgefangenenseelsorge in Sibirien berichtet hatte.[3] Hieran dürfte sich Bárány ein Beispiel genommen haben, als er seine ruhige Pfarrstelle in Nagyvázsony verließ und zunächst in den Türkenkrieg (1717) aufbrach, um die Beichte eines Verwundeten zu hören, sich dann aber von einigen Bauern nach Jink/Gyönk rufen ließ und sich endgültig in der von Kriegen verwüsteten Gegend niederließ, welche bis in die Gegenwart „Schwäbische Türkei" genannt wird.

Bevor Bárány am Tage Verkündigung Marie, dem 24. März 1718, zum ersten Mal Tolnauer Boden betrat, begegnete er auf der Fähre des Sióflusses zufällig zwei Amtskollegen, den Slowaken Ján Kerman[4] und Peter Velits.[5] Waren 1718 nur diese drei lutherischen Prediger südlich des Plattensees tätig, zählte 1725 das neu gegründete lutherische Seniorat Tolnau-Branau-Schomodei/Tolna-Baranya-Somogy bereits zehn Pfarren.[6] Bis 1740 kamen weitere neun deutsche, ungarische und slowakische lutherische Gemeinden dazu. Bárány installierte nicht nur Prediger und Lehrer, sondern ordinierte auch, da es im weiten Umkreis keinen Superintendenten gab. Er ernannte

---

lae athleticae inter ... Johannem Bárányium et ... Johannem Ribini rectorem gymnasii evangelici Soproniensis de questionibus 16 catecheseos concinnatae a Georgio Bárányio. 1751." OSzk Quart. Lat. 1538. Seine Briefe: MP, Nr. 3, 8, 12-13, 15, 19, 29, 47, 52, 74, 89-90, 94-96, 99.

[3] MP, S. 129-132 (Nr. 32).

[4] Ján Kerman (1669-1720), geb. in Turá Lúka, Bruder des berühmten Superintendenten Daniel Krman. Schulbesuch in Trentschin/Trenčín, Modern/Modra und Kremnitz/Kremnica, verließ 1690 wegen eines Streits mit dem Bruder Oberungarn. Schulrektor in Zalaszentgrót und Nagyvázsony, ordiniert 1692 für Kapolcs, ab 1695 in Szegvár, 1711 in Mórichida, von wo er nach einem Jahr verjagt wurde, ab 1718 in Magyarkeszi. EOL, Z 116(21).

[5] Peter Velits (?- nach 1730), geb. in Laclavá/Turz, Lehrer in Dabrony, ord. 1706 für Merse, ab 1711 in Oreslan, ab 1714 in Tab. EOL, G I/a. 17(104); G I. 41(104).

[6] SÁNDOR PAYR: Egyháztörténeti emlékek. Forrásgyűjtemény a Dunántúli Ág. Hitv. Evang. Egyházkerület történetéhez [Kirchengeschichtliche Denkmäler. Quellensammlung zur Geschichte des Transdanubischen Kirchendistrikts Augsburger Bekenntnisses. Bd. 1, Sopron 1910, S. 353, 374.

die Lehrer zu „Lizenziaten" (Lektoren) und gab ihnen das Recht, einzelne kirchliche Funktionen auszuüben.[7] Das Seniorat Tolnau-Branau-Schomodei war, wie bereits angedeutet, sprachlich gemischt. Bárány war Ungar, ihm stand aber von 1725 an ein deutscher Konsenior zur Seite: zuerst Andreas Christoph Wider,[8] der Prediger der deutschen Gemeinden zu Maiesch/Majos und Kleinmangarth/Kismányok, später István Tatay[9] von der Gemeinde Jerking/Györköny, dann Michael Weiß[10] von Warschad/Varsád. Nach Báránys Tod übernahm Michael Weiß das Seniorenamt.

Was heute über die Anfänge der evangelischen Kirchengemeinden in der „Schwäbischen Türkei" im 18. Jahrhundert und die ersten hier wirkenden lutherischen Pastoren bekannt ist, fußt im Wesentlichen auf der unermüdlichen Sammel- und Forschungsarbeit von Johann Schmidt (1889-1958), Pfarrer in Jerking.[11] Die Liste der zum Seniorat gehörenden Kirchengemein-

---

7   Ebenda, S. 355-358.

8   Andreas Christoph Wider Jr. (1692-1749), Pfarrerssohn in Pressburg, Studium in Halle (1709) und Altdorf (1712), Lehrer in Modern, ord. 1723 für Maiesch/Majos, 1725 Konsenior der Deutschen, nach mehrmaligen Vertreibungen (1724, 1725, 1727) 1730-1731 in Kleinmangarth/Kismányok, ab 1731 deutscher Prediger in Modern. EOL, G III. 45(55).

9   István Tatay von Kistata Jr. (1693-1747): geb. in Tét als Pfarrerssohn, Schulbesuch in Eperies (Prešov) und Ödenburg (Spron), ab 1714 Studium in Halle, 1719-1722 Konrektor in Raab, ord. 1723 für Jerking, Widers Nachfolger als Konsenior der Deutschen, ab 1743 Konsenior der Ungarn. EOL, G III. 44(53).

10   Michael Weiß (1697-1774): „Ego Mich. Weisz Sempr. Hungarus natus parente Iohanne Weisz, matre Maria, filia pie defuncti Dannhauser. Quod studia attinet theologica, eadem tractavi Tubing. per quinque annos [1718-1723 Stipendiat], inde Lipsiam me contuli [1724]. Lipsia me conferebam in patriam, ubi munus informatorium apud illustrissimum comitem de Windisgrätz obibam. Post Viennam vocatus ad dominum de Fischer, nobilem de Ehrenbach ibique per 4 annos informationem filii habens vocatus sum posthac ad Kis Manyokiensem ecclesiam, ordinationem ab excell. viro domino Sam. Antonio superintendente ecclesiae Csetnekiensis amplissimo nactus. Dabam Csetnek die 1. Maii anno 1732." EOL, G I. 26(76). 1732-1742 in Kleinmangarth, 1742-1749 in Warschad (Varsád), ab 1743 Konsenior der Deutschen, 1749-1767 wieder in Kleinmangarth, 1757-1767 Senior. Sein *Album amicorum*: OSzK, Oct. Lat. 131. Vgl. ANDRÁS VÍZKELETY: Weiss Mihály soproni diák emlékkönyve [Album Amicorum des Ödenburger Studenten Michael Weiß]. In: Soproni Szemle 17 (1963), S. 167-169. Seine Briefe: MP, Nr. 63, 67, 70, 77, 83, 84, 86.

11   JOHANN SCHMIDT: Német telepesek bevándorlása Hessenből Tolna-Baranya-Somogyba a XVIII. század első felében [Die Einwanderung deutscher Kolonis-

175

den und Geistlichen wurde von Senior Bárány selbst mehrmals, zuletzt 1742 zusammengestellt,[12] aber die namentlich bekannten Seelenhirten blieben in der Forschung zur Siedlungsgeschichte meist vernachlässigt. Einerseits waren die geistlichen Herren – zum Teil notgedrungen – sehr mobil und wechselten oft ihre Anstellung. Falls die Neusiedler in der Ausübung ihrer Religion gestört oder gehindert wurden, zogen sie weiter und auch die vertriebenen Prediger bekamen einige Dörfer weiter sofort eine neue Anstellung.[13] Andererseits tauchen diese Prediger in den Steuerlisten, Urbarien, Ansiedlungsverträgen und römisch-katholischen Kirchenvisitationsprotokollen wegen ihres besonderen rechtlichen Status sehr selten mit Namen auf. Obwohl die Monographien zur Ortsgeschichte bereits mehrere Regale füllen, wurde bislang ausschließlich Bárány eine biographische Studie gewidmet.[14] Darüber hinaus fanden nur drei andere Siedlerprediger, Michael Weiß, Jo-

---

ten aus Hessen nach Tolna-Baranya-Somogy in der ersten Hälfte des 18. Jahrhunderts]. Győr 1939; FRIEDRICH SPIEGEL-SCHMIDT: Das deutsche Luthertum in der „Schwäbischen Türkei". Auf Grund der Arbeiten von Johann Schmidt. In: HEINRICH HEIMLER, FRIEDRICH SPIEGEL-SCHMIDT: Deutsches Luthertum in Ungarn. Düsseldorf 1955, S. 51-77; GUSTAV SCHMIDT-TOMKA: Beiträge zur Geschichte des evangelischen Seniorats in der Schwäbischen Türkei. München 1976 (= Die Deutschen aus Ungarn, 10).

[12] De ortu, propagatione et fatis ecclesiarum evangelicarum in inclyto comitatu Tolnensi et Somogy brevis relatio per reverendum dominum Georgium Bárány, pastorem Szent Lorintziensem producta (1739), in: MP, S. 226-232 (Nr. 85). Spätere Fassung (1742) in: PAYR: Egyháztörténeti emlékek, S. 350-355; ANTON TAFFERNER (Hrsg.): Quellenbuch zur donauschwäbischen Geschichte. Bd. 1-5. München, Stuttgart 1974-1995. Bd. 3, S. 206-215 (Nr. 530, 531); OSzK Quart. Lat. 1136 = Quart. Lat. 1115:164-174 (1739); ebd. ff. 178-182: „Georgii Bárány pastoris historica relatio et simul geographica recensio ecclesiarum evangelicarum in ... comitatu Tolnensi et vicinis inde ab anno 1715. ad praesentem 1742."

[13] DEZSŐ MÁRKUS (Hrsg.): Corpus Iuris Hungarici. Magyar Törvénytár. Bd. 4: 1657-1740. Budapest 1900, S. 644-645 (Gesetzartikel CIII/1723); FRANZ GALAMBOS (Hrsg.): Glaube und Kirche in der Schwäbischen Türkei des 18. Jahrhunderts: Aufzeichnungen von Michael Winkler in den Pfarrchroniken von Szakadát, Bonyhád und Gödre. München 1987 (= Studia Hungarica, 34); HEINRICH KÉRI: Franken und Schwaben in Ungarn: Aufsätze zur Geschichte und Siedlungsgeschichte der Tolnau und der Oberen Baranya. Budapest 2002 (Neue-Zeitung-Bücher 2), S. 64.

[14] JÁNOS SCHMIDT: Szenicei Bárány György... élete és munkássága. 1682-1757 [Leben und Werk des György Bárány von Szenice ...]. Paks 1940. Sárszentlőrinc ²2007.

hann Karl Reichard[15] und Jeremias Schwartzwalder,[16] in kürzeren Beiträgen eine Würdigung.

Im Folgenden soll – ausgehend von Báránys Namensliste und gestützt auf die heute in Budapest und Pressburg verwahrten Ordinationsmatrikeln – zunächst die Frage beantwortet werden, woher genau die ersten lutherischen Prediger in die Schwäbische Türkei kamen. Es überrascht, wie wenige von ihnen – nämlich insgesamt sechs – aus dem Reich in die so genannten Hessendörfer[17] Südwestungarns gelangten. Nur zwei Pastoren wurden von den Siedlern selbst mitgebracht, Rudolph (?) Walther „Senior"[18] und Johann Nicolaus Marsilius Tonsor.[19] Johann Karl Reichard wiederum hatte bereits

---

[15] Johann Karl Reichard (1700-1753), geb. in Goddelau, ord. Oberramstadt, 1724-1725 in Langenfeld, 1725-1732 in Warschad, dann zurück nach Hessen. Vgl. JOHANN SCHMIDT: Wie Pfarrer Reichard nach Varsád kam. In: Christlicher Hausfreund (03-10.03.1929) 14-15; SPIEGEL-SCHMIDT: Das deutsche Luthertum, S. 61-65; FRIEDRICH LOTZ: Johann Karl Reichard (1700-1753). Der erste Banater evangelische Pfarrer nach der Türkenzeit. Ein Lebens- und Kulturbild aus der Frühzeit der Südostdeutschen. In: Südostforschungen 22 (1963), S. 326-346.

[16] Jeremias Schwartzwalder (1684-1731), geb. in Kremnitz, am 22.10.1707 an der Universität Halle immatrikuliert. Vorübergehend bei Pfarrer Johann Christoph Schwedler in Niederwiesa, dann Privatinformator in Krobsdorf, 1712 Hauslehrer und Dorflehrer in Schwartzbach bei Hirschberg. 1720 ordiniert zum deutschen Pfarrer in Warschad, Maiesch, Kleinmangarth und böhmischen Pfarrer in Mutschi/ Mucsi. In Fünfkirchen/Pécs von den Domherren inhaftiert, weil er Reformierten das Abendmahl spendete. 1723 im Exil in Pressburg, dann in Jink, Nagyszokoly, Bakonytamási, 1725 in Bakonycsernye. EOL, G III. 44(43). Vgl. ZOLTÁN CSEPREGI: A puszták papja, avagy Jeremias Schwartzwalder esete a protestáns unióval [Der Prediger der Prädien oder der Fall: Jeremias Schwartzwalder und die protestantische Union]. In: JUTTA HAUSMANN, HANS SCHNEIDER (Hrsg.): Megmaradás és megújulás. Fabiny Tibor Emlékkönyv [Beharrung und Erneuerung. Festschrift für Tibor Fabiny]. Budapest 1999. Briefe Schwartzwalders: MP, Nr. 36, 37, 42.

[17] JOHANN SCHMIDT: Hessische Auswanderer nach den Komitaten Tolna, Baranya, Somogy im 18. Jahrhundert. In: Mitteilungen der hessischen familiengeschichtlichen Vereinigung 3 (1932-1934) 11; JOHANN WEIDLEIN: Hessen in Ungarn. In: DERS.: Pannonica. Ausgewählte Abhandlungen und Aufsätze zur Sprach- und Geschichtsforschung der Donauschwaben und der Madjaren. Schorndorf 1979, S. 80-104.

[18] Johann Rudolph (?) Walther „Senior" (1695-1744?), kam 1718 aus Seeheim? / Hessen-Darmstadt nach Kleinmangarth, 1720-1732 in Isming/Izmény, Vater von Walther „Junior"?

[19] Johann Nicolaus Marsilius Tonsor (1692-1739), geb. in Wallau bei Wiesbaden, ord. 1724 Wertheim/Main, 1724-1728 in Kleintormasch/Kistormás, 1728-1730 in Klein-

Zoltán Csepregi

im Banat gewirkt und kehrte von dort nach Warschad zurück. Schließlich kamen mit Friedrich Samuel Bertram[20] und Jacob Friedrich Gauppe[21] zwei weitere Theologen der Universität Halle ins südliche Transdanubien. Etwas geheimnisvoll ist die Herkunft und die Route von Johann Rudolph Walther genannt „Junior",[22] der in den Quellen wie in der Forschung häufig mit seinem gleichnamigen Zeitgenossen verwechselt (oder in die wahrscheinliche, aber quellenmäßig nicht belegte Vater-Sohn Beziehung gebracht) wird.

Größtenteils waren die deutschen Prediger im Königreich Ungarn geboren; Andreas Christoph Wider stammte aus Pressburg, Jeremias Schwartzwalder aus Kremnitz, Georg Adam Kolb[23] aus Modern, Johann Gustav Kastenhoffer[24] aus Pösing/Pezinok, Michael Weiß wie Konrad Leopold Tief-

---

mangarth, 1733-1739 in Kleintormasch. Vgl. SPIEGEL-SCHMIDT: Das deutsche Luthertum, 58-67.

[20] Friedrich Samuel Bertram, geb. in Kalbe/Saale, wurde immatrikuliert in Halle 1712, 1720-1722 Lehrer in Maiesch, 1722 ordiniert von Krman für Maiesch, das er nach wenigen Monaten verließ, 1732-1747 Pastor in Geltow. EOL, G III. 44(48); LÁSZLÓ SZELESTEI N[AGY] (Hrsg.): Bél Mátyás levelezése [M. Béls Briefwechsel]. Budapest 1999, Nr. 165, 167; MP, S. 228 (Nr. 85): „N.B. Mira fata Maiosiensis ecclesiae cum primo pastore reverendo domino Bertram, qui collectis ad 70 fl. debitis mense Iunio discedit ex ecclesia in summa necessitate propter plurimos morbidos, imo et morientes, sub praetextu, quod velit ad me venire: ille aliam viam elegit. Venit Iaurinum, inde in Saxoniam. Mox post discessum pastoris cursitant alii pro pastore, alii pro pecunia mutuo concessa. Cum lamentationes audiri non possent, nec spes reditus esset, in fine mensis Augusti alius pastor substitur. Reverendus Bertram cum nova coniuge venit mense Novemb, sed redire cogitat."
[21] Jacob Friedrich Gauppe (?-1739): geb. in Bieberach/Ulm, Studium in Tübingen und Halle, Lizenziat in Großsäckel/Nagyszékely, ord. 1726 für Harta, ging 1730 nach Kleintormasch, 1733-1739 in Warschad. EOL, G I. 19(48). Vgl. SPIEGEL-SCHMIDT: Das deutsche Luthertum, S. 62-67; MP, S. 160 (Nr. 50).
[22] Johann Rudolph Walther „Junior" (1708-1775), geb. in Frankfurt/Main als Sohn von Walther „Senior"?, 1732-1738 in Jink, 1739-1743 in Kleintormasch, 1745-1771 in Mezőberény. Vgl. SPIEGEL-SCHMIDT: Das deutsche Luthertum, S. 67.
[23] Georg Adam Kolb (1693-?), geb. in Modern, ab 1715 Studium in Jena, ord. 1722 für Warschad (gemeinsam mit Johann Egerland), wo er bereits ab 1719 als Lehrer wirkte, 1725 wegen „schlechter Moral" von der eigenen Gemeinde vertrieben. EOL, G III. 44(52). MP, S. 160 (Nr. 50).
[24] Johann Gustav Kastenhoffer (1704-1742), geb. in Pösing (Pezinok), Schulbesuch in Pressburg, ab 1722 Studium in Leipzig, 1733-1740 Hauslehrer in Wien, ord. 1740 für Warschad. EOL, G III. 47(7).

178

trunk[25] aus Ödenburg/Sopron und Johann Egerland aus Raab.[26] In ihrem Fall ist auf mindestens Zweisprachigkeit zu schließen, während Ferenc Tonsoris (Borbély),[27] Zsigmond Vörös[28] und Schwartzwalder selbst bezeugen, in drei Sprachen, deutsch, ungarisch und „böhmisch", das heisst slowakisch, gepredigt zu haben, da manche Dörfer ethnisch gemischt besiedelt waren. Schwartzwalder schreibt 1721 dazu an August Hermann Francke:

> „Dergleichen dörffer hieherumb es noch mehr giebt, welche so wohl von päpstischen als evangelischen und reformierten oder calviner bewohnt und gebaut werden, und zwar von leuten unterschiedlicher sprache als deutschen, böhmischen und ungarn, in diesen dreyen sprachen, ungrisch, böhmisch und deutsch, muß ich auch mein ampt verrichten."[29]

Die slowakischen Geistlichen (Kerman, Velits, György Tomcsányi[30] und Ján Masnitius[31]) stammten aus Nordungarn, sprachen aber erwiesenermaßen

---

[25] Konrad Leopold Tieftrunk (1703-1752), geb. in Ödenburg als Sohn des Schulrektors, Schulbesuch daselbst, Studium in Tübingen (1723) und Altdorf (1726), 1731-1733 Prediger in Warschad, ging 1733 – von der eigenen Gemeinde vertrieben – nach Harta, gestorben in Ödenburg. Vgl. JÓZSEF SZINNYEI: Magyar írók élete és munkái [Leben und Werke ungarischer Schriftsteller]. Bd. 1-14. Budapest 1891-1914, hier Bd. 14, S. 165.

[26] Johann Egerland (1693-?), geb. in Raab, ab 1712 Studium in Wittenberg, ord. 1722 für Kleinmangarth und Maiesch, 1722-1723 in Kleinmangarth, 1727-1729 in Maiesch, dann vertrieben. EOL, G III. 44(51).

[27] Ferenc Tonsoris (Borbély) (1702-1755), empfing die Lizenziatwürde von György Bárány, 1723 in Zomba, 1726 in Lápáfő, 1735-1743 in Stockbrunn (Meknitsch/ Mekényes),1744-1755 in Jink, von dort vertrieben, gestorben in Nemeskér.

[28] Zsigmond Vörös, geb. in Modern, 1742-1749 Prediger in Kleinmangarth, 1749-1751 in Tab, nach seiner Vertreibung ab 1756 Schulrektor in Gallas. MP, S. 225 (Nr. 84).

[29] Warschad, den 17. September 1721; in: MP, S. 140-143 (Nr. 37). Vgl. ZOLTÁN CSEPREGI: Brüderlich verfeindet? Luthertum und Reformiertentum in der neu besiedelten Tolnau. In: RAINER BENDEL, NORBERT SPANNENBERGER (Hrsg.): Religion als Integrationsfaktor für die Migration im Südosten der Habsburgermonarchie im 18. Jahrhundert. Münster [im Druck].

[30] György Tomcsányi: geb. in Senitz/Senica, Schulbesuch in Sillein/Žilina, 1727-1729 Schulrektor in Sárszentlőrinc, ord. 1729 für Magyarkeszi, 1729-1741 in Tab, 1741-1744 in Torwei. EOL, G III. 46(77).

[31] Ján Masnitius (1715-?), geb. in Frauenmarkt/Bátovce, Schulbesuch in Neusohl/ Banská Bystrica, Käsmark/Kežmarok, Necpaly und Raab, 1737-1741 Schulrektor in Oreslan, ord. 1741 für Tab, ab 1746 in Baďan. EOL, G III. 48(15).

Zoltán Csepregi

auch ein gutes Ungarisch. Die ungarischen Muttersprachler wurden aus Westungarn eingeladen; auffällig viele von ihnen kamen aus der Stadt und Schule von Raab (Bárány selbst, István Tatay, Ádám Balog,[32] Márton Kelemen[33] und der erwähnte Egerland).

Mehrsprachigkeit war für die Lutheraner eine alltägliche Erfahrung. Diejenigen Prediger, die in einer mehrsprachigen nordungarischen Stadt aufgewachsen waren, konnten für diesen Umstand dankbar sein und sich glücklich schätzen, wenn sie später in ihrem Amt regelmäßig auf drei Sprachen predigen mussten. Manchmal ist es fast unmöglich, die ethnische Identität eines solchen „Hungari trilinguis" festzustellen; als bekanntestes Beispiel sei hier der Pressburger Pfarrer und Polyhistor Matthias Bél (1684-1749) genannt.[34] Falls jemandem vom Schicksal keine mehrsprachige Umgebung vergönnt war, wurde er zum Spracherwerb in diese oder jene Schule bzw. die Schule eines bestimmten Ortes geschickt.[35] Nicht selten wurde dabei aber –

---

[32] Ádám Balog (1717-1771), geb. in Raab, Schulbesuch in Raab und Pressburg, 1737-1739 Sekretär bei Freiherrn János Radvánszky, Studium in Wittenberg (1739-1741), aus Deutschland heimgekehrt Lehrer in Raab, ord. 1742 für Jink, ab 1744 in Várpalota, ab 1750 in Nemeskér, 1758-1771 Superintendent in Transdanubien.

[33] Márton Kelemen (1707-1742), geb. in Pásztori, Schulbesuch in Ödenburg und Raab, 1727-1732 Schulrektor in Kővágóörs, Balatonszepezd und Nagyvázsony, ord. 1732 für Nagyvázsony, 1740-1742 in Jink. EOL, G I. 26(73).

[34] Matthias Bél (1684-1749, Funtik, Matej Bel), geb. in Očova, 1695 Besuch des Gymnasiums in Neusohl, danach in Pressburg, Veszprém und Pápa. Am 18.10.1704 an der Universität Halle immatrikuliert. Um 1704 Informator am Waisenhaus in Halle. 1707 Lizenziat der Theologie in Halle. 1708 Konrektor, 1710 Rektor der evangelischen Schule in Neusohl. Pfarrer an der St. Elisabeth-Kirche in Neusohl. 1714 Rektor der Schule in Pressburg, wo er zahlreiche Neuerungen wie z. B. neue Lehrpläne einführte. 1719 ordiniert zum deutschen Prediger in Pressburg, 1744 Seniorpfarrer. Mitglied der Akademie der Wissenschaften in Berlin, in London und St. Petersburg. Förderte den Druck der hallesch-tschechischen Bibel von 1722. Vgl. KLEIN: Nachrichten von den Lebensumständen und Schriften evangelischer Prediger, Bd. 2, S. 38-54; Religion in Geschichte und Gegenwart, 4. Aufl., Bd. 1, Tübingen 1998, Sp. 1277-1278; ELIAS FRIEDRICH SCHMERSAHL: Zuverläßige Nachrichten von jüngstverstorbenen Gelehrten. Bd. II. Zelle 1751, S. 114-121; KARL SCHWARZ: Matthias Bel – rector et instaurator scholarum Posoniensium. In: WYNFRID KRIEGLEDER, ANDREA SEIDLER, JOZEF TANCER (Hrsg.): Deutsche Sprache und Kultur im Raum Pressburg. Bremen 2002 (Presse und Geschichte – Neue Beiträge, 4), S. 231-247.

[35] MP, S. 77 (Nr. 1). Pressburg und Ödenburg galten als deutsche, Neusohl und Schemnitz als „böhmische", Raab und Eperjes als ungarische Orte.

wie beispielsweise in Raab – beklagt, dass man der großen Anzahl der nicht-ungarischen Mitschüler wegen das Ungarische dort eher verlernen als erlernen könne.

Akademische Laufbahn der Pfarrerkandidaten

Noch aufschlussreicher ist es, dem Werdegang der einzelnen Personen nach-zuspüren, zumal die Hälfte der bei Bárány angeführten Namen in deutschen Universitätsmatrikeln vorkommt. Dieser Anteil ist wesentlich höher als ge-meinhin in der transdanubischen Pastorenschaft üblich.[36] Diese gut geschul-ten und hoch gebildeten Theologen jagten an der Grenze des Habsburger-reiches kaum nach Ruhm und Reichtümern. Im Gegenteil: sie lebten von Almosen,[37] die in Pressburg, Ödenburg, Raab und Wien gesammelt wurden und sahen sich sowohl von serbischen Wegelagerern und Räuberbanden als auch unnachgiebigen Komitatsbeamten bedroht.[38] Nach dem Verlust von Belgrad im Jahre 1737 rechnete Michael Weiß sogar ernsthaft mit der Rück-kehr der Osmanen:

> „Wie es mit gegenwärtigem krieg annoch ablauffen wird, ist Gott bekannt. Wir haben aber unsern feind schon in der nachbarschafft herum, das sind die gottlosen rätzen. Diese haben mir vor kurtzer zeit 2 pferdt gestohlen vor 32 f., welches geld ich mit meiner Susanna kümmerlich zusammen ge-spahret, hab auch dieße pferdt nicht so wohl wegen meinem privat, als der armen gemeinden hierinn ihr interesse willen mir angeschafft."[39]

Eine Zusammenstellung und flüchtige Auswertung der Immatrikulationsda-ten könnte dazu beitragen, die Motive der ersten Siedlerprediger zu erhellen:

---

[36] Auf der anderen Seite konnten sich diese Gelehrten in ihrem Amt oft nicht be-haupten: Kolb und Tieftrunk wurden von eigenen Gemeindegliedern vertrieben. MP, Nr. 70, 84; Vgl. ELLA TRIEBNIGG-PIRKHERT: Aus Varsáds Vergangenheit und Varsáder Handschriften über die Besiedlungszeit. In: Deutsch-ungarische Hei-matblätter 1 (1929), S. 223-225; JOHANN SCHMIDT: Über die Neubesiedlung der deutsch-evangelischen Gemeinde Varsád. In: Deutsch-ungarische Heimatblätter 4 (1932), S. 232-241.

[37] MP, Nr. 37, 47, 50, 67.

[38] MP, Nr. 50, 57, 85, 86.

[39] MP, S. 212-213 (Nr. 77).

- Johann Gustav Kastenhoffer studierte in Leipzig;
- Bárány und Georg Adam Kolb waren Jenaer Studenten;
- Michael Weiß und Konrad Leopold Tieftrunk ließen sich in Tübingen immatrikulieren, Letzterer wechselte dann von dort nach Altdorf;
- die Mehrheit ging jedoch nach Halle; chronologisch aufgelistet: Jeremias Schwartzwalder, György Bárány, Andreas Christoph Wider (von hier ebenfalls nach Altdorf), Friedrich Samuel Bertram, István Tatay und Jacob Friedrich Gauppe;
- demgegenüber studierten an der Universität Wittemberg, der großen Rivalin von Halle, nur drei der Prediger, die sich aber – wie gut belegt ist – immer loyal gegenüber der hallischen theologischen Richtung und deren Hauptvertreter, Senior Bárány, verhielten: Johann Egerland, Ádám Balog und Miklós Ratkóczy.[40]

Diese Angaben verdeutlichen, dass im Tolnauer Seniorat neben dem Pietismus hallischer Prägung, auch die Richtungen von Jena und Tübingen (wie die von Pressburg und Raab) vertreten waren und gefördert wurden.[41]

Wie waren nun diese Hallenser in die Schwäbische Türkei gelangt? Im Fall der aus Ungarn stammenden Personen mögen vor allem Schulfreundschaft und verwandtschaftliche Beziehungen mit zu den Beweggründen gehört haben. Über die Umstände, unter denen Friedrich Samuel Bertram in die Tolnau berufen wurde, schreibt Matthias Bél 1722 an den Superintendenten Daniel Krman (1663-1740):[42]

---

[40] Miklós Ratkóczy (Temlin): „Ego Nicolaus Ratkóczy ex patre Blasio Ratkóczio pastore Szöczeiensium et matre Heva Temlin ortus ad verbum Dei sincere praedicandum sum ordinatus ab excell. summoque vener. antistite Samuele Antonio a.r.s. 1737. 15. Julii." EOL, G I. 30(97). Studium in Wittenberg (1733-1735), vor der Ordination wirkt er als Lizenziat, ab 1737 als Prediger in Großsokol/Nagyszokoly, György Báránys Schwiegersohn (1738).

[41] ATTILA TAR: Magyarországi diákok németországi egyetemeken és főiskolákon [Ungarländische Studenten an den deutschen Universitäten und Hochschulen], 1694-1789. Budapest 2004 (= Magyarországi diákok egyetemjárása az újkorban, 11), Nr. 11, 22, 811, 841, 844, 880, 1594, 1659, 2594, 2973, 2978, 3334, 3589, 3637; ZOLTÁN CSEPREGI: Pietismus in Ungarn 1700-1758. In: Beiträge zur ostdeutschen Kirchengeschichte 6 (2004), S. 25-38.

[42] Daniel Krman (1663-1740), Besuch der Schulen in Sobotischt/Sobotište, in Trentschin und Besuch des Elisabethgymnasiums in Breslau. 1682 im Sommersemes-

„[Bertram] hat eine Vokation nach Maiesch auf den Besitzungen des Pala-
tins in der Tolnau, eine Gemeinde Gottes einzupflanzen ... Die Gemeinde
selbst kann keine Kosten der Ordination tragen. An Dir liegt es also, dieser
Gemeindegründung umsonst zur Hilfe zu kommen. Warum der Kandidat
gezwungen war, seine Heimat zu verlassen, wird er selbst erzählen."[43]

Dieser mündliche Bericht entzieht sich leider unserer Kenntnis. Gauppe
selbst aber, der zuvor ein Jahr lang als Lizentiat in Großsäckel/Nagyszékely
diente, bezeugt anlässlich der Ordination 1726 mit überraschender Offenheit
seine pietistische Einstellung:

„Ich studierte zuerst in den Gymnasien meiner Heimat [Ulm], dann in Tübingen, schließlich im sächsischen Halle unter der Leitung der hochehrwür-
digen Professoren, [August Hermann] Francke, [Joachim Justus] Breithaupt,
[Paul] Anton und [Joachim] Lange."[44]

An dieser Stelle soll die Hypothese gewagt werden, dass Bertram und Gauppe nicht einer Einladung, sondern eher einer Aussendung, das heisst einer
Mission, folgten und nach Südungarn aufbrachen. Die neu entstandenen lu-

---

ter an der Universität Leipzig, am 01.10.1682 an der Universität Wittenberg immatrikuliert. 1683 Rektor in Ilava, 1684 Rektor in Mošovce. Am 18.06.1687 Pfarrer
in Turá Lúka als Nachfolger seines Vaters. 1704 Pfarrer, 1706 Superintendent in
Sillein. 1711 nach der Vertreibung durch Jesuiten Pfarrer in Miawa/Myjava, 1731
wegen einer Teufelsaustreibung zu lebenslänglichem Gefängnis verurteilt. Verfechter der lutherischen Orthodoxie, beteiligte sich an allen aufständischen Akti-
vitäten gegen Habsburg. Vgl. KLEIN: Nachrichten von den Lebensumständen und
Schriften evangelischer Prediger, Bd. 2, S. 299-323; MP, S. 136-139 (Nr. 35).

[43] „Qui has tibi reddit, Clarissimus Dominus Fridericus Samuel Bertram, Calbensis
Magdeburgicus, diuina prouidentia ad nos delatus, ad plantandam in Comitatu
Tolnensi, apud Majusienses Palatinas colonias, Ecclesiam Dei euocatur ... Sump-
tus in Ordinationem Ecclesia facere potest nullos, TVVM ergo erit gratuito subse-
ruire plantandae huic Ecclesiolae. Ipse Dominus Candidatus cur migrare coactus
sit patriam, pluribus narrabit." SZELESTEI N[AGY] (Hrsg.): Bél Mátyás levelezése, S.
96-97 (Nr. 165).

[44] „Ego Jacobus Fridericus Gauppius natus sum Ulmae circuli Suevici urbe parenti-
bus tit. Jacobo Gauppio et Maria Mag. Wolfin. Studia mea cum in gymnasio patrio,
cum etiam Tubingae et Halae Saxonum praeeuntibus praeceptoribus viris reve-
rendis Franckio, Breithaubtio, Antonio et Langio promovi, unde etiam ad ecclesiam Kishartensem legitime vocatus sum et sacros ordines a viro excell. reveren-
dissimo amplissimoque domino Samuele Antoni Csetnekini die 1. Julii anno 1726.
accepi." EOL, G I. 19(48).

therischen Gemeinden in den ehemals türkisch besetzten Gebieten entsprachen nämlich genau den Hoffnungen des Berliner Propstes, Philipp Jacob
Spener (1635-1705), die er – als der „geistige Vater des Pietismus" – bereits im
Jahr 1700 in einem Schreiben an August Hermann Francke folgendermaßen
formuliert hatte:

> „Weilen aber gar selten einer auß solchen orten hinauß komt und studiren
> kan, so stehets mit den ungarischen kirchen in dem königreich selbs und in
> der Türkey (da sehr viele und sie im übrigen freyer) sehr schlecht. In dem
> sie nur in ihren schulen lernen, darnach schulmeister werden, endlich ihre
> gemeinden sie zu predigern ordiniren lassen. Sollten aber entweder geboh-
> rene ungarn, wie dieser [Mihály Ács Jr.] ist, oder andere, die der sprach
> mächtig wären, mit einer rechtschaffenen erkenntnus der wahrheit hinein-
> kommen, würde das werck des Herren an solchen orten (sonderlich in der
> Türkey, wo weniger hindernus) bald mit krafft fortgehen, und ein neues
> liecht anbrechen ... So werden solche gemeinden, vor die kein mensch sor-
> get, einiger solcher hülffe würdig sein, und vielleicht ein kleiner anfang eine
> größere thür öffnen."[45]

Es fragt sich, ob die hallischen Pietisten eine weitere Missionskolonie an
der Peripherie der Christenheit, ähnlich wie in Siebenbürgen, Sibirien und
Nordamerika, gründen wollten und welche gleichzeitig als Vorposten und
Umschlagplatz auf dem halben Wege in Richtung Konstantinopel dienen
konnte? Die Antwort ist viel einfacher: Persönliche materielle Not könnte die
Studenten aus der sogenannten Armenuniversität Halle[46] die Donau entlang
zur Peripherie geführt haben. Eine Entscheidung dieser Art wurde vermutlich von jenen getroffen, die keine andere existentielle Wahl hatten. Auch
Schwartzwalder suchte zuerst eine Anstellung in Pressburg, nur der dortige
Misserfolg zwang ihn, einer Vokation aus Warschad nachzukommen.[47] Die
hallischen Kommilitonen hatten nicht nur die pietistische Frömmigkeit und

---

[45] MP, S. 77-78 (Nr. 1). Vgl. WILHELM NEUSER: Philipp Jacob Speners Eintreten für die verfolgten Protestanten in Ungarn (1671-1689). In: PETER F. BARTON, LÁSZLÓ MAK-KAI (Hrsg.): Rebellion oder Religion. Die Vorträge des internationalen Kirchenhis-torischen Kolloquiums Debrecen 1976. Budapest 1977 (= Studien und Texte zur Kirchengeschichte und Geschichte, Zweite Reihe, Bd. 3), S. 135-146.
[46] GÜNTER MÜHLPFORDT: Die Franckesche Schulstadt. Werden und Weltwirkung eines geistigen Zentrums. In: Zeitschrift für Geschichtswissenschaft 40 (1992), S. 281-285.
[47] MP, S. 142 (Nr. 37).

theologischen Positionen miteinander geteilt, sondern auch die familiäre Armut.

In der Korrespondenz von Bárány und seinen Patronen in Halle gibt es allerdings keinerlei Spuren von kirchenorganisatorischen Fragen, doch die reichsweiten Werbungen von Siedlern waren laut genug, um die Aufmerksamkeit der deutschen Pietisten auf die neuen Grenzorte der Habsburgermonarchie zu lenken. Schwartzwalder informierte August Hermann Francke ausführlich von der allgemeinen Lage in der Tolnau und klagte unter anderem über den Pfarrermangel mit dem Bibelwort: „Es ist die erndte groß, aber wenig der arbeiter etc. Luc. 9."[48] Der hallische Professor empfing den Bericht mit Interesse und spürbarer Anteilnahme, denn er sandte auf Bitten seines früheren Studenten hin ein Bücherpaket nach Ungarn.[49] Dieser Briefwechsel erklärt vielleicht das Eintreffen Bertrams und Gauppes unter den Ansiedlern im darauffolgenden Jahr.

Ausländische Gönner der Siedlergemeinden

Schwartzwalder wurde bereits im, Jahr 1722 des Komitats Tolnau verwiesen[50] und so blieben die Verbindungen zu Halle jahrzehntelang gekappt. Erst im Jahr 1747 kam es zu einer erneuten Kontaktaufnahme. Von den 1730er Jah-

---

48 Ebenda. Vgl. Matthäus 9,37-38; Lukas 10,2.

49 Halle, 19.12.1721: MP, S. 143-144 (Nr. 38); abgedruckt auch bei ZOLTÁN CSEPREGI: Der Pietismus in Transdanubien (1700-1760). In: Pietismus und Neuzeit 26 (2000), S. 171-182, hier S. 181.

50 Pressburg, 14.09.1723: MP, S. 148-150 (Nr. 42). „Fata denique ecclesiae Varsadiensis, utpote: primus pastor fam. Ieremias Schwarzwalder Cremnitziensis, satis religiosus, industrius, satis infelix. Primum, quod reformatos pane domestico ad postulatum eorum communicavit hac imprudentia, quod id publice fecerit una cum evangelicis, quibus hostias altero orbiculo consecravit, non sine offensione infirmorum. Accedit, quod ante ingressum Bertrami omnes Germanicas ecclesias percurrens alicubi offerunt infantem ad baptismum, quem catholicus plebanus iam ante aqua quidem baptismale adsperserit, sed quod librum ritualem non secum haberet, verba usitata adhibere non potuit, ideo mulierculis praecepit, ut mater e puerperio liberata infantem secum accipiat, ac melius baptisabit. Hinc rustici dubitantes infantem recte baptisatum esse, huic forte divertenti afferunt, quod ubi innotescit, capiunt pastorem et Quinque Ecclesiis in aresto detinent, reversalibus acceptis et 50 plagis inflictis dimittunt." MP, S. 228 (Nr. 85).

ren an kam stattdessen die evangelische Kolonie in der Kaiserstadt Wien den Gemeinden des Seniorats mit den frommen Kollekten der dänischen und schwedischen Gesandtschaftskapellen zu Hilfe. So ist im Bericht des schwedischen Gesandtschaftspredigers in Wien, Johann Christian Lerche[51], zu lesen:

> „In den neuen colonien hat man einen feinen prediger, herrn Barany, weil er den gottesdienst so gleich nicht eingestellet, in die eisen geschlagen und fortgeführet.“[52]

Dank der dänischen Gesandtschaftsprediger Christian Nicolaus Möllenhoff und Christian Kortholt unterstützten die Wiener Lutheraner mit jährlichen Zuschüssen die notleidenden Kirchengemeinden in Ungarn. In den Aufzeichnungen Christian Kortholt[53] sind auch die Namen von Bárány, Tatay und Walther zu finden.[54] Eine sogenannte „Ungarische Cassa“ hatte bereits

---

[51] Johann Christian Lerche (1691-1768), am 29.04.1709 an der Universität Wittenberg und am 20.04.1712 an der Universität Halle für ein Theologiestudium immatrikuliert. 1716-1723 Informator am Pädagogium in Halle. 1723 schwedischer Legationsprediger in Wien, wehrte einen Ruf nach Schemnitz ab. 1733 Superintendent in Neustadt/Aisch. Vgl. MARIANNE DOERFEL: Pietistische Erziehung. Johann Christian Lerches Memorandum zu Reformbestrebungen am Pädagogium Regii in Halle (1716/22). In: Pietismus und Neuzeit 20 (1994), S. 90-106.

[52] Wien, 09.06.1731: MP, S. 173 (Nr. 57).

[53] Christian Kortholt d. J. (1709-1751), erhielt Privatunterricht durch seinen Vater und besuchte die Stadtschule in Kiel. Am 08.11.1723 an der Universität Kiel immatrikuliert, 1728 Magister, am 12.10.1728 an der Universität Wittenberg und am 12.01.1730 an der Universität Leipzig immatrikuliert. Reisen durch die Niederlande und England. 1736 dänischer Gesandtschaftsprediger in Wien, schlug 1739 einen Ruf nach Ödenburg aus. 1742 außerordentlicher Professor der Theologie und Universitätsprediger in Göttingen, am 17.09.1745 Doktor der Theologie, 1748 Pfarrer an der Jacobikirche in Göttingen und Superintendent im Amt Harste. Vgl. SCHMERSAHL: Zuverläßige Nachrichten von jüngstverstorbenen Gelehrten, Bd. 2, S. 385-410.

[54] CHRISTIAN STUBBE: Die dänische Gesandtschaftsgemeinde in Wien und ihre letzten Prediger. In: Beiträge und Mitteilungen des Vereins für Schleswig-Holsteinische Kirchengeschichte 9 (1932), S. 257-312, hier S. 287; FRITZ SEEFELDT: Diasporahilfe vor 1750 in Wien. In: Jahrbuch der Gesellschaft für die Geschichte des Protestantismus in Österreich 83 (1967), S. 82-92; ZOLTÁN CSEPREGI: Das Wahre Christentum und die kaiserlichen Generale. Diasporahilfe im 18. Jahrhundert. In: Lutherische Kirche in der Welt 44 (1997), S. 175-184, hier S. 181-183; DERS.: Prediger hallischer Prägung im Dreieck Wien – Pressburg – Ödenburg. In: UDO STRÄTER

Kortholts Vorgänger, Christian Nicolaus Möllenhoff,[55] aufgrund der Oster-kollekten in beiden Kapellen eingerichtet. Er hatte auch erwogen, mit den jährlichen Zuschüssen in erster Reihe die verfolgten Glaubensbrüder in Ungarn zu unterstützen.[56] Seine Verbindungen zu ungarischen Predigern vererbte er seinem Nachfolger Kortholt, der diese „Cassa" mit Hilfe von reichen Stiftungen frommer Adliger vermehrte und das Hilfswerk in breiterem Kreis fortsetzte. Der nächste dänische Prediger war Peter Nicolaus Schmidt.[57] Er erhielt von Kortholt darüber eine ausführliche schriftliche Instruktion, in der er auch seine Korrespondenten in Ungarn aufzählte.[58] Obwohl der Schwerpunkt eindeutig auf Pressburg und Ödenburg lag wird in der Aufzeichnung auch György Bárány erwäht als „Inspector der Evangelischen Kirchen im Tollnenser Comitat, ein redlicher, rechtschaffener Mann".

(Hrsg.): Interdisziplinäre Pietismusforschungen. Beiträge zum Ersten Internationalen Kongress für Pietismusforschung 2001. Halle, Tübingen 2005 (= Hallesche Forschungen, 17), Bd. 2, S. 689-699.

[55] Christian Nicolaus Möllenhoff (1698-1748), am 18.07.1716 an der Universität Kopenhagen immatrikuliert, 1717 Baccalaureus in Kopenhagen, 1721 an der Universität Wittenberg und 1722 an der Universität Leipzig immatrikuliert, 1723 Studium an der Universität Halle. 1723 Hofmeister und Pfarrer in Eutin, 1725 Kandidat in Lübeck, 1726 Hauslehrer in Kopenhagen, 1728 dänischer Gesandtschaftsprediger in Wien. 1731 auf Reisen, 1735-1736 Oberpfarrer in Delmenhorst. Vgl. SCHMERSAHL: Zuverläßige Nachrichten von jüngstverstorbenen Gelehrten, Bd. 2, S. 231-244; Allgemeine Deutsche Biographie, Bd. 22, 1885, S. 121-122, unter <http://de.wikisource.org/w/index.php?title=ADB:M%C3%B6llenhof,_Christian_Nicolaus&oldid=875382>.

[56] Vgl. Ebenda, Bd. 2, S. 235-240.

[57] Peter Nicolaus Schmidt, 1742-1755 königlich dänischer Legationsprediger in Wien. Später Pfarrer im Schleswigischen.

[58] Namentlich genannt waren Matthias Bél, Johann Andreas Rabacher, Samuel und Samuel Wilhelm Serpilius, Elias Miletz, Friedrich Wilhelm Beer, Georg Kubány, Elias Mohl, János Sartoris, György Bárány, Johann Gottfried Oertel. Vgl. hierzu STUBBE: Die dänische Gesandtschaftsgemeinde in Wien und ihre letzten Prediger, S. 287.

Tabelle 1: Auszüge aus den Ausgaben der „Ungarischen Cassa"
in Wien 1738-1746[59]

1738	Jönk, für den Parrer Walter	30 Gulden
1738	Barany zu H. Lorenz, für seinen Sohn der zu Jena studiert	30 Gulden
1739	Stephanus Takai, ein armer Prediger zu Gyork im Tollnenser Com.	16 Gulden 36 x
1740	Barang	24 Gulden 54 x
1741 ?	für einen vergoldeten Kelch für Hrn. Barany, St. Lorenz	17 Gulden
1742	Inspector Barany … zur Reparation seiner Kirche zu St. Lorenz	?
1743	für den Druck einiger evangelischer Bücher im Tolln. Comitat	?
1746	Herrn Past. Weise zu einem Kelch in seiner Kirche	10 Gulden
1746	Der evangelischen Gemeinde zu Taber im Tollnenser Comitat wegen verursachten Kosten und weggenommenen Glocke	6 Gulden

Der deutsche Konsenior Weiß pflegte eigene Kontakte zur Kaiserstadt, wo er früher als Hauslehrer bei der Familie Fischer von Ehrenbach gewirkt hatte. Johann Friedrich Fischer von Ehrenbach,[60] der Pate von des Konseniors Kindern, initiierte selbst Sammlungen zugunsten der Gemeinden in der Tolnau. Weiß schreibt 1735 an seinen Schwager in Ödenburg:

> „…wie ich dann erst gestern einen brieff von herrn Möllenhoff erhalten, darinn er mir etliche bücher durch gelegenheit geschickt und auch versprochen, wann es nur mir gleich seyn will, wie seine worte lauten, mir jährlich zur bezahlung meiner dienstboten etwas am gelde zu übermachen."

Und ein Jahr später über denselben Gegenstand:

---

[59] Ebenda, S. 285-291; SEEFELDT: Diasporahilfe vor 1750 in Wien, S. 84-86.
[60] Fischer von Ehrenbach, ungarische Adelsfamilie in Wien. Johann Friedrich Fischer von Ehrenbach bekam 1731 den Reichsrittertitel. MP, S. 193-194 (Nr. 67): „Dona s[acra] munera Viennensia apud Fischerum nimis erant parca."

„Eben vor wenig tagen erfuhr ich, daß mein liebwehrter herr Möllenhoff mir die deutschen bücher vor meine gemeinden, welche bücher er vor mich zu seiner zeit in Wienn mit allem fleiß colligiret, schon würcklich überschickt hat, und sollen selbige in Sz. Lörintz bey herrn Bárány (ist ein weg von 7 stunden dahin) anzutreffen seyn."[61]

Gesandtschaftsprediger Möllenhoff ließ Weiß den größten Teil der Bibliothek zukommen, die der Hannoverische Gesandte Johann Wilhelm Dietrich Diede Freiherr zum Fürstenstein[62] in Wien hinterlassen hatte.[63] Im Jahr 1743 wiederum – also schon in der Amtszeit Peter Nicolaus Schmidts – wurde Weiß gestattet, die erwähnten Osterkollekten für den Druck deutscher Bücher zu verwenden, die für den Gemeindegebrauch bestimmt waren.[64] Welcher Art diese Bücher waren, ist leider nicht bekannt.

Hoch einzuschätzen ist ferner die Bedeutung des guten Verhältnisses zwischen den Tolnauer Pietisten und ihren Grundherren. Sowohl Senior

---

[61] MP, S. 193, 200 (Nr. 67, 70).

[62] Johann Wilhelm Dietrich Diede Freiherr zum Fürstenstein (1692-1737), 1715 Hofkanzleirat, 1719 Oberappellationsrat in Celle. 1724 Gesandter in Wetzlar, 1728 Gesandter in Regensburg, 1732 braunschweigischer Gesandter in Wien. 1733 Geheimrat in Hannover.

[63] „Während seines Aufenthalts in Wien hatte er [Möllenhoff] einen starken Briefwechsel mit auswärtigen Gelehrten. Nemlich: [...] 4) Mit vielen lutherischen Predigern in Ungarn. Er war ein Werkzeug, die liebreiche Absichten des damaligen Königlichen Grosbritt. und Churhanoverischen Gesandten an dem Kaiserlichen Hofe, Freiherrn Diede zum Fürstenstein, auszuführen. Dieser Herr hatte weislich geurtheilet, es würde ein wichtiger Liebesdienst gegen die so sehr eingeschränkte Glaubensbrüder in Ungarn seyn, wenn man ihnen erbauliche Bücher in ihrer Sprache zubrächte. Er versprach, die ansehnliche Kosten dazu theils selbst zu geben, theils von seinen Brüdern und Verwandten zu verschaffen. Deswegen fieng unser Möllenhof mit verschiedenen Ungarischen Predigern einen Briefwechsel an. Und so verliessen durch seine Betreibung folgende Bücher die Presse: [...] Auch schafte man andere, vorhin schon ungarisch gedruckte Bücher an, und schikte sie ins Land. Ueber 2000 Gulden, die auf vorhin gedachte mildthätige Art zusammenkamen, giengen durch Möllenhofs Hände, und wurden zu dem erwehnten christlichen Entzweck angewandt. Verlies der bemeldete Freiherr von Diede 1735 Wien; so schikte er, aus seiner Bibliothek, dem Unsern einen ziemlichen Vorrath von deutschen erbaulichen Büchern zu, welche dieser gelegentlich an die in Ungarn wohnende deutsche Glaubensbrüder vertheilte." SCHMERSAHL: Zuverläßige Nachrichten von jüngstverstorbenen Gelehrten, Bd. 2, S. 234-241; MP, Nr. 67, 70.

[64] STUBBE: Die dänische Gesandtschaftsgemeinde in Wien und ihre letzten Prediger, S. 290-291.

Bárány als auch Konsenior Weiß wurden von den Grafen Mercy[65] geschätzt und geschützt.[66] Beide Geistliche wurden oft zu Rate gezogen und in Unterricht und Erziehung der Kinder katholischer Untertanen auf der Herrschaft Hőgyész/Mercystetten einbezogen.[67] Diese konfessionelle Toleranz, die auch in anderen Bereichen der Verwaltung der Mercy-Güter spürbar war, wirkte sich höchst förderlich auf den wirtschaftlichen und kulturellen Aufbau aus. Ein Zugeständnis an seine lutherischen Untertanen in Kleinmangarth enthält das erste erhaltene diesbezügliche Schriftstück des Grafen Mercy (7. Mai 1722). Der Grundherr versprach, „denen drey christlichen Religionen all freyes exercitium zu gestatten" und bot allen seinen Untertanen den Schutz ihrer Religionsfreiheit an, „so lang in diesem Königreich Hungarn einige dergleichen geduldet sind".[68] In Abschriften sind zwei, annähernd gleichlautende Pfarrverträge erhalten, der eine für das katholische Mercystetten vom 15. Juli 1724, der andere, vom 28. September 1724, für das lutherische Kleinmangarth. Es gibt Hinweise darauf, dass andere Gemeinden ähnliche Verträge erhielten, bzw. sich nach diesen richteten. Am 8. März 1726 berichtete beispielsweise Pfarrer Johann Karl Reichard aus Warschad: „...kann bei meinem Salario, welches unsere Herrschaft selbst sowohl deren katholischer Geistliche als uns gemachet hat, wohl stehen".

Wahrscheinlich wurden alle diese Kontrakte von Graf Anton Ignaz Karl August d'Argenteau veranlasst, dem Großneffen und Erben des Grafen Claudius Florimundus Mercy, der ab 1722 seinen Großonkel in der wirtschaftlichen Administration der Besitzungen vertrat und 1725 adoptiert wurde.[69] In

---

[65] GERHARD SEEWANN: Zur Familiengeschichte der Grafen Mercy und Mercy-Argenteau. In: Südostdeutsches Archiv 19-20 (1976-77), S. 53-69.

[66] HEINRICH KÉRI: Probleme in der Siedlungsgeschichte des Komitats Tolnau. In: Suevia Pannonica. Archiv der Deutschen aus Ungarn 14 (1996), S. 78-94, auch in DERS.: Franken und Schwaben in Ungarn, S. 39-55; DERS.: A Tolna megyei német lutheránusok: megjegyzések egy tanulmányhoz [Über die deutschen Lutheraner in der Tolnau: Eine Richtigstellung]. In: Századok 132 (1998), S. 916-926, auch in DERS.: Franken und Schwaben in Ungarn, S. 254-268.

[67] SCHMIDT: Szenicei Bárány György, S. 91; MP, S. 223, 233 (Nr. 83, 86).

[68] LUDWIG LAGLER: Gedenkschrift zur hundertjährigen Gedächtnisfeier des Gotteshauses der evangelischen Gemeinde Kismányok. Bonyhád 1888, S. 7-8; KÉRI: Franken und Schwaben in Ungarn, S. 53-55.

[69] LOTZ: Johann Karl Reichard, S. 344; GALAMBOS: Glaube und Kirche in der Schwäbischen Türkei, S. 368; HENRIK KÉRI: A Mercy grófok szerződései Tolna megyei

mehreren Ansiedlungsverträgen (z.B. in dem von Kleinmangarth vom 28. Mai 1728) findet sich der Passus über die Religionsfreiheit:

> „Den Gottesdienst können sie [die Untertanen] vermög ihrer Religion exer-ciren, bey welcher sie auch allezeit von hoher Herrschaft, soviel möglich seyn kann, wird [!] geschützet werden."[70]

Für diese Gutsherren war religiöse Toleranz, mitbestimmt von einer rationa-listisch-ökonomischen Denkweise, charakteristisch. Vielleicht sprach Báránys ungarischer Katechismus aus dem Jahre 1750 deshalb ein ungewohnt mildes Urteil über die römische Kirche aus,[71] das durch existentielle Vorsicht oder politisches Kalkül allein kaum zu erklären ist, löste das Werk doch gleich-zeitig scharfe Kritik und laute Empörung in streng lutherischen Kreisen Un-garns aus.[72]

---

jobbágyaikkal. Az úrbérrendezés a hőgyészi uradalomban [Die Verträge der Gra-fen Mercy mit ihren Tolnauer Untertanen. Die Urbarialregelung in der Grund-herrschaft Hőgyész]. In: GYULA DOBOS (Hrsg.): Tanulmányok [Abhandlungen]. Szekszárd 1999 (Tolna Megyei Levéltári Füzetek, 7), S. 315-346, auch in KÉRI: Fran-ken und Schwaben in Ungarn, S. 56-71.

[70] LAGLER: Gedenkschrift zur hundertjährigen Gedächtnisfeier, S. 10; KÉRI: Franken und Schwaben in Ungarn, S. 66.

[71] „Epistolae athleticae inter ... Johannem Bárányium et ... Johannem Ribini recto-rem gymnasii evangelici Soproniensis de questionibus 16 catecheseos concinnatae a Georgio Bárányio. 1751. Calamo excepit Johannes Neümann anno 1767." OSzk Quart. Lat. 1538, MP, Nr. 93-94.

[72] SCHMIDT: Szenicei Bárány György, S. 58-64.

Zoltán Csepregi

Anhang

Die Prediger im Seniorat Tolnau-Branau-Schomodei (1715-1742)

György Bárány: Pastores Evangelici (1742)[73]

1. Gyönkiensis habuit Andream Molitoris,[74] Georgium Bárány, Stephanum Dienes,[75] Martinum Kelemen, jam Vocationem habet clarissimus Dominus Adamus Balog, Jauriens.
2. Györköny Georgium Bárány, Stephanum Tatai.
3. Vajtensis Petrum Kis Ludim.[76] et jam Rev. Andream Miszlai.[77]

---

[73] Historica Recensio Ecclesiarum Evangelicarum in Inclyto Comitatu Tolnensi et Vicinis inde ab Anno 1715 ad praesentem 1742. In PAYR: Egyháztörténeti emlékek, S. 354-355.

[74] András Molitoris war bis 1718 Báránys Vorgänger in Jink. Aus dieser Zeit sind die Ordinationen von zwei Namensvettern bekannt (1692, 1696), der Jüngere äußert sich folgendermaßen: „Ego Andreas Molitoris patre Andr. Kapius, matre Dorothea Braxatoris in pago Badin comitatus Vetusoliensis natus. Horum nutu Vetusolii et Briznae studui, hic sub Mart. Dubovsky. Hinc per adversarios expulsus contuli me Iaurinum, ubi per aliquid tempus habui praeceptorem et rectorem scholae Andr. Szánto. Inde evocatus ad officium rectoratus in pagum Sokoru Kajar, ubi penes rnd. doct. d. Mich. Bors eiusdem comitatus seniorem per annos 6 scholae praefui. Tandem per eundem locatus sum in pagum Sokoru Gyömörö in comitatu Iaurinensi pro pastore, confirmatus et inauguratus vero per exc. virum d. Iac. Zablerum superintendentem Bartphae anno 1696. die 15. Maii." EOL, Z 123(57). Er könnte 1703 nach Csikvánd (bis 1714), dann auf die Bitte der Kolonisten aus Csót hin in die Tolnau gekommen sein. Vgl. PAYR: Egyháztörténeti emlékek, S. 351-352, 358.

[75] István Dénes (Dienes, 1665-1749): „Ego Stephanus Denes patre Mich. Denes matre Anna Kardos. Ad studia Sempronium promotus evocatus sum pro rectore in pagum Szergény, ubi etiam ad officium pastoratus me evocarunt, quod suscepi etc. die 13. Maii 1700." EOL, Z 128(91). 1695-1700 Schulmeister in Boba, Magasi und Szergény, 1700 bis 1708 Prediger in Szergény, 1709 bis 1711 in Sitke, 1711 bis 1714 in Beled, 1714 bis 1718 in Gérce, 1718 bis 1738 in Jink, 1723-1725 auch in Großsockol.

[76] Péter Kis, 1719-1725 Schulmeister in Vajta, wurde von dort vertrieben. Gestorben in Sárszentlőrinc.

[77] András Miszlai, in den Quellen sind die Daten zu zwei Predigern Miszlai (eventuell Vater und Sohn) vermengt. András war nachweislich bis 1724 Schulmeister in

4. Bikats, nomine Notarii Clarissimum Stephanum Salamon.[78]
5. Varsád: Jerem. Svartzvalder, Georg. Adam. Kolb, Joh. Carol. Reichard, Tieftrunk, Joh. Gauppe, Joh. Gustav Kastenhoffer, jam Mich. Veisz.
6. Sz.-Lörintz Georg. Bárány, ab Anno 1725. ad 1729. Bödö,[79] denuo Georg. Bárány.
7. Kis-Mányok, Valtherum, Andr. Vidder, Mich. Veisz, jam Sigism. Vörös.
8. Izmin. Valtherum, Stephanum Bárány.[80]
9. Majos. Bertram, Joh. Egerland. Vidder.
10. Zomba. Franc. Tonsoris, Lud. Alexand. Dienes.[81]
11. Tormás. Nicol. Tonsoris, Gauppe, Valther Junior, Steph. Bárány.
12. Mekenes. Franc. Tonsoris.
13. Lapafő. Franc. Tonsoris.
14. Keszi. Joh. Krman. Andr. Járfás,[82] Georg. Tomtsányi.
15. Szokol. Andr. Járfás, Steph. Szilvágyi,[83] Nicol. Rátkotzi.

Großsockol, bis 1746 Prediger in Vajta und wurde von dort vertrieben („exul"). Er diente 1754 in Bokod.

[78] István Salamon, geb. in Tét, war von 1737 bis 1753 Schulmeister in Birkart.

[79] György Bödő (in der Literatur wird er auch mit dem falschen Vornamen Mihály angegeben, von 1674 bis vor 1748), Schulbesuch in Raab, Ödenburg, Pressburg, 1696-1706 Schulmeister in Kajár und Kispéc, ord. 1706 für Szák, 1706 bis 1707 Prediger in Szák, 1707 bis 1725 in Lovászpatona, 1725 bis 1729 in Sárszentlőrinc, 1740 in Tét. EOL, G I/a. 15(82); G I. 40(83).

[80] István Bárány von Szenicze (1717-1775), geb. in Nagyvázsony als György Báránys Sohn, ord. 1742 für Isming, 1742 bis 1743 Prediger in Isming, 1743 bis 1749 in Kleintormasch, 1750 bis 1775 in Warschad und Gallas, ab 1747 Konsenior, ab 1768 Senior, 1771 Superintendentenkandidat. Seine Schrift, Sammlung dem Schicksaale des Europäischen Scythiens von den ältesten Zeiten her: OSzK Quart. Germ. 89-90. Vgl. SZINNYEI: Magyar írók, Bd. 1, S. 552.

[81] Sándor Dienes (Dénes) war bis zum Jahr 1744 Schulmeister in Zomba. Dann verließ er zusammen mit seiner Gemeinde Transdanubien und besiedelte in der Tiefebene die Ortschaft Orosháza im Komitat Békes neu. Dort wirkte er dann als Prediger.

[82] András Járfás (?-1730), geb. in Komitat Ödenburg, 1696-1706 Schulmeister in Szentléránt und Nemeskolta, ord. 1706 für Nemeskolta, 1706-1708 Prediger in Nemeskolta, 1709-1710 in Paty und Terestyénfa, von dort mehrmals vertrieben, Gefangener und Exulant, 1715 in Pax/Paks, 1718-179 in Großsockol, 1720-1726 in Magyarkeszi, 1726-1730 in Mencshely. EOL, G I. 41(102); G I/a. 17(102). MP 128 (Nr. 31).

[83] Richtig: Mihály Szilvágyi, war der Vater von István Szilvágyi. 1706 bis 1708 war er Schulmeister in Magyargencs sowie in Kemeneshőgyész, 1710 dann in Kispéc,

16. Tab. Petr. Velits, Georg. Tomtsányi, Joh. Mansznitzius.
17. Torvaj. Georg. Tomtsányi.
18. Bábon. Fr. Farkas,[84] Steph. Szilvágyi.[85]
19. Ketse. Mich. Harmonia.[86]

---

von 1713 bis 1715 in Bakonyszombathely, 1716 bis 1725 war er zunächst Lizenziat, dann Prediger in Tés, ord. 1722 für Tés, 1726 bis 1737 Prediger in Großsockol. EOL, G III. 44(50).

[84] Ferenc Farkas: erster Schulmeister in Bábony, um 1742 in Szentjakabfa, 1744-1746 in Ajka.

[85] István Szilvágyi (1716-1771), geb. in Tés, 1737-1745 Schulmeister und Lizenziat in Bábony bis zu seiner Vertreibung 1745, ord. 1747 für Lovászpatona, 1747-1771 Prediger in Lovászpatona. Verfasste ein Trauergedicht über den Superintendenten János Bárány: OSzK Fol.Lat. 2077:339r-345v.

[86] Michael Harmonia, Prediger in Kötsching, unterschrieb 1745 ein Reservale. EOL, I.a 13.23.

© Gerhard Seewann, Karl-Peter Krauss, Norbert Spannenberger (Hrsg.):
Die Ansiedlung der Deutschen in Ungarn. München 2010, S. 195-210.

Zoltán Gőzsy

Die Canonicae Visitationes als Quelle zur Eingliederung der Kolonisten in der Diözese Fünfkirchen

Der nachstehende Beitrag untersucht die Visitationsprotokolle der Diözese Pécs aus der ersten Hälfte des 18. Jahrhunderts bzw. die 1733 von Domherr Imre Borus durchgeführten Pfarrei-Konskriptionen der Komitate Baranya und Tolna[1] unter dem Aspekt ihres Quellenwerts für die Ansiedlungsgeschichte der Deutschen in Ungarn. Während die Visitationen eher darauf abzielten, das religiöse Leben der Gemeinden, ihre Festigkeit im Glauben und den Wissensstand der Pfarrer zu kontrollieren, stand bei den Konskriptionen die Erfassung der materiellen Situation der Pfarreien im Vordergrund.[2]

In den Jahrzehnten nach den Rückeroberungskriegen wurde es auch auf dem Gebiet der Diözese Pécs wieder möglich, regelmäßige Kirchenvisitationen durchzuführen, wenn auch seltener als vom Konzil von Trient vorgeschrieben. Die Wirren des Rákóczi-Krieges und langwierige Streitigkeiten mit den Nachbardiözesen führten dazu, dass mit der ersten Visitation bis 1720 gewartet werden musste.[3] Deren Aufzeichnungen gingen leider verlo-

---

[1]   BML IV.1. j. Ö 19; Komitatsarchiv der Tolnau (Tolna Megyei Levéltár) (TML) IV. 1. [Akten der Adelsversammlung des Komitats Tolna und deren Subkommission] Ö (Conscriptionen) 453.

[2]   Komitatsarchiv der Branau (Baranya Megyei Levéltár) (BML). IV. 1. a. [Akten der Adelsversammlung des Komitats Baranya und deren Subkommission] 9. no. 58.

[3]   Zur Ereignisgeschichte des Rákóczi-Krieges vgl. Gábor Bánkúti: 1704: két hadsereg a Dél-Dunántúlon, két tragédia Pécsett [Zwei Armeen in Südtransdanubien, zwei Tragödien in Fünfkirchen]. In: Tamás Fedeles, Szabolcs Varga (Hrsg.): A pécsi egyházmegye a 17-18. században [Die Diözese Pécs im 17. und 18. Jahrhundert]. Pécs 2005, S. 33-52. (= Seria Historiae Dioecesis Quinqueecclesiensis, I.); Zur Auseinandersetzung mit der Diözese Veszprém vgl. Zoltán Gőzsy: A pécsi egyházmegye nyugati határainak problémái a 18. század elején [Die Probleme der Abgrenzung der Pécser Diözese im Westen]. In: Ebenda, S. 134-156.

195

ren, ihre Daten und Angaben sind nur aus historiographischen Werken des 18. und 19. Jahrhunderts bekannt. Wesentlich stärkeren Eingang in die Geschichtswissenschaft fanden die Ergebnisse der von Domherr Mátyás Domsics 1729 durchgeführten Visitation, da diese – wenn auch nur in Auszügen – 1939 von Ferenc Mérei in ungarischer Sprache veröffentlicht wurden.[4] Die nächste Visitation wurde zwischen 1738 und 1742 erstellt, ihr vollständiger lateinischer Text 2009 ediert.[5]

Die Daten der staatlichen Konskriptionen aus der ersten Hälfte des 18. Jahrhunderts sind mangelhaft und wenig differenziert. Weil die Angaben nur in den größeren Zentren registriert wurden, gaben die dorthin beorderten Verwaltungsbeamten der Grundherren kleinere Bevölkerungszahlen an, in der Hoffnung, weniger Steuer zahlen zu müssen. Die Staats- und Komitatskonskriptionen dieser Zeit fokussieren vor allem auf die Bevölkerungszahl beziehungsweise die Steuerleistung. Die Visitationsprotokolle liefern mehr Informationen, denn neben den statistischen Angaben zur Bevölkerung der einzelnen Gemeinden geben sie Auskunft über deren konfessionelle und ethnische Zusammensetzung und über die Struktur der Kirchenorganisation. Sie stellen ferner die Persönlichkeit des Pfarrers vor, beschreiben seine Tätigkeit und seine Beziehung zur Gemeinde. Sie berichten auch über den Lehrer und die Hebamme, die Kirchenbauten, das Pfarrhaus, die Schule, und nicht zuletzt die Religiosität der Gläubigen. Sie vermitteln jedoch auch ein zutreffendes Bild von der Multikonfessionalität des Diözesangebietes. Denn im 18. Jahrhundert lebten im Bistum protestantische, unitarische und katholische Ungarn, protestantische und katholische Deutschen, orthodoxe Raitzen, katholische Kroaten (Schokatzen und Bunjewatzen), Zigeuner und Juden nebeneinander. Ihr Zusammenleben bis hin zu einer wechselseitigen Anpassung kann aus den weltlichen Quellen nur sehr fragmentarisch rekon-

---

[4] FERENC MERÉNYI: Domsics Mátyás egyházlátogatása (canonica visitatio) Baranyában 1729-ben [Die Kirchenvisitation (canonica visitatio) von Mátyás Domsics in der Baranya 1729]. Pécs 1939.

[5] ZOLTÁN GŐZSY, SZABOLCS VARGA (Hrsg): Visitatio Canonica Dioecesis Quinqueecclesiensis. 1738-1742. Egyházlátogatási jegyzőkönyvek a pécsi egyházmegyében. 1738-1742 [Visitationsprotokolle in der Diözese Fünfkirchen. 1738-1742]. Bd. 1. Pécs 2009 (= Seria Historiae Dioecesis Quinqueecclesiensis, V).

struiert werden, denn diese liefern kaum Informationen über das Alltagsleben, Formen der Religiosität u. a.

Die Visitationsprotokolle sind somit eine der wichtigsten Quellen nicht nur für die Kirchengeschichte, sondern auch für die historische Demographie, die Verwaltungs-, Wirtschafts-, Kultur- und Ortsgeschichte.[6] Sie zeigen, wie die Menschen einer historischen Periode in einer Gemeinde lebten, nach welchen Strategien sie ihre Gemeinde organisierten und welche Werte sie bevorzugten. Deshalb wurde die systematische Aufarbeitung und Publikation der Canonica Visitationes in Westeuropa, vor allem in Frankreich, schon seit Anfang des 20. Jahrhunderts forciert.

In Ungarn begann die intensivere Erforschung der kirchengeschichtlichen Quellen erst in der Zwischenkriegszeit. Gyula Szekfű skizzierte am Ende der 1920er Jahre die wichtigsten Aufgaben der Kirchengeschichtsschreibung und erhoffte sich von der Publikation der Protokolle der Kirchenvisitationen sehr viel. Um dieses Vorhaben zu verwirklichen, wurde dank des Engagements des Kirchenhistorikers Tihamér Vanyó das Jahrbuch *Regnum* der gleichnamigen Arbeitsgemeinschaft der ungarischen katholischen Historiker gegründet. Hier publizierte Vanyó die Methodik zur Erforschung der Kirchen- und Pfarreigeschichte nach französischem Beispiel und legte damit die Grundlagen für die moderne ungarische Kirchengeschichtsschreibung. Vanyó befürwortete auch die wissenschaftliche Edition der Kirchenvisitationsprotokolle. Diese Quellensammlungen sollten die Grundlage liefern für die geplante neue, ungarische kirchengeschichtliche Synthese, die freilich wegen der historischen Umbrüche bis heute ausgeblieben ist. Leider blieben auch die Protokolle unveröffentlicht, nur János Pfeiffer leistete Vorarbeiten, indem er die Protokolle des Wesprimer Bistums aus dem 16. bis 18. Jahrhundert für den Druck vorbereitete. Nach dem Zweiten Weltkrieg wurde die Kirchengeschichtsschreibung in Ungarn immer weniger unterstützt und die vor 1945 geplanten Vorhaben wurden abgebrochen. Die systematische Aufarbeitung der Protokolle der Kirchenvisitationen rückte erst nach 1990 wieder in den Vordergrund. Wegen der neu einsetzenden kirchengeschichtlichen For-

---

[6] ERNST WALTER ZEEDEN, PETER THADDÄUS LANG: Einführung. In: DIESS. (Hrsg.): Kirche und Visitation. Beiträge zur Erforschung des frühneuzeitlichen Visitationswesens in Europa. Stuttgart 1984 (= Spätmittelalter und Frühe Neuzeit. Tübinger Beiträge zur Geschichtsforschung, 14), S. 9.

schung hätte die Edition dieser Quellen Priorität haben müssen. Erschienen sind jedoch nur einige Veröffentlichungen. Inzwischen hat das Institut für Kirchengeschichte von Fünfkirchen/Pécs die kritische Edition der Protokolle der Kirchenvisitationen aus dem 18. Jahrhundert übernommen.[7]

Nach der Türkenherrschaft wurde der Wiederaufbau bzw. die Konsolidierung der kirchlichen Verwaltung in Ungarn zu einer der vorrangigen Aufgaben. Ihre Kosten belasteten sowohl den Herrscher als auch die kirchlichen Würdenträger, die Grundbesitzer und die Gläubigen. Gleichwohl lag die Stabilisierung der kirchlichen Verwaltungsstrukturen im Interesse Aller, da sie auch im Alltagsleben der Bevölkerung eine wichtige Rolle spielten.

Für den Reorganisationsprozess der Katholischen Kirche[8] bildeten die Beschlüsse des Tridentinums die Grundlage.[9] Zum einen war das Residenzprinzip zur Geltung zu bringen, was im Fall des hohen Klerus – im Sinne der ursprünglichen Bedeutung des Wortes – die Rückkehr an den alten Bischofssitz, im Fall der niederen Geistlichkeit die Besetzung der Pfarrämter bedeutete. Zum anderen mussten Priesterseminare errichtet werden, um den akuten Priestermangel zu beheben und auch die neu zu gründenden Pfarreien adäquat besetzen zu können.[10] Ferner war – parallel zur Entstehung und Strukturierung der Pfarreien – das „Visitations-Prinzip" anzuwenden[11] und

---

[7] GŐZSY, VARGA (Hrsg): Visitatio Canonica Dioecesis Quinqueecclesiensis.

[8] Zur Neuorganisation der katholischen Kirche siehe JOACHIM BAHLCKE: Ungarischer Episkopat und Österreichische Monarchie. Von einer Partnerschaft zur Konfrontation (1686-1790). Stuttgart 2005, S. 44-64.

[9] Als grundlegendes Werk zum Konzil von Trient siehe HUBERT JEDIN: Geschichte des Konzils von Trient. Bd. 1-4. Freiburg 1949-1957; MÁTÉ GÁRDONYI: A papi élet reformja a Trienti Zsinat korában [Reform des priesterlichen Lebens zur Zeit des Konzils von Trient]. Budapest 2001.

[10] In der Region gab es außer an der 1606 gegründeten Theologischen Akademie in Zagreb keine weitere Möglichkeit eine Priesterausbildung zu erlangen, denn in Veszprém und Pécs nahmen die Priesterseminare ihre Tätigkeit erst ab den 1740er Jahren auf.

[11] Die Visitationen der Pfarreien erfüllten neben ihrer primären Funktion, die Amtsführung der Priester der eigenen Kirche zu kontrollieren, auch die Aufgabe der Informationsbeschaffung und Berichterstattung über den Status anderer Konfessionen in den jeweiligen Siedlungen, insbesondere der Protestanten, über deren Gemeindeleben, Gottesdienste sowie die Frage, wer und seit wann welche Kirche benutzte.

hatten die Bischöfe die Konsolidierung des kirchlichen Lebens bzw. den Wirkungsgrad der Katholisierung zu kontrollieren. Daher kam der Ernennung der Bischöfe in den Diözesen der Neo-Acquistica-Gebiete besondere Bedeutung zu: nicht von ungefähr waren die im ersten Viertel des 18. Jahrhunderts ernannten Bischöfe häufig ausländische, in Kirchenverwaltung und -organisation erfahrene Geistliche. Als Beispiele seien hier der Erzbischof von Gran/Esztergom und Bischof von Raab/Győr, Christian August von Sachsen, oder der Bischof von Waitzen/Vác Friedrich Althan, oder der Wiener Otto Johann Graf Volkra, Bischof von Wesprim/Veszprém, genannt.[12] Im Folgenden soll untersucht werden, welches Bild die Visitationsprotokolle von den bis zur Jahrhundertmitte angesiedelten Deutschen vermitteln.

Für die Entwicklung der Siedlergruppe zur lebendigen Pfarrgemeinde und – sukzessive sich konsolidierenden – Dorfgemeinschaft kam, insbesondere bei den Deutschen, dem Pfarrer die zentrale Rolle zu. Von Bedeutung waren auch das Amt des Schulmeisters, des Messners, des Kurators und der Hebamme. Aus den Protokollen wird ersichtlich, dass die Deutschen nicht nur großen Wert darauf legten, diese Ämter so schnell wie möglich zu besetzen, sondern auch sehr darauf achteten, dass die Inhaber dieser Ämter taugliche und angesehene Personen und in den Orten mit ethnisch gemischter Bevölkerung Deutsche waren.

Der Pfarrer

Der Ausbau eines Netzes von Pfarreien war nicht nur für den Staat und die Kirche von großer Wichtigkeit, sondern lag auch im Interesse der Grundherren.[13] Es war ihnen sehr wohl bewusst, dass die Sicherung der Religionsaus-

---

[12] JÁNOS PFEIFFER: A veszprémi egyházmegye történeti névtára (1630-1950), püspökei, kanonokjai, papjai [Historisches Namensregister der Diözese Wesprim (1630-1950), ihre Bischöfe, Kanoniker und Pfarrer]. München 1987 (= Dissertationes Hungaricae ex historia Ecclesiae, VIII), S. 62. Zu Volkra vgl. JÓZSEF KÖRMENDY: Gr. Volkra Ottó Ker. János veszprémi püspök élete és munkássága 1665-1720 [Das Leben und Wirken des Wesprimer Bischofs Otto Johann Graf Volkra 1665-1720]. Veszprém 1995.

[13] Vgl. RAIMUND FRIEDRICH KAINDL: Geschichte der Deutschen in Ungarn. Ein deutsches Volksbuch. Gotha 1912, S. 43.

übung zur Integration der angesiedelten Bevölkerung sowie zur friedlichen Koexistenz der Gemeinden beitrug. Sie waren es, bzw. ihre Gutsverwalter, die in den weiter von den Diözesanzentren entfernt liegenden Dörfern die Pfarrer auswählten, empfahlen und oft sogar auch einsetzten. Bei der Auswahl der entsprechenden Person war deren Fähigkeit ausschlaggebend, die Vorstellungen des Staates, der Kirche und des Grundbesitzers betreffend das Wohlergehen der Gläubigen zu verwirklichen.[14]

Der Grundherr erwartete vom Priester, dass dieser mit dem Ausbau der kirchlichen Einrichtungen zum Gedeihen der Gemeinde beitrage. Die Bischöfe erwarteten vom Pfarrer die Intensivierung des religiösen Lebens, die Verbreitung des katholischen Glaubens, sowie die Bekehrung der Andersgläubigen zum Katholizismus. Im Prinzip sollten die Pfarrer möglichst lange an einem Ort bleiben, um Neubesetzungen infolge häufigeren Wechsels zu erübrigen. Nach Meinung der Bischöfe benötigten die Gläubigen die tägliche Präsenz ihrer Priester, die deshalb angehalten waren, sich permanent am Dienstort aufzuhalten. So genehmigte zum Beispiel der seit 1744 amtierende Veszprémer Bischof Márton Padányi Bíró (1696-1762) dem Pfarrer Franz Littenberger nicht die geplante Heimreise nach Deutschland, um zu vermeiden, dass seine Gläubigen in der anstehenden Fastenzeit ohne Seelsorge blieben.[15]

Die Abwesenheit des Pfarrers wurde von den Gläubigen als empfindlicher Mangel erlebt. Die Visite des Jahres 1729 berichtet von Nagymányok im Komitat Tolna, die Gläubigen hätten beklagt, der Priester habe nur jeden vierten oder fünften Sonntag in der Gemeinde erscheinen können. Sie bekannten, gerne zum Gottesdienst zu gehen, dazu aber selten Gelegenheit zu haben.[16] In zwei Fällen sei der Geistliche zudem der großen Entfernung wegen zu spät zu Sterbenden gekommen.[17]

Nicht nur die Grundherrn, auch die Bischöfe legten Wert auf den Ausbau der kirchlichen Infrastruktur der deutschen Gemeinden. Ein gutes Bei-

---

[14] Vgl. NORBERT SPANNENBERGER: Konfession und Gruppenbildungsprozess bei den deutschen Migranten im Ungarn des 18. Jahrhunderts. In: JOACHIM BAHLCKE, KAREN LAMBRECHT, HANS-CHRISTIAN MANER (Hrsg.): Konfessionelle Pluralität als Herausforderung. Koexistenz und Konflikt in Spätmittelalter und Früher Neuzeit. Winfried Eberhard zum 65. Geburtstag. Leipzig 2006, S. 603-619, hier S. 607-608.

[15] PFEIFFER: A veszprémi egyházmegye történeti névtára, S. 59, 679.

[16] MERÉNYI: Domsics Mátyás egyházlátogatása, S. 35.

[17] Ebenda, S. 34.

spiel dafür ist Nimesch/Hímesháza, wo der Bischof von Pécs, György Klimó (1710-1777), den Bau der neuen Kirche und des Pfarrhauses großzügig unterstützte (ecclesiam modernam et domum parochialem erigi curasset). Der Bau der kirchlichen Gebäude fiel zeitlich mit der Ankunft und dem Hausbau mehrerer deutscher Siedlerfamilien zusammen. Da sie ihre Häuser in der Nähe der Kirche errichteten, legten sie eine neue Straße und einen neuen Ortsteil an, den sie „Herrn Gasse" nannten.[18]

In der ethnisch gemischten Region Südtransdanubiens war die entsprechende Sprachkompetenz von besonderer Wichtigkeit, da ein Pfarrer fähig sein sollte, Predigten in der Sprache seiner Gläubigen zu halten und auf die Probleme der Bevölkerung einzugehen. So lässt sich feststellen, dass die Nationalität des Pfarrers oft mit der der Gemeinde übereinstimmte bzw. dass die Geistlichen überwiegend mehrsprachig waren.

Für die Gläubigen war es auch wichtig, dass ihnen der Pfarrer die Beichte in ihrer Muttersprache abnehmen konnte.[19] So war es im 18. Jahrhundert durchaus nicht unüblich, dass die Priester in drei oder vier, ja sogar in fünf Sprachen predigten. Sie sprachen vor allem Latein, Ungarisch, Deutsch, sowie Serbisch und Kroatisch, eventuell auch Italienisch und Spanisch. Es kam auch vor, dass einige Pfarrer sowohl des Kroatischen als auch des slawonischen Dialekts mächtig waren, das heißt, sie sprachen den kajkawischen sowie den stokawischen Dialekt. Der Pfarrer von Szigetvár, der fünf Sprachen beherrschte, bekannte um die Mitte des Jahrhunderts ganz offen, dass er sein Amt ohne diese Fähigkeit nicht erfolgreich versehen könnte.[20]

In eben diesem multiethnischen Szigetvár wurde z. B. in den 1730er Jahren die Predigt in deutscher Sprache im Gottesdienst aus der Überlegung he-

---

[18] JOSEPHUS BRÜSZTLE: Recensio universi cleri Dioecesis Quinque-Ecclesiensis. Vol. I-IV. Quinque Ecclesiis [Pécs] 1874-1880; Vol. I, S. 58-59.

[19] Bezüglich des Priesters von Lakócsa, Josephus Mazoranyi z. B.: „Gnarus linguarum Latinae, Italicae Illyricae, et Germanicae in tantum ut confessiones Fidelium excipere possit." GŐZSY, VARGA (Hrsg): Visitatio Canonica Dioecesis Quinque-ecclesiensis, S. 143. Über János Keresztes in Sumony: „[…] in casu necessitatis fidelium confessiones excipere possit." Ebenda, S. 166.

[20] Vgl. ZOLTÁN GŐZSY: Szigetvár története 1715-1825 között [Die Geschichte von Szigetvár 1715-1825]. In: SÁNDOR BŐSZE, LÁSZLÓ RAVAZDI, LÁSZLÓ SZITA (Hrsg.): Szigetvár története. Tanulmányok a város múltjából [Die Geschichte von Szigetvár. Beiträge zur Stadtgeschichte]. Szigetvár 2006, S. 170-172; GŐZSY, VARGA (Hrsg): Visitatio Canonica Dioecesis Quinqueecclesiensis, S. 72-73.

raus zeitlich vorverlegt, dass die Deutschen ein Drittel der Gemeinde stellten; die eine größere Zahl von Gläubigen ansprechende kroatische Predigt folgte später.[21] Zum Fest der Jungfrau Maria wurde getrennt sowohl auf Deutsch als auch auf Kroatisch gepredigt.[22] In Siklós folgten einander abwechselnd deutsche, ungarische und kroatische Predigten,[23] wozu es der vier Sprachen umfassenden Kenntnisse des Franziskanerpaters Antonius Fabsicz[24] bedurfte.[25]

In den von Deutschen bewohnten Siedlungen galt der deutschsprachige Pfarrer mit deutscher Herkunft als Selbstverständlichkeit.[26] Die deutschen Seelsorger trugen in hohem Maße zur Konsolidierung der deutschen Ansiedlung bei. Die ersten Priester kamen zum Teil mit den Einwanderern, zum Teil zogen sie aus bereits bestehenden deutschen Gemeinden an ihre neuen Dienststellen.[27] Der erste Pfarrer der Gemeinde Tevel im Komitat Tolna war zusammen mit den deutschen Kolonisten dort angelangt.[28] Der erste Pfarrer der Gemeinde Nagynyárád im Komitat Baranya war in Fulda geboren und ebenfalls mit den Siedlern nach Ungarn gekommen. Solange das Priesterseminar im Bistum Fünfkirchen seine Tätigkeit nicht aufnahm, stellten sich oft Seelsorger aus den deutschen Gemeinden in der Umgebung von Buda ein,

---

[21] „[…] solis diebus Dominicis et primariis anni festivitatis sacra contio Germanica praemittebatur ex ea ratione, quod vix triginta cives Germani, et personae in toto centum reperirentur." GŐZSY, VARGA (Hrsg): Visitatio Canonica Dioecesis Quinqueecclesiensis, S. 74.

[22] „Divina in ecclesia ista omnibus festis Beatae Virginis Matris cum sacro cantato et contione germanica, et croatica peraguntur." Ebenda, S. 78.

[23] „[…] contio vel Hungarica vel Germanica vel Croatica alternatim." Ebenda, S. 111.

[24] Antal Fabsics, geboren 1682 in Incéd, Komitat Vas, gestorben 1751 in Siklós, Komitat Baranya. BRÜSZTLE: Recensio universi cleri Dioecesis Quinque-Ecclesiensis, Bd. IV, S. 381.

[25] GŐZSY, VARGA (Hrsg): Visitatio Canonica Dioecesis Quinqueecclesiensis, S. 111.

[26] SPANNENBERGER: Konfession und Gruppenbildungsprozess, S. 607.

[27] GABRIEL ADRIÁNYI: Beiträge zur Kirchengeschichte Ungarns. München 1986 (= Studia Hungarica, 30), S. 76; EGYED HERMANN: Zur Kolonisation der Pfarrei Hímesháza. In: Deutsch-Ungarische Heimatblätter 2 (1930), S. 217-223.

[28] „Joannes Henricus Mack anno 1713 cum neocolonia ex Svevia ad Tevel veniens curam animarum ibidem inchoavit." BRÜSZTLE: Recensio universi cleri Dioecesis Quinque-Ecclesiensis, Bd. IV, S. 696. Vgl. HERMANN: Zur Kolonisation der Pfarrei Hímesháza; ADRIÁNYI: Beiträge zur Kirchengeschichte Ungarns, S. 76.

vor allem aus Solymár, Pilisborosjenő und Zsámbék.[29] Der 1702 in Schlesien
geborene Johannes Venkler/Winkler kam zu Ostern 1738 nach Dárda, von
wo er später nach Hímesháza ging. Er predigte auf Deutsch, war aber, falls
nötig, auch in der Lage, sich sowohl in Ungarisch als auch einer südslawischen Sprache zu verständigen.

In Gemeinden jedoch, wo neben den Deutschen auch Gläubige anderer Nationalität lebten, bedeuteten mangelnde Fremdsprachkenntnisse ein
ernsthaftes Problem. Des Ungarischen nicht mächtig, bat Pfarrer Karl Kiener
selbst um seine Entlassung aus der Marktgemeinde Tolna (ob defectum lin-
guae hungaricae a petito suo dimoveretur) und erwirkte seine Versetzung
ins deutsche Dorf Nadasch (Püspöknádasd).

In der ersten Hälfte des Jahrhunderts waren die ausschließlich deutsch
sprechenden Pfarrer eher bestrebt, in ganz von Deutschen bewohnte Gemeinden zu gelangen; ein gutes Beispiel hierfür ist der aus Mähren stammende Augustinus Marker,[30] der von Bonyhád deshalb nach Márok oder
Nyárad wollte, weil er außer der deutschen keine andere Sprache beherrschte, und der schließlich 1745 in letztgenannte Gemeinde überwechselte.[31] Der
aus Buda gebürtige Adamus Blasius Klentz war 1734 Pfarrer in Hímesháza,
1740 in Apar, 1742 in Bikal, konnte aber auch daselbst nicht recht Fuß fassen
und bat um Versetzung ins Bistum Veszprém. Nach Brüsztle war einer der
Gründe, warum Klentz auch Bikal verließ, der, dass er kein Ungarisch konnte.[32]

Seit der Mitte des 18. Jahrhunderts war unter den deutschen Pfarrern
eine gewisse Fluktuation festzustellen. Die Grundherren deutscher Gemeinden oder die Gemeinden selbst riefen oft geeignete und bewährte Priester in

---

[29] Die aus deutschen Territorien kommenden Priester hatten an deutschen Universitäten studiert; Petrus Wilershard z. B., Pfarrer in Nyárád, in Köln. GŐZSY, VARGA
(Hrsg): Visitatio Canonica Dioecesis Quinqueecclesiensis, S. 155.

[30] „Praeter germanicam nullius vigentium linguarum gnarus, Hungaris in Bonyhás
multiplicatis satisfacere nullo modo potuit [...] parochias in Nyárád et Márok esse
vacuas alterutram seligat sibi, cum pure germanici sint." Ebenda, S. 315.

[31] Marker war zuvor, gerade zur Zeit der Pestseuche 1738-1739, Pfarrer in Szakadát
gewesen, als er in Streit mit dem Grundherrn, dem Grafen Mercy geriet, der ihn
einer Untersuchung unterzog; nach heftigen Zusammenstößen wechselte Marker
nach Bonyhád über. BRÜSZTLE: Recensio universi cleri Dioecesis Quinque-Ecclesiensis, Bd. II, S. 315, 477.

[32] Ebenda, S. 31

ihre Pfarreien. Der in Wien geborene Henricus Muth kam zum Beispiel auf Wunsch des Grafen Florimund Mercy 1740 nach Hőgyész, wo das Pfarramt gerade vakant war (comitem Claudium Florimundum Mercy pro Hőgyész destinatus et praesentatus).

Es gibt auch Beispiele dafür, dass die aus dem Ausland stammenden Kirchenführer tüchtige Kleriker nach Ungarn holten. Der Fünfkirchner Bischof Nesselrode rief Michael Süsz (Schüss/Szüsz) aus Wien nach Ungarn und ernannte ihn zum Pfarrer von Nadasch.[33]

Die Priester der deutschen Gemeinden im Bistum Fünfkirchen sind in der zweiten Hälfte des 18. Jahrhunderts im Allgemeinen bereits im Gebiet ihrer Diözese geboren und absolvierten ihre Studien in Fünfkirchen. Davon zeugen die Pfarrer der Gemeinde Závod: Matthias Spreng war 1758 in Hőgyész geboren, besuchte das Priesterseminar in Fünfkirchen und wurde Pfarrer in Závod. Der ihm folgende Georg Klie wurde in Bozsok geboren, machte seinen Abschluss in Fünfkirchen, war ab 1799 Pfarrer in Závod und starb 1810 in Fünfkirchen.[34] Der sechste Pfarrer der Gemeinde Apar, Gabriel Grimm, der dieses Amt von 1742 bis 1747 innehatte, stammte aus Bonyhád.[35]

Aus den Visitationes wird ersichtlich, dass die Pfarrer nicht nur als Seelsorger wirkten. Sie waren auch Vertrauenspersonen in weltlichen Dingen, gewährten den Dorfeinwohnern nicht selten Kredit, traten als Bevollmächtigte und Treuhänder auf, denn oft wurden ihnen Besitz anvertraut. Dies hatte besonders in deutschen Gemeinden Bedeutung, wo man zum Aufbau von Gewerbe und Handel finanzieller Unterstützung bedurfte.[36] Als Beispiel hierfür kann Csibrák angeführt werden, aus dem die Visitation berichtet, dass die Pfarrei auch deutschen Ansiedlern kleinere Beträge geliehen habe.[37]

In Apar, wo in den 1730er Jahren die deutsche Bevölkerung zahlenmäßig noch geringer vertreten war als die ungarische, war schon der zweite

---

[33] BRÜSZTLE: Recensio universi cleri Dioecesis Quinque-Ecclesiensis, Bd. III, S. 879-880.
[34] Ebenda, Bd. IV, S. 905-906.
[35] Ebenda, Bd. II, S. 31.
[36] Zum Kreditverkehr im Komitat Somogy vgl. TÓTH TIBOR: Hitelezők és adósok. A kölcsönforgalom kérdéséhez Somogyban 1756-1812 [Kreditgeber und Schuldner. Zur Frage des Kreditverkehrs im Komitat Somogy 1756-1812]. Budapest 1979 (= Történeti statisztikai füzetek, 2).
[37] GŐZSY, VARGA (Hrsg): Visitatio Canonica Dioecesis Quinqueecclesiensis, S. 292-293.

Pfarrer der Siedlung – wie auch die ihm nachfolgenden – Deutscher.[38] Auch die Geschichte des 1732 nach Apar gekommenen bayerischen Christophorus Puck kennzeichnet diese Periode recht gut: Puck war in den 1720er Jahren zu Zsámbék tätig gewesen, kam von dort nach Apar, wo er nur ein Jahr diente, um sich alsbald nach Hímesháza aufzumachen.[39]

Solcherart vielseitig tätig, hatten die Pfarrer verschiedene weltliche Gehilfen. In der kirchlichen Arbeit wurde der Geistliche vom Messner unterstützt, dem vor allem die Instandhaltung der Kirchengebäude und das Läuten der Glocken oblag. Für seine Tätigkeit erhielt er eine finanzielle Zuwendung oder Steuerfreiheit. Seit der Mitte des 18. Jahrhunderts kam das Amt des Kurators hinzu, der Aufgaben der Kirchenverwaltung wahrnahm.[40] In mehreren Fällen – so auch in Szigetvár – war ihm die Betreuung der Kapelle am Rande oder außerhalb der Ortschaft anvertraut. In der örtlichen Gemeinschaft genoss der Träger dieses Amtes, das oft vom Vater an den Sohn weiter vererbt wurde, großes Ansehen

Vor allem in den Marktflecken und größeren Dörfern war bei der Verwaltung und Administration des Pfarramtes ein einflussreicher und vermögender Bürger behilflich, der administrator oder oeconomus ecclesiae. Die Position bedeutete ebenfalls ein großes Prestige für ihren Inhaber.[41] Er wurde vom Pfarrer vereidigt und eingesetzt.[42]

---

[38] Laut Brüsztle setzte die Ansiedlung von Deutschen in Apar ab den 40er Jahren des 18. Jahrhundert ein. BRÜSZTLE: Recensio universi cleri Dioecesis Quinque-Ecclesiensis, Bd. II, S. 27.

[39] TML Ö 453. 6. 44; BRÜSZTLE: Recensio universi cleri Dioecesis Quinque-Ecclesiensis, Bd. II, S. 30.

[40] In den Quellen findet man auch die Bezeichnungen Aedituus, Decanus (Dekan, Dékán, in mehreren Ortschaften von Somogy, z. B. in Zselicség als dékány). Welche Erwartungen kirchlicherseits an dieses Amt gestellt wurden, lassen die in der Neuzeit auf deutschem Gebiet üblich gewordenen Fragenkataloge der Visitationen erkennen. In Bezug auf den Aedituus: „(De Aedituo): An sit specialis honestus et a quo suspectus?" Vgl. PETER THADDÄUS LANG: Reform im Wandel. In: ZEEDEN, LANG (Hrsg.): Kirche und Visitation, S. 157.

[41] In Deutschland wurde der administrator oder oeconomus ecclesiae als vitricus ecclesiae bezeichnet. Ihm galt die Frage: „(De vitricis Ecclesiae): An vitrici Ecclesiae sint fideles et honesti cujus Nominis, et a quo suscepti cujus directionem sequantur in administratione bonorum Ecclesiarum cui annue reddant rationaria?" Vgl. Ebenda.

[42] GŐZSY, VARGA (Hrsg): Visitatio Canonica Dioecesis Quinqueecclesiensis, S. 195.

Zoltán Gőzsy

Der Lehrer

Großen Wert legten die deutschen Gemeinden außerdem auf das Amt und
die Person des Schulmeisters und waren bemüht, dessen Verbleib in der jeweiligen Gemeinde zu sichern. Mitunter brachten die deutschen Siedler ihren Lehrer mit; in Bonyhád beispielsweise wirkte 1729 der dreißigjährige Johannes Walter aus Fulda als Schulmeister.[43]

In Orten, in denen die Deutschen zwar nicht die Mehrheit, aber doch
eine größere Gemeinschaft bildeten, setzte sich die Bestrebung durch, dass
der Schulmeister Deutscher sein sollte oder zumindest auch auf Deutsch un-
terrichten konnte. Oder es wurde ein eigener deutscher Lehrer angestellt.
In Szigetvár machte das Deutschtum ein Drittel der Bevölkerung aus und
bestimmte als „Patrizierschicht" die Entwicklung der Stadt: Sie hatte denn
auch das ganze 18. Jahrhundert hindurch einen deutschen Schulmeister. In
Mágocs (Komitat Baranya) wiederum beschäftige man neben dem ungarischen einen deutschen Lehrer. (Rector scholae Hungaricus et Rector scholae
Germanicus).[44] Eine im Prinzip ähnliche (kroatisch-ungarische) Regelung vermerkt der Visitationsbericht für die Oberstadt von Esseg/Osijek,[45] dort unter-
richtete allerdings im Jahr 1733 nur der deutsche Lehrer Kilianus Rosshorst,
während die kroatische Bevölkerung ohne eigenen Schulmeister blieb.[46]

Die Visitationes berichten auch über die Hebammen, die sowohl unter
kirchlichen als auch unter gesundheitlichen Aspekten eine wichtige Rolle
spielten. Kirchlich, weil sie in Notsituationen tot geborene oder schwache
Säuglinge tauften und den Pfarrer davon in Kenntnis setzten. In der ersten
Hälfte des 18. Jahrhunderts ist bei den Hebammen eine ähnliche Tendenz
wie bei den Schulmeistern zu beobachten, das Bemühen nämlich, auch in
kleineren Ortschaften eigene Hebammen zu verpflichten. In den 1730er Jah-

---

[43] MERÉNYI: Domsics Mátyás egyházlátogatása; WILHELM KNABE: Geschichte Bonyháds (Bonnhards) von der Urzeit bis 1945. München 1972 (= Die Deutschen aus
Ungarn, 6), S. 13.
[44] GŐZSY, VARGA (Hrsg): Visitatio Canonica Dioecesis Quinqueecclesiensis, S. 207.
[45] STJEPAN SRŠAN (Hrsg.): Visitationes Canonicae. Liber V. Osijek et circumvicina
1732-1833. Osijek 2007, S. 8.
[46] „Rector scholae Germanicus Kilianus Rosshost fecit professionem fidei stante Visi-
tatione [...] Natio Illyrica hic et nunc habet conductum scholae rectore." Ebenda.

ren hatten in der Baranya selbst Siedlungen mit nur 25 deutschen Familien eine eigene Hebamme.[47] Und in Szigetvár waren im ganzen 18. Jahrhundert entsprechend der ethnischen Struktur der Bevölkerung zwei Hebammen tätig: je eine deutsche und eine kroatische oder ungarische.

Aus den Visitationes ist zu erfahren, dass die Deutschen beim Ausbau kirchlicher Strukturen im Allgemeinen konsequenter vorgingen als andere Nationalitäten. Sie achteten darauf, dass die Ämter des Pfarrers und des Schulmeisters tatsächlich besetzt wurden (constanter residet), die Amtsträger aus der eigenen Gruppe hervorgingen und geeignete Personen auf Dauer verpflichtet werden konnten

Deshalb waren sie bemüht, ihre Pfarrer und Schulmeister materiell besser zu stellen. Sie sicherten dem Priester und dem Lehrer eine Vergütung zu, die ein angemessenes Auskommen gewährleistete. Im Fall Bonyháds bzw. seiner Filialgemeinden Hidas, Ckikó und Majos wurden Bedingungen für die Dotation des Pfarrers festgelegt, die im Vergleich zu anderen Gemeinden als ausgesprochen vorteilhaft gelten konnten.[48]

Um die Mitte des 18. Jahrhunderts hatten die Deutschen im nahezu 800 Seelen starken Bozsok keinen eigenen Priester; sie baten daher um einen Pfarrer,[49] dem sie über die bisherige Dotierung hinaus zusätzlich 100 Forint versprachen und ankündigten, das jüngst errichtete Pfarrhaus vergrößern und den Bau fertigstellen zu wollen.[50]

---

[47] In der Siedlung Szopok (28 Steuerzahler) Marghareta Steidlin, in Jánosi, heute Mecsekjánosi, (24 Steuerzahler) Maria Schanskin. Beide Siedlungen waren seinerzeit Filialen von Magyarszék (Komitat Baranya). GŐZSY, VARGA (Hrsg): Visitatio Canonica Dioecesis Quinqueecclesiensis, S. 219.

[48] „Domini Parochi in Bonyhad, Ciko et Hidas germanici pro meliori subsistentia promittit Dominium se annuatim daturum on puro tritico metretas majore 20, in parata pecunia 40, in vino urnas 12, quod vinum semper tempore vindemiarum praestabitur, etiam unum pratum ad sex currus foeni prosperans, terram arabilem nos semper excindemus, quod nos etiam servabimus et dabimus [...] ab incolis parochiae habuit solutionem: a singulo pari 25 denar., metretam poson. tritici, 10 medias musti, a quovis hospite sessionato duo plaustra lignorum focalium, a quovis domo unum pullum gallinaceum. BRÜSZTLE: Recensio universi cleri Dioecesis Quinque-Ecclesiensis, Bd. II, S. 308-309.

[49] Der erste Pfarrer der Gemeinde, Franciscus Cisper, nahm 1755 seine Tätigkeit auf. Ebenda, Bd. II, S. 329.

[50] „[...] instabant pro parocho, quem ut habere possint, praeter ea, quae parocho hactenus dederunt, promittunt in parata pecunia 100 fl., qui si eis resolutus fuerit,

Ähnlich wie in den ungarischen Gemeinden verpflichtete sich die Bevölkerung auch in den deutschen in der Periode vor der Konsolidierung der Besitz- und Vermögensverhältnisse eher zu physischer Arbeitsleistung für die Pfarrei, während sie mit eingetretener Stabilisierung ihrer materiellen Lage auch immer häufiger Bargeld spendeten.[51] Physische Arbeit wurde für die Pfarrei in erster Linie an den Gebäuden geleistet und weniger mit Arbeitseinsätzen auf den Feldern der Pfarrei. Nach dem Bericht der Visite von 1729 wollten die Einwohner von Nyárád absolut nichts vom Pflügen der kirchlichen Felder wissen,[52] während sie gleichzeitig tatkräftig zum Bau der Kirche beitrugen, unter anderem indem sie das Dach deckten.[53]

Grundherr und Pfarrer achteten darauf, dass die deutsche Bevölkerung in der Ansiedlungsphase nicht über Gebühr belastet wurde; außer der Stola hatten sie keine weiteren Abgaben zu entrichten. Solchen Bestimmungen begegnet man unter anderem in der Gemeinde Pari im Komitat Tolna (Ex Pári filiali cum sint germani, praeter stolares proventus nihil percipit)[54] sowie in Boly im Komitat Baranya (Domino Parocho praeter stolam nihil adhuc praestant).[55]

Die Kirche

Zu Beginn des 18. Jahrhunderts fehlten nicht nur die personellen, sondern auch die materiellen Voraussetzungen für den Aufbau der sakralen Infrastruktur der Diözese. Für den Bau neuer Kirchen waren nicht genügend Mittel vorhanden, im Allgemeinen versuchte man, die Gemeinden zu möglichst geringen Kosten mit einem Gotteshaus auszustatten. Nach dem Rákóczi-Krieg entstanden jedoch neue Pfarreien auch in Gebieten, in denen dies zu-

---

domum parochialem, licet noviter erectam ampliare et magis perficere dedebunt." Ebenda, Bd. II,, S. 329.

[51] Bei der Visitation des Jahres 1729 erklärten die Gläubigen in Nagymányok, sie stellten gerne ihrer Hände Arbeit für Gemeindezwecke zur Verfügung, nicht aber Geld. MERÉNYI: Domsics Mátyás egyházlátogatása, S. 35.

[52] Ebenda, S. 87.

[53] BML IV.1. j. Ö 19. 69.

[54] 1733. TML Ö 453. 33.

[55] BML IV.1. j. Ö 19. 71.

vor nicht möglich gewesen war. So in der völlig protestantischen Ormánság und dem östlichen Teil des damals neu zu besiedelnden Komitats Tolna.

Am Aufbau nahmen die Patronatsherren teil, die erkleckliche Summen für den Kirchenbau stifteten, gleichfalls Bischof Nesselrode, der die Pfarreien außerordentlich großzügig unterstützte, insbesondere mit Schenkungen von sakralem Gerät. Entscheidend war jedoch die Rolle, die die Gemeinden selbst übernahmen. Man findet in frisch katholisierten Gemeinden erhebliche Bargeldbestände, die für den Bau der Kirche und in vielen Fällen des Schulhauses verwendet wurden. Der Ausbau des neuzeitlichen Pfarreinetzes wäre ohne die aktive Beteiligung der Gemeinden nicht zustande gekommen. Dabei handelten die Gläubigen aus eigenem Antrieb und keineswegs auf Druck der kirchlichen oder weltlichen Macht.[56] Das war auch im Fall der Deutschen zu beobachten. Relativ bald nach ihrer Ankunft, im Allgemeinen schon im folgenden Jahr, bauten sie ihre Kirchen, in den 1720er und 1730er Jahren aus Holz; später, nachdem sich ihre Lage stabilisiert hatte, konnten sie das bestehende Gotteshaus vergrößern oder eine neue Kirche, ein Pfarrhaus bzw. Schulhaus bauen, eine Glocke gießen lassen.[57] Bei der Gemeinde Pári führt die Visitation außerdem an, man habe die Kirche aus Holz in deutschem Stil gebaut (Ecclesiam ex meris lignis opere alias solito germanico erectam).[58]

Den Quellen ist zu entnehmen, dass die Deutschen ziemlich systematisch beim Ausbau der Infrastruktur vorgingen. Zu Beginn der 1720er Jahre

---

[56]   ZOLTÁN GŐZSY, SZABOLCS VARGA: Kontinuitás és reorganizáció a pécsi egyházmegye plébániahálózatában [Kontinuität und Reorganisation im Pfarreinetz der Diözese Pécs]. In: Zoltán GŐZSY, SZABOLCS VARGA, LÁZÁR VÉRTESI (Hrsg.): Katolikus megújulás, reorganizáció, barokk Magyarországon, különös tekintettel a Dél-Dunántúlra (1700-1740) [Katholische Erneuerung, Reorganisation, Barock in Ungarn. Unter besonderer Berücksichtigung des südlichen Transdanubien]. Pécs (im Druck).

[57]   Dazu finden sich reichlich Daten in den Komitatskonskriptionen von 1733, die im Zusammenhang mit der Errichtung der Cassa Parochorum erstellt wurden. BML. IV. 1. a. Ö 19; SML. IV. 1. h. 40; TML IV. 1. Ö 453. Beispielsweise Szentdénes: „Haec ex lignea materia et sepibus erecta ab incolis [...].“ Baranya Megyei Levéltár (BML) IV. 1. a. 9. no. 58. 11; Bicsérd: „Ecclesia qua noviter scandulis tecta est, tabulatum etiam actualiter perficiunt subditi loci.“ BML. IV. 1. a. 9. no. 58. 2; Cserkúton: „Tectum Ecclesiae labore communitatis noviter exstructum.“ BML. IV. 1. a. 9. no. 58. 29.

[58]   GŐZSY, VARGA (Hrsg): Visitatio Canonica Dioecesis Quinqueecclesiensis, S. 249.

kamen deutsche Ansiedler nach Kakasd, bauten sich im Jahr nach ihrer Ankunft eine Holzkirche und dazu auch das Pfarrhaus.[59]

Die Visite von 1729 berichtet über Dárda, eine Veterani Domäne, der Patronatsherr habe die Kirche reichlich mit sakraler Ausstattung versehen, darunter ein deutschsprachiges Evangelium und ein Bild der Passauer Madonna. Die Kirche in Dárda war 1715 aus Stein erbaut worden. Auf den Patronatsherrn, den kaiserlichen General Veterani, ist auch zurückzuführen, dass rechts vom Altar die kaiserliche Fahne, links davon als türkisches Kriegszeichen ein Rossschweif aufgesteckt war.[60]

In Bozsok wurde um die Jahrhundertmitte eine auf Kosten der Einwohner aus Holz und Lehm gebaute, der Heiligen Elisabeth geweihte Kirche errichtet. Außerhalb des Dorfes stand zwar eine größere Kirchenruine, doch die neue Gemeinde verlangte ein neues Gotteshaus an einem neuen Platz.[61] In Pécsvárad baute die Gemeinde dem Priester ein bedarfsgerechtes,[62] in Bonyhád ein weitläufiges Pfarrhaus.[63]

Die Auswertung der hier vorgestellten Quellen ist für die Kenntnis der Epoche und der betreffenden Region unentbehrlich. Dies gilt im besonderen Maße für die Vielfalt der Konfessionen und ethnischen Gruppen, die für die Diözese Fünfkirchen charakteristisch war.

---

[59] BRÜSZTLE: Recensio universi cleri Dioecesis Quinque-Ecclesiensis, Bd. III, S. 194; vgl. JOHANN FRITZ: Kakasd, Geschichte und Brauchtum einer deutschen Gemeinde in der Schwäbischen Türkei. Hrsg. von der Kakasder Ortsgemeinschaft der Kakasder in Langenau, 1979.

[60] Zur selben Zeit, das heisst in den 1720er Jahren, war das Pfarrhaus noch recht ärmlich und Adam Freindorffer noch nicht als Gemeindepfarrer eingesetzt. MERÉNYI: Domsics Mátyás egyházlátogatása, S. 83.

[61] Neben der Ruine hauste der Eremit Josephus Fierer (… exstant extra pagum media circiter hora rudera antiquae ecclesiae, satis magnae, penes quae habitat eremita Josephus Fierer). BRÜSZTLE: Recensio universi cleri Dioecesis Quinque-Ecclesiensis, Bd. II, S. 328.

[62] BML IV.1.j. Ö 20. 2.

[63] TML Ö 453. 6.

© Gerhard Seewann, Karl-Peter Krauss, Norbert Spannenberger (Hrsg.):
Die Ansiedlung der Deutschen in Ungarn. München 2010, S. 211-218.

GÁBOR BARNA

Wallfahrten und ihre interethnische Komponente im Königreich Ungarn des 18. Jahrhunderts

Infolge der Türkenbesetzung und der Reformation war das Netz der Gnadenorte in Ungarn im 16. bis 17. Jahrhundert im Wesentlichen verschwunden. Im Laufe des 18. Jahrhunderts lebte nur ein Teil von ihnen wieder auf (beispielsweise Andocs, Komitat Somogy; Máriavölgy, Komitat Pozsony; Nyitra, Komitat Nyitra; Csíksomlyó, Komitat Csík). Andererseits ließ barocke Frömmigkeit in Ungarn viele Gnadenorte neu entstehen,[1] und Wallfahrtsorte wurden charakteristisch für die katholischen Regionen des Königreichs. Das 18. Jahrhundert, nach der Befreiung von der osmanischen Besetzung (1686, im Temescher Gebiet und Banat 1718) und nach den Kurutzenkriegen (1703-1711) ein Jahrhundert des Friedens und des Aufbaus, sollte auch die Glanzzeit der Wallfahrten in Ungarn werden.[2] Wiederaufbau bzw. Neuorganisierung der weltlichen und kirchlichen Verwaltung waren im Wesentlichen bis zum Ende des 18. Jahrhunderts abgeschlossen. Neben der Reorganisation der alten Bistümer wurden an der Wende des 18. zum 19. Jahrhundert auch neue Bistümer errichtet, wie z. B. Szombathely/Steinamanger, Székesfehérvár/Stuhlweißenburg, Szepes/Zips, Besztercebánya/Neusohl, Rozsnyó/Rosenau, Szatmárnémeti/Sathmar und Kassa/Kaschau).[3] Außerdem entstand die Organisation der griechisch-katholischen (unierten) Kirche. Das 18. Jahrhundert war damit ein Jahrhundert des Kirchenaufbaues. Im Folgenden sol-

---

[1] EGYED HERMANN: A katolikus egyház története Magyarországon 1914-ig [Geschichte der katholischen Kirche in Ungarn bis 1914]. München 1973, S. 329.

[2] Ebenda.

[3] JÓZSEF BOROVI: Az esztergomi érseki egyházmegye felosztása [Die Aufteilung der Esztergomer/Graner Erzdiözese]. Budapest 2000, S. 297-303.

len einige Aspekte und Funktionen der Wallfahrten dieser Zeit dargestellt und analysiert werden.

Was die – vor allem von der Aristokratie, dem hohen Klerus und den Orden[4] im Sinne des Konzils von Trient organisierten – Wallfahrten des 18. Jahrhunderts mit dem Mittelalter verband, war das Element der Marienverehrung. Die katholische Restauration wurde in Ungarn im gedanklichen Umfeld des *Regnum Marianum* formuliert, in dem die starke Marienverehrung bewusst mit jener der „nationalen", ungarischen Heiligen verbunden wurde, und sich damit zugleich gegen den Protestantismus wendete.[5]

Eine wichtige Rolle bei der Herausbildung der Wallfahrtsformen des 18. Jahrhunderts spielten die Migrationsprozesse jener Zeit. Die Religiosität der von privaten Grundherren, der Kirche oder dem Staat neu angesiedelten Bevölkerung unterschiedlicher Herkunft hat die Religionspraxis in Ungarn maßgeblich geprägt. Bis zum Ende dieser Periode hatte sich in Ungarn ein ethnokonfessionelles Muster herausgebildet, das bis zum beginnenden 20. Jahrhundert im Wesentlichen bestimmend blieb. Zwar waren die Deutschen auch im Mittelalter in den Städten und Gnadenorten des westlichen Landesteils (z. B. in Mariatal, Schoßberg usw.) vertreten gewesen, doch stieg infolge der Ansiedlungsaktionen im 18. Jahrhundert mit ihrer Zahl auch ihre Bedeutung. Damals lag – mit einem Anteil von 46,5% – die Mehrheit der Wallfahrtsorte in Westtransdanubien, dem Hauptgebiet der deutschen Ansiedlung, 31% lagen in Oberungarn, 11,3% in Südungarn und schließlich 4,2% in Siebenbürgen.[6] Damit begann ein dominanter österreichisch/süddeutscher, zumeist katholischer Einfluss in allen Lebensbereichen und besonders im religiös-kirchlichen Leben.[7] Das Ziel der Siedler war natürlich primär nicht

---

[4] HERMANN: A katolikus egyház története Magyarországon, S. 296-297; Erzbischof Kollonich, der die Ansiedlung leitete, wollte nicht primär germanisieren, sondern dem Katholizismus und der wirtschaftlichen Entwicklung dienen; vgl. WERNER CONZE: Ostmitteleuropa von der Spätantike bis zum 18. Jahrhundert. Herausgegeben und mit einem Nachwort von Klaus Zernack. München 1992, S. 229-231.

[5] CONZE: Ostmitteleuropa von der Spätantike bis zum 18. Jahrhundert, S. 217.

[6] GÁBOR TÜSKÉS: Búcsújárás a barokk kori Magyarországon a mirákulumirodalom tükrében [Barocke Wallfahrt in Ungarn im Spiegel der Mirakelliteratur]. Budapest 1993, S. 16.

[7] Nach Conze hat sich Ungarn mit seinem adeligen Nationsverständnis bis zur Mitte des 18. Jahrhunderts auf Grund der Wiener Zentralisierungsbestrebungen in

die Gründung eines neuen Gnadenortes, sondern die symbolische Inbesitznahme der Landschaft, die Sicherung des übernatürlichen Segens für Arbeit,
Haus und Hof.

Während das Mittelalter bei den Wallfahrten die Universalität betonte, traten im Barock die lokalen Wallfahrtsorte in den Vordergrund. Zu den
wieder hergestellten mittelalterlichen oder den neu geschaffenen Gnadenorten pilgerten nicht mehr nur Ungarn, sondern auch die verschiedensten, im
Einzugsbereich der Gnadenorte angesiedelten katholischen Nationalitäten.
So besuchten zum Beispiel Bodajk (Komitat Fejér) Ungarn, Deutsche und
Slowaken, Maria-Radna im Banat Deutsche, Ungarn, Bulgaren, Bunjewazen
und Kraschowanen, Máriagyűd (Jud) Ungarn, Deutsche, Bunjewazen und
Schokazen. Máriagyűd wurde sogar von den ungarischen Reformierten der
Umgebung besucht, wenn an Christi Himmelfahrt der aus dem Mittelalter
stammende Brauch des „Mädchenmarktes" vor der Eheschließung abgehal-
ten wurde.

Die starke Marienverehrung im 18. Jahrhundert richtete sich nicht nur
gegen die Protestanten, sondern auch gegen die Türken. Letzteres manifes-
tierte sich besonders in der Ikonografie der Unbefleckten Empfängnis, in
Gestalt der Maria in der Sonne (*mulier amicta sole*): Die auf der Mondsichel
stehende Gottesmutter symbolisierte nach damaligem Verständnis den Sieg
des Christentums über den Islam.[8] Eine antitürkische Mariendarstellung war
auch das Mariahilf-Bild, dessen Ausstrahlung von der Passauer Klosterkirche
der Kapuziner ausging und mit der Befreiung Wiens 1683 von der Türken-
belagerung verbunden war.[9] Die deutschen Siedler führten diesen Gnadenbildtyp an vielen neuen Gnadenorten in Ungarn ein, wie in Turbék, Csicsó,
Tétszentkút, Csávoly, Cikó-Ótemplom, Doroszló, Máriakéménd, Solymár,
Vértessomló, Krasznahorka, Baja-Vodica und Barátfalva. Die Mehrheit dieser Orte galt bis in die nahe Vergangenheit als Wallfahrtsorte mit deutschem

---

die Struktur der Gesamtmonarchie eingegliedert. Die Rekatholisierung blieb relativ schwach und das Wirken der „rezipierten Religionen" weiterhin erhalten.

[8]   In Anlehnung an die Offenbarung, 12,1.

[9]   Zur Verbreitung der Verehrung der Mariahilf ob Passau im deutschen Sprachraum vgl. WALTER HARTINGER: Mariahilf ob Passau. Egy népszerű búcsújáróhely
kialakulása és a kapcsolódó ájtatossági forma elterjedése [Die Herausbildung eines volkstümlichen Wallfahrtsortes und die Verbreitung der damit verbundenen
Frömmigkeitsform]. In: Acta Ethnologica Danubiana 1 (1999), S. 25-37.

Charakter. Die Mariahilf-Darstellungen wurden auch deshalb rasch in Ungarn populär, weil die Anschauung des 18. Jahrhunderts diesen Gnadenbildtyp als Kopie des Mariazeller Schatzkammerbildes, also von vorn herein als einen Typus mit ungarischem Bezug betrachtete.[10]

Die Siedler dürften die Gnadenbilder oder Gnadenstatuen aus der alten Heimat mitgebracht haben. Ein solcher Wallfahrtsort war Hajós an der Donau. Der Überlieferung nach hatten die deutschen Siedler die in ihrem Herkunftsgebiet im Ruf der Wundertätigkeit stehende Statue mit sich geführt und pflegten den Kult auch in ihrer neuen Heimat weiter. Die Gemeinde wurde zum wichtigsten Gnadenort der Deutschen in der Batschka und zog später allmählich die katholischen ungarischen und südslawischen (bunjewazischen und schokazischen) Bewohner der Umgebung an.

Mitte der 1930er Jahre zählte der hier forschende Rudolf Kriss in der Schwäbischen Türkei und ihrer unmittelbaren Nachbarschaft 14 Gnadenorte, die von Deutschen oder auch anderen Ethnien besucht wurden.[11] Der auf mittelalterliche Wurzeln zurückgehende Wallfahrtsort Máriagyüd verfügte – und verfügt noch immer – über den größten Einzugsbereich: aus den Siedlungen Südtransdanubiens, des nahen Slawoniens und der Batschka kamen und kommen Besucher unterschiedlicher Nationalitäten und Sprachen. Die Marienverehrung des Gnadenortes benediktinischer Gründung geht bis ins 12. Jahrhundert zurück. Nach der Türkenherrschaft und der Reformationszeit verdankte die Gemeinde ihre Entwicklung auch dem Mäzenatentum der Familie der Batthyánys. Zu den Ungarn und Südslawen, die diesen Gnadenort besuchten, kamen im 18. Jahrhundert als dritte Gruppe die Deutschen hinzu.

Dem ursprünglich südslawischen und ungarischen Kult von Maria-Radna schloss sich in der Mitte des 18. Jahrhunderts eine große Anzahl von im Banat angesiedelten Deutschen an. Und schon nach einem halben Jahr-

---

[10] ZOLTÁN SZILÁRDFY: A magyarországi kegyképek és -szobrok tipológiája és jelentése [Typologie und Bedeutung der Gnadenbilder in Ungarn]. In: SÁNDOR BÁLINT, GÁBOR BARNA: Búcsújáró magyarok. A magyarországi búcsújárás története és néprajza [Ungarische Wallfahrer. Geschichte und Ethnographie der Wallfahrt in Ungarn]. Budapest 1994, S. 323-348, hier S. 324.

[11] RUDOLF KRISS: Die Schwäbische Türkei. Beiträge zu ihrer Volkskunde, Zauber und Segen, Sagen und Wallerbrauch. Düsseldorf 1934 (= Forschungen zur Volkskunde, 30).

hundert hatte deren Anwesenheit dem Gnadenort, dem diesen betreuenden Franziskanerordenshaus, der Wallfahrt und ihren Bräuchen den Stempel aufgedrückt.[12]

Der Gnadenort Máriapócs spielte an der Wende vom 17. und 18. Jahrhundert eine wichtige Rolle bei der Kirchenunion, beim Erstarken der griechisch-katholischen Kirche in der Begegnung von West- und Ostkirche.[13] Verbindendes Element für die Nationalitäten Nordostungarns und der Nachbarländer (Ungarn, Ruthenen, Rumänen, Polen, Slowaken, Sathmarer Schwaben/Deutsche) war der gemeinsame Kult der weinenden Jungfrau Maria. Die an der Wende vom 17. zum 18. Jahrhundert in Ungarn aufgezeichneten Tränenwunder dienten an den meisten Stellen (Máriapócs, Füzesmikola/Nikula – Kolozsvár/Cluj-Napoca, Klátóc – Klokocso/Klokočov, Sajópálfala) der Kirchenunion und damit zugleich der gesellschaftlichen Integration.[14]

Innerhalb der einzelnen Regionen entstanden Gnadenorte mit regionaler oder lokaler Bedeutung. Anders als die genannten Orte mit großem Einzugsbereich wurden diese aber zu Stätten ethnischer Abgrenzung und lokaler Gemeinschaftsbildung. Eine Reihe derartiger Wallfahrtsorte gab es auch in Südtransdanubien. Die Deutschen der Komitate Baranya und Tolna/Tolnau besuchten Máriakéménd/Maria Kemend, Kisnyárád, Turbék, Cikó, Pap, Egregy, Baranyajenő, Pécs – Maria-Schnee-Kapelle, die hl. Brunnen von Bozsok und Csávoly. Mehrheitlich waren diese Orte deutsche Gründungen des 18. Jahrhunderts und Gnadenorte mit lokalem Charakter.[15] Die Nationalitätenvielfalt der oben erwähnten Gnadenorte mit großräumlicher und lokaler Bedeutung wird im Wesentlichen von den Mirakelbüchern des 18. Jahrhunderts illustriert.[16]

---

[12] MARTIN ROOS: Maria-Radna. Ein Wallfahrtsort im Südosten Europas. Bd. 1, Regensburg 1998; Bd. 2, Regensburg 2004; GÁBOR BARNA (Hrsg.): Mária megsegített. Fogadalmi tárgyak Máriaradnán I-II. – „Maria hat geholfen" Votivgegenstände in Maria-Radna I-II. Szeged 2002 (= Devotio Hungarorum, 9).

[13] BÁLINT, BARNA: Búcsújáró magyarok, S. 105; GÁBOR BARNA: Gnadenorte der „tränenden Marienbilder" in Ungarn. Mittel der Ideologie der katholischen Restauration und der kirchlichen Union. In: Acta Ethnographica Hungarica 45 (2000) 1-2, S. 137-150.

[14] BARNA: Gnadenorte der „tränenden Marienbilder" in Ungarn.

[15] KRISS: Die Schwäbische Türkei.

[16] TÜSKÉS: Búcsújárás a barokk kori Magyarországon, S. 296-299.

Die Zuwanderer, die sich im 18. Jahrhundert in Ungarn niederließen, führten an den Gnadenorten eine neue religiöse Kultur ein. Dabei ging es diesen Siedlern wohl um ein zweifaches Anliegen: Einerseits um eine Fortsetzung und Bewahrung der Religionspraxis der alten Heimat und andererseits um eine möglichst baldige Integration in die Gesellschaft der neuen Heimat sowie in deren kirchlichen, religiösen Rahmen. Dies erleichterte das Wallfahrtswesen, das die Gesellschaft einer Region nicht auf der Grundlage von Nationalität und Sprache, sondern von Religionszugehörigkeit organisierte und somit den Rahmen für die Verwirklichung beider Bestrebungen bot. Die Folge war, dass in der süddeutsch-österreichisch-ungarisch-südslawischen katholischen Region die Kulte sich in vielerlei Hinsicht vereinheitlichten. Dies wurde außer von den liturgischen Beschlüssen des Tridentinums in großem Maße von der Ausstrahlung Mariazells gefördert, zu dessen Einflussbereich großenteils auch die von Ungarndeutschen bewohnten Gebiete gehörten. Rudolf Kriss, der sich in den 1930er Jahren vor allem an den Ergebnissen der Sprachinselforschung orientierte, hielt deshalb das Wachsopfer (Máriagyűd, Máriakéménd),[17] den Brauch, Votivbilder zu stiften (Andocs, Máriagyűd), das Cikóer Hühneropfer und das Kisnyaráder Besenopfer[18] für uralt und von deutscher Herkunft. Von den Deutschen ging auch das Stiften von Votivbildern am Gnadenort Maria-Radna aus.[19] Die Forschung hat deren süddeutsche Parallelen entdeckt, doch kann ihre Existenz für das 18. Jahrhundert nur vermutet werden. Bei den Ungarndeutschen blieben diese Bräuche bis ins 20. Jahrhundert erhalten. Als deutsche Eigenheit interpretieren manche Beobachter auch die Verehrung bestimmter Heiliger, wie zum Beispiel Vierzehn Nothelfer, Hl. Valentin, Hl. Florian oder Christophorus.[20] Die Bekanntheit ihrer Kulte förderten die an den Wallfahrtsorten angebotenen, teils in deutschen Gebieten hergestellten kleinen Andachtsbilder.[21]

---

[17] BÁLINT BELLOSICS: Áldozati szobrocskák [Opferstatuetten]. In: Ethnographia 19 (1908), S. 96-97.

[18] KRISS: Die Schwäbische Türkei, S. 87-99.

[19] BARNA: „Mária megsegített".

[20] GÁBOR TÜSKÉS: A barokk kori szenttisztelet rétegei [Historische Schichten der Heiligenverehrung des Barock]. In: TAMÁS HOFER (Hrsg.) Történeti antropológia [Historische Anthropologie]. Budapest 1984, S. 138-151, hier S. 148-149.

[21] ZOLTÁN SZILÁRDFY: Barokk szentképek Magyarországon [Kleine Andachtsbilder des Barock in Ungarn]. Budapest 1984; DERS.: A magánáhítat szentképei I. Klei-

Demgegenüber scheint der Brauch der Wallfahrtstaufe, den alle Völker dieser Region pflegten, ein pannonisches Charakteristikum zu sein.[22] Durch die deutschen Siedler des 18. Jahrhunderts, die deutschen Stadtbewohner, die Musiker deutscher Herkunft und die Kantorenausbildung sind auch viele Melodien deutscher Herkunft in die ungarische Kirchenmusik gelangt.[23]

Zusammenfassend lässt sich feststellen:

1. Nach dem Tridentinum trat eine gewisse Vereinheitlichung in der katholischen Kirche ein und in ganz Europa wurden die Rituale im Rahmen der römischen Liturgie einheitlich.

2. Parallel dazu ging in Ungarn die Neuorganisierung des kirchlichen und religiösen Lebens vor sich, die teilweise gegen den Vereinheitlichungsprozess wirkte.

3. Infolge der umfangreichen Migration und der damit verbundenen Ansiedlung von Deutschen in Ungarn traten verschiedene neue Formen der Religiosität in Erscheinung, und mischten sich miteinander.

4. Im Zeitalter des Barock und im Geist der Gegenreformation griff die katholische Restauration wieder auf die mittelalterlichen Wurzeln zurück: Alte Gnadenorte wurden restauriert, neue gegründet; wodurch sich subregionale Wallfahrtsbezirke entwickelten, in denen lokale Kulte in den Vordergrund traten. So entstanden Gnadenorte mit multikulturellem Charakter, wobei die einzelnen ethnischen Gruppen diese Orte zu spezifischen Festen und damit häufig zu unterschiedlichen Zeiten besuchten. Diese gemeinsamen Gnadenorte waren Schauplätze des deutschen (kroatischen usw.) kulturellen Beitrags, aber – in der Denkart des Regnum Marianum – auch der Herausbildung eines starken „Hungarus-Bewusstseins". In der Religiosität dominierten der ausgeprägte Marienkult und die Verehrung der ungarischen Heiligen auch bei den

---

ne Andachtsbilder des Barock I. Szeged 1995 (= Devotio Hungarorum, 2); DERS.: A magánáhítat szentképei II. Kleine Andachtsbilder des Barock II. Szeged 1997 (= Devotio Hungarorum, 4).

[22] GÁBOR BARNA: Búcsúkereszteség [Die Wallfahrtstaufe]. In: DERS.: Búcsújárók [Wallfahrer]. Budapest 2001, S. 267-278.

[23] LÁSZLÓ DOBSZAY: Magyar zenetörténet [Ungarische Musikgeschichte]. Budapest 1984, S. 204-214, 226, 228-229.

angesiedelten Deutschen. Dies wiederum vereinheitlichte und fasste die Gemeinschaften verschiedener Sprachen, aber desselben Glaubens zusammen. Durch den großen Andrang von Wallfahrern wurden die Wallfahrtsorte wichtige Zentren für einen Zusammenhalt.

© Gerhard Seewann, Karl-Peter Krauss, Norbert Spannenberger (Hrsg.):
Die Ansiedlung der Deutschen in Ungarn. München 2010, S. 219-232.

KATHARINA WILD

Sprachentwicklungsprozesse in den donauschwäbischen Dialekten von der Ansiedlungszeit bis zur Gegenwart

Die vorliegende Arbeit will einen allgemeinen, zusammenfassenden Überblick über die Entwicklungsprozesse und ihre inner- und außersprachlichen Ursachen geben, die sich in der genannten Zeitspanne in den Dialekten der neuzeitlichen Sprachinseln vollzogen haben. Ausführlich behandelt werden die Merkmale der relativ intensiven Vereinheitlichungsprozesse der donauschwäbischen Dialekte, die nach dem Zweiten Weltkrieg stattgefunden haben, und es wird der gegenwärtige Stand ihres Ausgleichs anhand von Beispielen aus den ungarndeutschen Sprachinseln vorgestellt. Die Grundlage dazu bildeten in erster Linie die Ergebnisse eines umfangreichen Forschungsvorhabens zu den donauschwäbischen Dialekten.[1] Darüber hinaus soll auch der Einfluss der österreichischen Varietät des Deutschen auf die donauschwäbischen Dialekte kurz erörtert werden.[2]

Sprachinseln sind schon seit etwa 100 Jahren beliebte Forschungsgebiete der Sprachwissenschaft, insbesondere der Dialektologie, denn in ihnen vollziehen sich mannigfaltige sprachliche Entwicklungsprozesse in viel kürzerer Zeit als im geschlossenen Sprachgebiet. Sie eignen sich besonders gut zur Beobachtung vielfältiger Mischungs- und Ausgleichsphänomene der Herkunftssprachen bzw. -sprachvarietäten. Infolge dieser Prozesse entwickelten sich auch im vorliegenden Untersuchungsgebiet, in den auf der Karte verzeichneten donauschwäbischen Siedlungsräumen, in relativ kurzer Zeit aus

---

[1] Siehe hierzu weiter unten.
[2] Auf die Behandlung des Einflusses des anderssprachigen Umfelds, der für die Entwicklung der Dialekte ebenfalls von großer Bedeutung war, wird hier verzichtet, weil dieses Thema schon sehr oft untersucht wurde.

den ursprünglich verschiedenen dialektalen Varietäten neue Orts- und Verkehrsdialekte bzw. Dialektlandschaften.

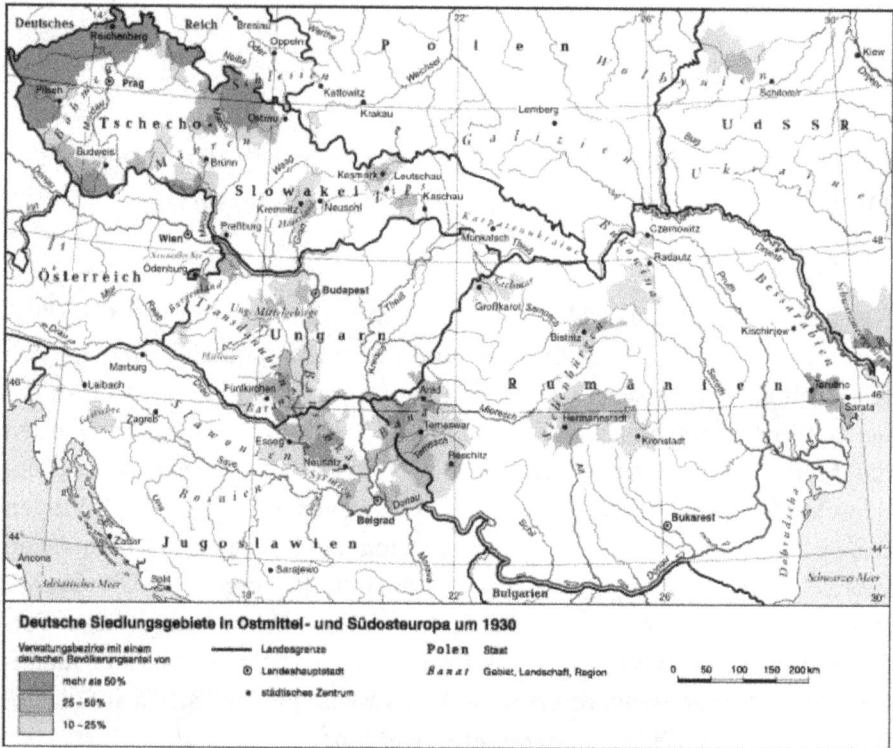

Abbildung 1: Die deutschen Siedlungsgebiete in Ostmittel- und Südosteuropa. Entwurf: Josef Wolf, Institut für donauschwäbische Geschichte und Landeskunde, Tübingen; Kartographie: Richard Szydlak. Datengrundlage: Amtliche Volkszählungen.

Die noch existierenden donauschwäbischen Sprachinseln[3] bilden auch heute eine Fundgrube für in- und ausländische Forscher mehrerer Wissenschaftszweige, in erster Linie für Sprachwissenschaftler. Im Fokus der derzeitigen sprachwissenschaftlichen Untersuchungen stehen sprachsoziologische sowie sprach- und kulturkontaktologische Phänomene.

---

[3] Slawonien, Syrmien und die serbische Batschka sind nicht mehr als Sprachinseln zu betrachten.

Die Erforschung der donauschwäbischen Dialekte begann Anfang des 20. Jahrhunderts. Das Hauptziel früherer Untersuchungen war, die deutsche „Urheimat" der Kolonisten einzelner Ortschaften zu bestimmen. Lange Zeit – fast bis zum Ende des Zweiten Weltkrieges – blieb die Erschließung der Dynamik und der Triebkräfte des Wandels in den Dialekten unberücksichtigt.[4] In der zweiten Hälfte des 20. Jahrhunderts haben mehrere donauschwäbische Forscher bei der Erschließung dieser inneren Entwicklungsprozesse in den Dialekten Bedeutendes geleistet; die bekanntesten unter ihnen sind Claus Jürgen Hutterer, Anton Schwob und Johann Wolf. Hutterer war der erste in der ungarndeutschen bzw. donauschwäbischen Dialektologie, der die sprachraumbildenden Faktoren in den Sprachinseln untersuchte; zuerst in seiner engeren Heimat, im Ungarischen Mittelgebirge (1963), später auch im südöstlichen Transdanubien, in der sogenannten Schwäbischen Türkei (1990).[5] Schwob beschrieb in seinem 1971 erschienenen Buch auf der Grundlage eigener Forschungen sowie der bis dahin erschienenen Ortsmonographien die Erscheinungsformen von Sprachmischung und Sprachausgleich in den neuzeitlichen Sprachinseln. Johann Wolf (1987) gab eine zusammenfassende Darstellung über die Dialekte des Banats und charakterisierte die Dialektlandschaften dieser Sprachinsel, die sich herausgebildet haben.

Ähnliche, aber auch noch andere Ziele hat das in den 1990er Jahren gestartete Projekt „Dokumentation donauschwäbischer Mundarten". Es handelt sich um ein gemeinsames Vorhaben von Arno Ruoff, dem Begründer und jahrzehntelangen Leiter der Tübinger Arbeitsstelle „Sprache in Südwestdeutschland", und der Verfasserin. Die Basis dieser Untersuchungen bilden 140 transkribierte Tonbandaufnahmen von durchschnittlich 12 bis 15 Minuten Dauer aus den sieben donauschwäbischen Siedlungsgebieten. Die Aufnahmen wurden 1955 von Hermann Bausinger und Arno Ruoff mit Heimatvertriebenen in Württemberg sowie seit den 1970er Jahren von der Verfasserin in den ungarndeutschen Sprachinseln gemacht. Soweit es der Korpus erlaubt, sollen im Projekt die Hauptphasen und Haupttendenzen sowie die Begleitumstände jenes Entwicklungsweges vorgestellt werden, der von

---

4   CLAUS JÜRGEN HUTTERER: Aufsätze zur deutschen Dialektologie. Budapest 1991 (= Ungarndeutsche Studien, 6), S. 185-187.
5   Unter diesem Aspekt untersuchte er 1991 auch die mittelalterlichen, deutschen Sprachinseln dieses Raumes.

den alten Dialekten bis zum rapiden Rückgang der donauschwäbischen Dialekte geführt hat. Einen wichtigen Schwerpunkt der Untersuchungen bildet die Erschließung der vielfältigen Mischungs- und Ausgleichsphänomene der heterogenen Herkunftsdialekte in den einzelnen Ortschaften sowie in größeren Landschaften. Bis jetzt wurden die verschriftlichten Texte aus der Batschka und der Schwäbischen Türkei analysiert.

Die neuzeitlichen Kolonisten kamen aus westmittel- und süddeutschen Gebieten. Aus ihren mitteldeutschen Herkunftsgebieten brachten sie in erster Linie rheinfränkische (hessische und pfälzische) sowie auch lothringische und moselfränkische, aus dem oberdeutschen Sprachraum wiederum bairische (vor allem mittelbairische), schwäbische sowie süd- und ostfränkische Dialekte mit sich. Durch die Ansiedlung der Deutschsprachigen und infolge des Ausgleichs ihrer Dialekte entstanden im heutigen donauschwäbischen Raum zwei große Dialektlandschaften: eine im Norden mit vorherrschend oberdeutschen (bairischen und schwäbischen) und eine im Süden mit vorherrschend mitteldeutschen (rheinfränkischen)[6] Dialekten. In den zum großen Teil schon verschwundenen Streusiedlungen im heutigen Oberungarn, die als Bindeglied zwischen dem Ungarischen Mittelgebirge und dem Sathmargebiet fungierten, wurden ebenfalls oberdeutsche Dialekte gesprochen.

Im Ansiedlungsjahrhundert erhielten viele Siedlungen, besonders die staatlich angelegten, ihre Kolonisten oft aus verschiedenen deutschsprachigen Gebieten und – aufgrund der starken Binnenmigration der Ansiedlungszeit – auch aus bereits besiedelten deutschsprachigen Ortschaften der Umgebung, so dass die dialektale Ausgangssituation in den meisten Ortschaften besonders bunt war. Das Zusammenwachsen der aus unterschiedlichen Herkunftsgebieten mitgebrachten Dialekte erfolgte in zwei Etappen, die mit den

---

[6] Das Rheinfränkische umfasst die rechtsrheinischen Gebiete um Darmstadt, also Südhessen, die linksrheinischen Gebiete das Pfälzische. Siehe PETER WIESINGER: Die Einteilung der deutschen Dialekte. In: WERNER BESCH u. a. (Hrsg.): Dialektologie. Ein Handbuch zur deutschen und allgemeinen Dialektforschung. Halbband 1.2. Berlin, New York, S. 807-900, hier S. 846-849. Der Begriff „Rheinfränkisch" wird auch in einem erweiterten Bedeutungsumfang verwendet – wie auch in diesem Beitrag –, und zwar als Bezeichnung für die hessischen, pfälzischen und lothringischen Dialekte in Westmitteldeutschland.

von Walter Kuhn[7] in die Sprachinseldialektologie eingeführten Bezeichnungen Ausgleich erster bzw. Ausgleich zweiter Stufe genannt werden.

In der ersten Etappe des Ausgleichs entwickelte sich innerhalb der einzelnen Siedlungen durch Mischung und Ausgleich der unterschiedlichen dialektalen Varietäten ein relativ einheitlicher Ortsdialekt. In den so entstandenen Mischdialekten wurde in der Regel die Grundstruktur des dominierenden Dialekts ausgeprägt, aber man findet in ihnen auch Elemente der anderen am Ausgleich beteiligten Dialekte.[8] Diese neu entstandenen Varietäten werden nach ihrem dominierenden Dialekt den einzelnen deutschen Dialektgruppen zugeordnet, und in diesem Sinne spricht man unter anderem von hessischen, pfälzischen, ostfränkischen usw. Dialekten.[9]

Frühere Untersuchungen[10] und auch die von der Verfasserin durchgeführten zeigen, dass sich bei der Vereinheitlichung der Herkunftsdialekte[11] innerhalb einer Ortschaft bzw. eines größeren Gebietes meistens die Sprache jener Siedlergruppe durchsetzen konnte, die von der Mehrheit als Prestigesprache anerkannt wurde und dem sie sich angepasst haben. Diese war meistens auch die Sprache der zahlenmäßig stärksten Siedlergruppe. In der

---

[7] WALTER KUHN: Deutsche Sprachinselforschung. Geschichte, Aufgaben, Verfahren. Plauen 1934, S. 257.

[8] CLAUS JÜRGEN HUTTERER: Soziale und kulturelle Grundlagen sprachlicher Raumbildung am Beispiel der „Schwäbischen Türkei" in Südungarn. In: Sprache in der sozialen und kulturellen Entwicklung. Beiträge eines Kolloquiums zu Ehren von Theodor Frings (1886-1968). Berlin 1990, S. 85-100, hier S. 85.

[9] KATHARINA WILD: Die Deminutive in den donauschwäbischen Dialekten. In: PETER CANISIUS, ERIKA HAMMER (Hrsg.): 50 Jahre Germanistik in Pécs. Wien 2008, S. 141-150. Die Einleitung des Beitrags wurde bis zu dieser Stelle dem noch unveröffentlichten Manuskript des Konferenzbeitrages der Verfasserin in Osijek (2008) zum Thema „Ausgleichsprozesse in den donauschwäbischen Dialekten" fast wortwörtlich entnommen.

[10] Unter anderem HUTTERER: Soziale und kulturelle Grundlagen sprachlicher Raumbildung am Beispiel der „Schwäbischen Türkei" in Südungarn, S. 103-105; ANTON SCHWOB: Wege und Formen des Sprachausgleichs in neuzeitlichen ost- und südostdeutschen Sprachinseln. München 1971, S. 84-104.

[11] Ein Vergleich der herkunftsmundartlichen Zusammensetzungen der Ortsdialekte mit den Siedlungsverhältnissen der jeweiligen Ortschaft bestätigen dies in vielen Fällen. Solche Angaben standen aber nicht über alle in die Untersuchung einbezogenen Siedlungen zur Verfügung; eine Ausnahme davon bildet die Batschka. Über die nach der Ansiedlung der Kolonisten erfolgte Binnenmigration liegen nur spärliche Angaben vor.

überwiegenden Mehrheit der früher deutschsprachigen Ortschaften in den bis jetzt untersuchten zwei Siedlungsgebieten – Batschka und Schwäbische Türkei – wurde jeweils eine Subgruppe des Rheinfränkischen zum dominierenden Dialekt. Nach Wolf[12] war das auch im größten Teil des Banats, hauptsächlich im Arader Raum, der Fall. Man nimmt an, dass sich das Rheinfränkische infolge seiner größeren Nähe zur Schriftsprache und seines einfachen Laut- und Formensystems leichter durchsetzen konnte als die anderen, hauptsächlich oberdeutschen Dialekte.[13]

In den ungarndeutschen Sprachinseln trifft man auch heute noch Ortsdialekte mit nicht völlig vollendetem Ausgleich erster Stufe. Die Unausgeglichenheit eines Ortsdialekts zeigt sich am deutlichsten an der Zahl der Doppelformen, die in einer Ortschaft gebraucht werden.[14] Ein verzögertes Zusammenwachsen der unterschiedlichen Dialekte konnte in Siedlungen beobachtet werden, die über eine starke herkunftsmäßige, konfessionelle und soziale Auffächerung der Einwohner verfügten sowie in jenen deutschsprachigen Dörfern, die chronologisch später, meistens durch Zuzug aus den Nachbarortschaften oder als Tochtersiedlungen entstanden sind.

In Ortschaften mit Siedlern aus zwei großen Mundartlandschaften (mitteldeutsch und oberdeutsch) ist – besonders wenn die beiden Gruppen zahlenmäßig stark vertreten waren – oft eine verlangsamte Vereinheitlichung zu beobachten. Das heißt, dass Dialekte mit bedeutenden Systemunterschieden langsamer zusammenwachsen und weniger abweichende Varietäten aufweisen, und so waren in manchen dieser Siedlungen um die Mitte des 20. Jahrhunderts noch relativ viele Doppelformen zu finden. Diese Situation konnte nach dem Prinzip der Sprachökonomie kein statischer Zustand sein. Die Aufhebung des Dublettismus geschah einerseits durch die Domänenverteilung zwischen den am Ausgleich beteiligten Dialekten, das heißt, dass sich in bestimmten sprachlichen Bereichen die Merkmale des einen oder des anderen Dialekts durchgesetzt haben. Diese Dialekte weisen beinahe gleichermaßen die Strukturmerkmale beider am Ausgleich beteiligten, bedeutend ab-

---

[12] JOHANN WOLF: Banater deutsche Mundartkunde. Bukarest 1987. S. 73.
[13] Vgl. Ebenda, S. 73; SCHWOB: Wege und Formen des Sprachausgleichs, S. 101.
[14] Die Existenz sprachlicher Dubletten ist für alle Mischmundarten charakteristisch, in den noch nicht völlig ausgeglichenen Mundarten kann ihre Zahl besonders hoch sein.

weichenden Varietäten auf. In solchen Fällen spricht man beispielsweise von rheinfränkisch-bairischen oder rheinfränkisch-schwäbischen Mischmundarten. Die Siedlung Mágocs in der nördlichen Baranya erhielt z. B. ihre ersten Kolonisten aus schwäbischen Gebieten wie Tuttlingen, Rottweil oder dem südlichen Schwarzwald sowie aus der Pfalz.[15] Im Gespräch mit einer 1916 geborenen Informantin im Jahr 1990 stehen unter anderem gleichberechtigt nebeneinander der schwäbische Einheitsplural -et/-at und die entsprechenden rheinfränkischen Personalendungen, wie *mir wåret* bzw. *mir wåre* ‚wir waren‘. Die Monophthongierung von altem *ei* zu *aa* – wie es hauptsächlich für das Rheinfränkische charakteristisch ist – wird nicht konsequent gebraucht, man findet die Formen *klåå* sowie auch *klai* ‚klein‘. Die Verbindung -*st* wird – wie im Schwäbischen – überall als -*scht* realisiert und das Deminutivsuffix ist sowohl im Singular als auch im Plural -*li*. In einer Tonaufnahme mit einer um zwölf Jahre jüngeren Gewährsperson im Jahr 1998 sind nur die rheinfränkischen Personalendungen sowie die monophthongierten Formen von altem *ei* zu *åå* zu finden. Die schwäbischen Merkmale – die Aussprache der Lautverbindung -*st* sowie das Deminutivsuffix -*li* sind geblieben, wie *du hoscht* ‚du hast‘ bzw. *Messpichli* ‚Messbüchlein‘. Die Domänenverteilung zwischen einigen Dialektmerkmalen scheint sich bei ihrer Generation schon gefestigt zu haben.

Die Doppelformen wurden auch so aufgehoben bzw. verringert, dass der eine Dialekt in fast allen Bereichen die Dominanz übernommen hat. In den bisher untersuchten zwei Siedlungsräumen war das fast immer das Rheinfränkische. Weidlein[16] bezeichnete beispielsweise aufgrund von Daten aus der Vorkriegszeit die im Zselic-Gebiet (nordwestlich von Pécs) in den Dörfern um Almamellék gesprochenen Dialekte als bairisch-rheinfränkisch. Die Aufnahmen der Verfasserin aus den 1990er Jahren zeigen, dass in diesen Ortschaften rheinfränkische Dialekte mit geringem bairischen Einschlag zu finden sind, das Rheinfränkische also relativ schnell zum dominierenden Dialekt wurde.

---

[15] FRANZ TEUFEL: Mágocs. Marktgemeinde in der Braunau/Baranya. 2: 1800-1948. Fünfkirchen 1992, S. 90-104.
[16] JOHANN WEIDLEIN: Deutsche Mundarten der Schwäbischen Türkei. In Zeitschrift für Mundartforschung 20 (1952), S. 218-231, hier S. 229.

Katharina Wild

Auch in der spät, hauptsächlich erst in der zweiten Hälfte des 18. Jahrhunderts besiedelten Batschka war die sprachliche Ausgangssituation besonders heterogen. Die Siedlungen bezogen ihre deutschsprachigen Kolonisten überwiegend aus der Pfalz, aus Nordbaden und Hessen, teilweise aus Württemberg und Lothringen, aus österreichischen Gebieten sowie aus Landesteilen Ungarns, die bereits früher mit Deutschsprachigen besiedelt wurden.[17] Die Analysen erbrachten bzw. bestätigten die Ergebnisse früherer, meistens auf einzelne Siedlungen gerichteten Untersuchungen, dass die Dialekte der Batschka – von einigen wenigen abgesehen – einen rheinfränkischen, und zwar pfälzischen Charakter haben mit mehr oder weniger starker Mischung der Herkunftsdialekte. Die Differenzen zwischen ihnen ergeben sich in erster Linie daraus, welche anderen Dialektgruppen und mit welcher Stärke sie an der Herausbildung der Ortsdialekte beteiligt waren. Wegen des dominierenden Pfälzischen zeigt die Batschka das Bild eines relativ einheitlichen Dialektgebietes, und es bietet sich auch kein sprachwissenschaftliches Einteilungsprinzip dieser Dialekte an. Kleinere sprachliche Unterschiede konnten zwischen Protestanten und Katholiken sowie zwischen den Dialekten des nördlichen und südlichen Teils der Batschka festgestellt werden.[18] Die Schwaben konnten sich in Siedlungen, wo die Rheinfranken (Pfälzer) zahlenmäßig überlegen waren, nicht behaupten. Ihre Spuren haben sie aber in vielen Ortsdialekten, besonders der Nordbatschka, hinterlassen. In manchen Dörfern erinnern nur die Deminutivformen an die schwäbischen Siedler.[19]

Wo eine Siedlermischung als die wichtigste Voraussetzung von Sprachmischung und Sprachausgleich nicht erfolgte, wurden/werden innerhalb einer Ortschaft oft zwei Dialektvarietäten gesprochen. Dies ist beispielsweise

[17] EBERHARD URBAN: Die Besiedlung der Batschka. In: HEINZ GÖRLICH (Hrsg.): Von Ulm auf der Schachtel die Donau hinunter. Der lange Weg der Donauschwaben in die neuen Siedlungsgebiete in Südosteuropa. Ulm 2000, S. 58-61, hier S. 60.
[18] JOHANN WEIDLEIN: Katholische und protestantische Mundarten in der Batschka. In: Zeitschrift für Mundartforschung 21 (1993), S. 43-49. Weidlein versuchte die Dialekte der Batschka aufgrund sich sekundär entwickelter, konfessioneller Unterschiede zu gruppieren, konnte aber keine konsequent vorhandenen Unterscheidungsmerkmale zwischen den Dialekten der Protestanten und Katholiken feststellen.
[19] ARNO RUOFF: Die Batschka. Tübingen, Pécs 2006, S. 1-2 [Unveröffentlichtes Manuskript].

226

der Fall in den konfessionell gemischten Ortschaften der Tolna und der nördlichen Baranya, in denen protestantische (hauptsächlich lutherische) und katholische hessische Dialekte gesprochen werden. Man findet in beiden Varietäten die Hauptmerkmale des Hessischen. Der auffälligste Unterschied zwischen ihnen war früher der für viele protestantische Dialekte charakteristische Rhotazismus, also die Aussprache der intervokalischen -d- und t-/tt-Laute als r wie in den Wörtern *jere* für ‚jeder‘, *sie hare* für ‚sie hatten‘. Diese Erscheinung ist in den letzten Jahrzehnten aus den meisten protestantischen Dialekten verschwunden, sie konnten nur in Hidas und Varsád belegt werden. Heutzutage beschränken sich die konfessionell bedingten Abweichungen meistens nur auf einige lexikalische Erscheinungen.

Auch soziale Unterschiede konnten als Hemmfaktor des Sprachausgleichs auftreten. Wenn innerhalb einer Ortschaft nicht nur Bauern, sondern auch eine zahlenmäßig starke Handwerkerschicht lebte, wurde ein Bauern- und ein Handwerkerdialekt gesprochen. Die Handwerkersprache war eine Mischvarietät, deren Grundlage der Verkehrsdialekt der jeweiligen Umgebung war, der mit mittelbairischen (bairisch-österreichischen) verkehrssprachlichen Elementen stark durchsetzt war. Da eine „soziale Mischehe" nur selten zustande kam, war für beide Schichten eine Endogamie charakteristisch, die innerhalb dieser Siedlungen die Sprachmischung verhinderte. Im früheren, bedeutenden Handwerkerzentrum Bóly in der südlichen Baranya sprachen z. B. die Bauern den osthessischen (fuldischen) Ausgleichsdialekt der Umgebung und die Handwerker die für diese Landschaft charakteristische Handwerkersprache. Die Einwohner der Ortschaft betrachteten die Deminutiva und die Höflichkeitsform der Verben als die wichtigsten sprachlichen Unterscheidungsmerkmale zwischen den beiden Berufsschichten. Die Handwerker bildeten die Deminutivformen mit dem bairischen Suffix -(e)l, die Bauern mit der mitteldeutschen Form -je des Suffixes ‚-chen‘, wie *Hausl* bzw. *Häisje* für ‚Häuschen‘. Die Höflichkeitsform wurde bei den Handwerkern ebenfalls „nach bairischer Art", bei den Bauern mit der zweiten Person des Verbs im Plural gebildet. Der Ausdruck ‚wissen Sie?‘ lautet in der Handwerkersprache *wissen'S?*, im Ausgleichsdialekt der Bauern *waast'Er?*. Der Gebrauch dieser Erscheinungen war für alle Angehörigen der jeweiligen Schicht verbindlich. Die an die frühere handwerkliche Tätigkeit gebundene Handwerkersprache ist praktisch verschwunden, die noch lebenden Träger dieser Varietät bedienen sich schon des mitteldeutschen Ausgleichsdialekts dieses Raumes.[20]

In der zweiten Etappe des Sprachausgleichs vereinheitlichten sich die Ortsdialekte innerhalb größerer Gebiete, und so entstanden großräumige Dialektlandschaften mit einem vorherrschenden Dialekt. Bei dieser Ausgleichsstufe wurden meistens auffällige, von den anderen Dialekten stark abweichende, also primäre Merkmale aufgegeben. Im Ungarischen Mittelgebirge, wo die Herkunftsdialekte nicht so heterogen waren wie beispielsweise in der Schwäbischen Türkei und der Batschka, wurden die auffallenden, gemeinsamen Merkmale bewahrt und die weniger auffallenden ausgeglichen. Diese Art des Ausgleichs fand nach Hutterer[21] in privaten Siedlungen statt, wo die Siedler meistens aus eng begrenzten Räumen stammten.

An den oben beschriebenen Vereinheitlichungsprozessen beteiligten sich nicht alle Dialekte der im jeweiligen Dialektraum lebenden Sprachgruppen, so in Südungarn die Schwaben und im Ungarischen Mittelgebirge die Rheinfranken. Das Schwäbische hatte in den bis jetzt untersuchten zwei Siedlungsgebieten – Batschka und Schwäbische Türkei – ein sehr geringes Prestige. Es ist nicht belegt, dass Andersstämmige das Schwäbische als dominierenden Dialekt angenommen haben. Die Schwaben konnten sich nur in isolierter Lage als innere Sprachinseln behaupten wie in den fünf Siedlungen der rheinfränkischen Dialekträume Südungarns Hajós, Kisdorog, Nagyárpád, Tevel und Zomba.[22] Sie haben nämlich weder das wienerisch geprägte Mittelbairische der ungarischen Städte, noch das Rheinfränkische des Umfelds als sprachliches Vorbild anerkannt, sondern betrachteten die eigene Ortsmundart als verbindliche Norm für alle Mitglieder der Dorfgemeinschaft und leisteten erfolgreich Widerstand gegen das Eindringen des Rheinfränkischen. Die Schwaben hatten im Allgemeinen wenig Kontakte zu ihren mitteldeutschen Nachbarn. Sie verfügten über ein starkes Stammesbewusstsein und sind auch heute noch stolz darauf, „echte Schwaben", das heißt Abstammungsschwaben zu sein; das Gegenteil sind die sogenannten Nennschwa-

---

[20] KATHARINA WILD: Zur komplexen Analyse der ‚Fuldaer' deutschen Mundarten Südungarns. Budapest 2003 (= Ungarndeutsches Archiv, 6), S. 145.
[21] CLAUS JÜRGEN HUTTERER: Das Ungarische Mittelgebirge als Sprachraum. Halle/Saale 1963, S. 9.
[22] In Neudorf (Bačko Novo Selo) wurde auch Schwäbisch gesprochen.

ben. Als wichtigstes Merkmal ihres Schwabentums betrachteten sie Sprache und Volkstracht. Wegen ihrer in den südlichen Siedlungsgebieten schwer verständlichen Sprache wurden sie von der mitteldeutschen Mehrheit des Areals ausgelacht und verspottet, weshalb sich viele den mitteldeutschen Verkehrsdialekt des Umfelds auf einem bestimmten Niveau aneigneten. In Tevel im Komitat Tolna gab es früher eine starke Handwerkerschicht, durch deren Vermittlung relativ viele rheinfränkische Elemente in ihren schwäbischen Dialekt gelangten; in den anderen schwäbischen Dialekten ist der rheinfränkische Einfluss nur sporadisch zu beobachten.[23]

Im Ungarischen Mittelgebirge bilden einige ursprünglich rheinfränkische Siedlungen innere Sprachinseln. Sie leisteten aber einen weniger erfolgreichen Widerstand gegen die Sprache des mittelbairischen Umfelds als die Schwaben in Südungarn. Hinzu kommt noch, dass einige dieser Siedlungen – wie Városlőd und Csolnok – bairische Siedler bekamen, so dass sich infolge der starken Überdachungskraft des Mittelbairischen hier rheinfränkisch-mittelbairische Dialekte herausgebildet haben.[24]

Für die Entwicklung der donauschwäbischen Dialekte war der Einfluss der österreichischen Variante des Deutschen (im Weiteren: österreichisches Deutsch) ebenfalls von großer Bedeutung. Während des 200jährigen Zusammenlebens mit den Österreichern in einem Staatsgebilde gelangte durch verschiedene Kanäle ein beträchtliches oberdeutsches Sprachgut,[25] vor allem Wortgut in die untersuchten Dialekte. Der Einfluss des österreichischen Deutsch war in der Ansiedlungszeit besonders intensiv. Die Gründe dafür liegen vor allem darin, dass die Kolonisten zuerst mit den Beamten verschiedener Ämter Kontakte hatten, die Träger und zugleich Vermittler der

---

[23] KATHARINA WILD: Syntaxwandel in der schwäbisch-alemannischen Sprachinselmundart von Nagyárpád in Südungarn? In: WERNER KÖNIG, MANFRED RENN (Hrsg.): Bausteine zur Sprachgeschichte. Heidelberg 2000, S. 367-371, hier S. 367.

[24] HUTTERER: Aufsätze zur deutschen Dialektologie, S. 323; MÁRTA JUHÁSZ: Die Mundart von Tscholnok/Csolnok. Sprachsystem einer ungarndeutschen Varietät. Budapest 2009, S. 24-25 [Unveröffentlichtes Manuskript].

[25] Unter oberdeutschem Sprachgut versteht die Verfasserin die Gesamtheit der im oberdeutschen Sprachraum – vor allem in Österreich – gebräuchlichen Besonderheiten, die im mitteldeutschen Sprachraum nicht zu finden sind und deshalb in den südlichen, vorwiegend rheinfränkischen, Siedlungsgebieten als auffällige Elemente gelten.

ostmittelbairischen (wienerischen) Kanzlei- und Verkehrssprache waren. Aus ihrem Sprachgebrauch sowie aus der Aktensprache der damaligen Zeit wurden Benennungen für Einrichtungen und Gegenstände für die „neue Welt" übernommen. Später erweiterten sich sowohl der Kreis der Vermittler (Kirche, Schule, Militär, Handwerker, Kaufleute usw.) als auch die Entlehnungsdomänen. Die meisten Übernahmen konnten in den Bereichen Küche, Handwerk, Landwirtschaft, Handelsleben, Wohnkultur und Verwaltung ermittelt werden. Das vor allem aus dem ostmittelbairischen (wienerischen) Raum stammende Sprachgut wurde in der Regel über die deutschstämmigen Einwohner der ungarischen Städte, die eine wienerisch geprägte bairische Varietät sprachen, an das Land vermittelt.

Alle Schichten der Donauschwaben betrachteten das österreichische Deutsch als Prestigeform des Deutschen. Das städtische Bürgertum und die Angehörigen der Intelligenz zeigten die stärkste Neigung zu dieser Sprachvarietät, weil sie von ihrer Herkunft her größtenteils ohnehin zum Bairischen gehörte. Weitere Gründe waren, dass sich die Deutschen in den binnenungarischen Städten sowohl in ihrem Sprachgebrauch als auch in ihrer Lebensführung nach dem Vorbild Wien richteten, und dass das österreichisch geprägte Deutsch lange Zeit Sprache der Verwaltung war und auch durch die Schule vermittelt wurde. Die Handwerker in den Handwerkerzentren und Dörfern betrachteten das österreichische Deutsch ebenfalls als sprachliches Vorbild und waren bemüht, es sich anzueignen. Elemente aus dieser Sprachvarietät bildeten einen bedeutenden Teil der sich auf der Basis des jeweiligen Verkehrsdialekts entwickelten Mischvarietät, der Handwerkersprache.

Die Bauern der bairischen Siedlungsgebiete im Ungarischen Mittelgebirge waren vorherrschend mittelbairischer Herkunft und so fand die Übernahme des durch die Städte vermittelten, hauptsächlich ostmittelbairischen Sprachgutes bei ihnen eine leichte Aufnahme. Die rheinfränkischen Bauern in Südungarn hatten ein zwiespältiges Verhältnis zu dieser Sprachvarietät: sie erkannten sie als Prestigeform des Deutschen an, in ihrem Gebrauch distanzierten sie sich aber davon. Wegen ihrer geringen Mobilität etwa bis zur Mitte des 19. Jahrhunderts zeigten sie auch keine besondere Motivation, sie zu erlernen. Diese Bauern richteten sich im Sprachgebrauch nicht nach ihrer sozialen Elite (nach den deutschstämmigen oberen sozialen Schichten), mit der sie ja kaum Kontakt hatten und die sich in der oben genannten Zeit

auch schnell assimilierte, sondern identifizierten sich mit dem innerhalb ihrer Sprechergemeinschaft gesprochenen Ausgleichsdialekt. Dieser wurde als
verbindliche Norm für alle Mitglieder einer Dorfgemeinschaft gesehen. Bei
den Bauern stellte der Dialekt etwa ab Mitte des 19. Jahrhunderts, als sich infolge der Ausgleichsprozesse schon relativ homogene Ortsdialekte entwickelt
hatten, ein wichtiges Merkmale ihrer Bauernidentität dar. Im letzten Viertel
des 19. Jahrhunderts, als die Mobilität der Bauern infolge des allgemeinen
wirtschaftlichen Aufschwungs in Ungarn zunahm, war schon das rapide
Vordringen des Ungarischen in allen Bereichen des Lebens charakteristisch.
So zeigten die deutschen Bauern der südlichen Regionen von nun an aus
praktischen Gründen ein größeres Interesse für die Staatssprache. Trotz des
beschriebenen Widerstandes der Bauern gegen das österreichische Deutsch
eigneten sie sich im Laufe der Zeit – bewusst oder unbewusst, notgedrungen
oder freiwillig – doch ein beträchtliches oberdeutsches Sprachgut an. Dieses
integrierte sich in ihre Dialekte und bildet heute einen organischen Bestandteil dieser Sprachvarietäten.[26]

Der Ausgleich der vorherrschenden Bauernmundarten erfolgte in den
untersuchten Siedlungsgebieten Batschka und Südungarn hauptsächlich
auf der Basis der heterogenen Herkunftsmundarten, meistens im Rahmen
des Rheinfränkischen; aber auch das in erster Linie von den Angehörigen
der höheren sozialen Schichten gesprochene und von ihnen an die Bauernmundarten vermittelte Mittelbairische (Ostmittelbairische) war an diesem
Prozess stark beteiligt. Schwob[27] bezeichnet die Ausgleichsvarietäten in der
Schwäbischen Türkei als rheinfränkisch-bairische Verkehrssprachen. Aus der
Analyse der erwähnten Tonaufnahmen geht eindeutig hervor, dass in den
Ausgleichsdialekten außer bairischen auch andere oberdeutsche, in erster Linie schwäbische Elemente zu finden sind. Es handelt sich also meistens um
mitteldeutsche (rheinfränkische) Dialekte mit starkem oberdeutschen Ein-
schlag.

Zu einem Ausgleich dritter Stufe, das heißt zur Herausbildung einer
überlandschaftlichen Ausgleichsprachvarietät, ist es in den donauschwä-

---

[26] WILD: Zur komplexen Analyse der ‚Fuldaer' deutschen Mundarten Südungarns,
S. 52-59, 86-87
[27] SCHWOB: Wege und Formen des Sprachausgleichs in neuzeitlichen ost- und südostdeutschen Sprachinseln, S. 104.

Katharina Wild

bischen Sprachinseln nicht gekommen. Hutterer,[28] der in allen deutschen Sprachinseln des Karpatenbeckens (die mittelalterlichen inbegriffen) die Gemeinsamkeiten in Sprache und Volkskultur untersucht hat, betrachtete sprachliche Merkmale, die in den meisten oder in allen Sprachinseln des Südostraumes vorkommen, als Erscheinung eines „Ausgleichs dritter Stufe". Die Beantwortung der Frage, inwieweit diese Gemeinsamkeiten als Ansätze zur Entstehung einer überlandschaftlichen Sprachvarietät zu betrachten sind bzw. in welchen sprachlichen Bereichen – außer Lexik – gemeinsame Entwicklungstendenzen zu beobachten sind, sowie welchen Sprachvarietäten diese Gemeinsamkeiten zuzuordnen sind, bedarf noch weiterer Analyse der Tonaufnahmen.[29]

Seit dem Zweiten Weltkrieg und der Auflösung der deutschen Dorf- und Sprachgemeinschaften kam es in den ungarndeutschen Dialekten hinsichtlich der Zahl ihrer Sprecher und Verwendungsdomänen zu bedeutenden Veränderungen.[30] Die Dialekte werden heute in der Regel nur noch von den Angehörigen der ältesten Generation als Haus- und Verkehrssprache untereinander verwendet. Die noch auffälligen Merkmale eines Ortsdialekts oder einer Dialektgruppe (z. B. protestantische Gruppe in der Schwäbischen Türkei) werden nach und nach durch ausgleichsdialektale oder umgangssprachliche Formen, oft auch durch ihre ungarischen Äquivalente ersetzt. Es ist also zurzeit eine weitgehende Vereinheitlichung der restlichen Dialekte zu beobachten.

---

[28] CLAUS JÜRGEN HUTTERER: Konvergenz in der Volkskultur der Deutschen im Karpatenbecken. In: PÉTER BASSOLA, REGINA HESSKY, LÁSZLÓ TARNÓI (Hrsg.): Im Zeichen der ungeteilten Philologie. Festschrift für Dr. sc. Karl Mollay zum 80. Geburtstag. Budapest 1993, S. 147-170, hier S. 149-149.

[29] KATHARINA WILD: Ausgleichsprozesse in den donauschwäbischen Dialekten. Pécs 2009; DIES.: Dokumentation donauschwäbischer Mundarten. Pécs 2009 [Unveröffentlichte Manuskripte].

[30] Über die gegenwärtige Situation der Dialekte im Banat sowie im Sathmargebiet liegen keine zeitgemäßen Informationen vor.

Autorenverzeichnis

Prof. Dr. Gábor Barna, Szegedi Tudományegyetem, Bőlcsészettudományi Kar, Néprajzi és Kulturális Antropológiai Tanszék (barna@hung.u-szeged.hu)

Prof. Dr. Zoltán Csepregi, Evangélikus Hittudományi Egyetem, Rózsavölgyi köz 3, H-1141-Budapest (zoltan.csepregi@lutheran.hu)

Dr. Márta Fata, Institut für donauschwäbische Geschichte und Landeskunde Tübingen (marta.fata@idgl.bwl.de)

Dr. Zoltán Gőzsy, Pécsi Tudományegyetem, Bőlcsészettudományi Kar, Történettudományi Intézet (gozsy@btk.pte.hu)

Prof. Dr. Zoltán Kaposi, Pécsi Tudományegyetem, Közgazdaságtudományi Kar, Közgazdasági- és Regionális Tudományok Intézete (zoltankaposi@freemail.hu)

Dr. Karl-Peter Krauss, Institut für donauschwäbische Geschichte und Landeskunde Tübingen (Karl.Peter.Krauss@idgl.bwl.de)

Dr. habil. György Kurucz, Balassi Intézet Budapest (krasz.lilla@chello.hu)

Hofrat Dr. Ernst Petritsch, Österreichisches Staatsarchiv Wien (Ernst.PETRITSCH@oesta.gv.at)

Dr. Norbert Spannenberger, GWZO an der Universität Leipzig (spannenb@rz.uni-leipzig.de)

Prof. Dr. Katharina Wild, Pécsi Tudományegyetem, Bőlcsészettudományi Kar, Germanisztikai Intézet (wildk@freemail.hu)

www.ingramcontent.com/pod-product-compliance
Lightning Source LLC
Chambersburg PA
CBHW080915100426
42812CB00007B/2281

* 9 7 8 3 4 8 6 5 9 7 5 0 9 *